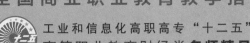

全国商业职业教育教学指

工业和信息化高职高专"十二五"

高等职业教育财经类**名师精品**规划教材

Account Computerization

会计电算化 实务

徐文杰 主编

黄敏 副主编

人民邮电出版社

北 京

图书在版编目（CIP）数据

会计电算化实务 / 徐文杰主编. -- 北京 ：人民邮
电出版社，2013.9（2015.1 重印）
ISBN 978-7-115-31369-0

Ⅰ. ①会… Ⅱ. ①徐… Ⅲ. ①会计电算化 Ⅳ.
①F232

中国版本图书馆CIP数据核字 (2013) 第151498号

内 容 提 要

本书以"基于工作过程"和"项目化"的职教理念为基础，针对中小企业电算会计岗位职业需要而开发，打破以知识传授为主要特征的传统教学理念，以"就业为导向"，紧盯中小企业对电算会计人才的职业需求，增强了教材内容的针对性，注重对学生财务软件的即学即会能力培养。

本书以具体工作过程为导向，以企业实际的会计电算化工作任务为驱动，以企业实际的会计电算化工作流程为主线，总共安排 6 个项目，项目一和项目二主要是系统初始化和各个模块基础设置的部分，项目三作为主体，是对通用会计软件日常业务处理的具体介绍，项目四和项目五是期末处理和报表处理的部分，项目六为综合实训，方便学生进行学习自测，以加深对教材内容的理解和掌握。

本书可作为高职高专、成人高等教育的会计专业及经济管理类相关专业的教材，也可作为会计电算化上岗培训、社会培训和自学使用的培训教材。

◆ 主　　编　徐文杰

副 主 编　黄　敏

责任编辑　刘　琦

责任印制　沈　蓉　杨林杰

◆ 人民邮电出版社出版发行　　北京市丰台区成寿寺路 11 号

邮编　100164　电子邮件　315@ ptpress. com. cn

网址　http://www.ptpress.com.cn

中国铁道出版社印刷厂印刷

◆ 开本　787×1092　1/16

印张：16.75　　　　　　　2013 年 9 月第 1 版

字数：423 千字　　　　　　2015 年 1 月北京第 2 次印刷

定价：36.00 元

读者服务热线：(010)81055256　印装质量热线：(010)81055316
反盗版热线：(010)81055315
广告经营许可证：京崇工商广字第 0021 号

编委会

序

一个国家经济社会的发展，主要是靠自然资源、物质资源和人力资源，但是我们不能仅依靠对自然资源破坏性的开发和对物质资源的大量消耗、浪费来发展社会经济。由于我国自然资源比较贫乏，物质资源也相对有限，所以我们要实现经济社会的持续发展就要建设人力资源强国。当前，我国处于从一个人力资源大国向人力资源强国转变关键时期，要实现这样的转变就必须大力发展教育。人力资源理论指出教育对于经济的增长有重要作用，以 1926 年-1957 年的美国为例，其经济增长中有近三分之一是来自人力资源增长的贡献。所以一个国家经济社会要发展，首先就要发展教育，特别是发展职业教育，因为职业教育是为一线生产、服务、管理等部门培养高素质的劳动者和技术技能型应用人才的，这些人才的素质高低直接关系到一个国家经济社会的发展的规模、速度和效益。因此可以说，国家之间的实力竞争，归根结底是人才的竞争，是一线劳动者和技术技能人才综合素质的竞争，所以抓职业教育发展就是抓经济社会发展。

为了更好地促进职业教育商业类专业的发展，教育部和商务部牵头成立了全国商业职业教育教学指导委员会，其主要职能之一就是"研究商业职业教育的人才培养目标，教学基本要求和人才培养质量的评价方法，对专业设置，教学计划制定，课程开发，教材建设提出建议"，推进职业教育课程衔接体系建设，全面推进现代职业教育体系的建设，推动职业教育商业类人才的培养。

进入 21 世纪以来，随着中国经济实力的飞速提升，中国商业获得了巨大的发展，发生了深刻的变化。与商业相关的多个行业领域也重获新生且飞速发展，不仅各行业内部的繁荣程度得到不断提升，行业对外开放程度，行业的法制建设、人才建设等各方面都取得了显著成就，上升到了新的水平。我国商业及相关经济行业的飞速发展，既为商科职业教育的发展带来了勃勃生机，也同时带来了新的挑战。以往商科高等职业教育更多借鉴原专科教学经验，教学内容和教学形式多为原专科教学的"翻版"，尤其是教材，很多经典教材都由从事本专科教学的教师编写。实践证明，这些教材越来越难以满足高等职业教育应用性强及以就业为导向的教学需要。正是基于这样的考虑，2012 年初，人民邮电出版社发起了"职业教育财经类名师精品教材建设项目"，这个"聚名师、建精品、促教学"的有益之举甫一出台就得到全国多家知名高职院校的支持和响应。同年仲夏，该项目在北京召开了项目启动仪式及专家委员会组建大会，之后历时一年，该项目的成果终能付梓，也就是现在呈现给各位读者的"高等职业教育财经类名师精品规划教材"。

作为"职业教育财经类名师精品教材建设项目"专家委员会的主任委员，我参与了这套教材的筹备、审稿等多个关键环节，认为这套教材与以往高职高专财经类教材相比，在三个方面做的比较好。首先，编者名师汇集，内容紧扣教改。这套教材的编写者、审阅者都是国内商科类院校的知名专家、教授，他们将自己多年教学实践所得，按照职业教育最新的"五个深度对接"的教学改革要求撰写成册，实现了课程教材内容与职业标准对接，充分体现了"做中学，做中教"、"理论实践一体化"的要求，科学地将专业知识和专业技能的培养结合起来，教材内容在确保学生达到职业资格要求的同时，还能促进学生综合职业素养的发展。其次，体例论证严密，呈现形式有创新性。组建了专门的专家委员会对教材的体例、内容进行审定。其中主任委员负责教材宏观方向和思路的把握；副主任委员负责具体教材规划的制定，包括课程规划、写作思路、教材体例、整体进度规划等，通过多级专家审定和多次会议讨论、商定，最终选择符合课程特色和教学改革新要求的教材编写体例和内容呈现形式。第三，资源丰富实用，打造立体平台。为了寓教于学，充分调动学生学习的积极性和主动性，出版社聘请专人运用最先进的教学资源建设理念和手段，为每本教材配套建设了丰富的多媒体教学资源，这些教学资源都经过精心的教学设计，能够与教材内容紧密结合，有效地促进学与教，从而为教师课堂教学注入新的活力。

相信这套教材被广大职业院校使用之后，可以有效地实现对学生学习能力、职业能力和社会能力的培养，促进学生综合素质的发展和提高。

这套教材从专家团队组建、教材编写定位、教材结构设计、教材大纲审定到教材编写、审校全过程都倾注了高职商科教学一线众多教育专家和教学工作者的心血，在这里我真诚地对参加编审的教授、专家表示衷心的感谢。

全国商业职业教育教学指导委员会 王晋卿

2013 年 6 月 26 日

前　言
Preface

随着计算机技术与网络技术的飞速发展，企业的会计核算手段正面临着深刻的变革，有关电算会计的知识和操作技能在会计实践中的应用越来越广泛。为了满足企业对会计人员在技能方面的需求，目前大多数会计类专业都开设有会计电算化的相关课程。高职高专院校尤其注重应用型人才和职业技能型人才的培养，因此作为高职院校财务会计类专业的核心课程——"会计电算化"课程越来越显现出它的重要性。

虽然随着职业教育改革的全面推进，基于工作过程和项目化教学的职业教育理念逐渐受到了广大职业教育工作者的认同，高职相关课程的教材也越来越体现出"职业"性，但是，就"会计电算化"课程相关教材而言，尚缺少真正能体现职业教育特色的教材。

本书的编写打破以知识传授为主要特征的传统学科课程模式，以"基于工作过程"和"项目化"的职教理念为基础，以企业真实的会计电算化工作任务为驱动，将实际会计电算化工作流程作主线，共安排了6个项目，项目一和项目二主要是系统初始化和各个模块基础设置的介绍，项目三是全书的主体，主要是对通用会计软件日常业务处理的具体介绍，项目四和项目五是期末处理和报表处理的部分，项目六为综合实训，方便学生进行学习自测，以加深对教材内容的理解和掌握。

与以往《会计电算化》教材相比，本书具有如下特色。

1. 在教材定位方面，以培养学生综合职业能力为目标。目前市面上的电算化教材一般主要介绍总账、工资、固定资产和报表四个模块的处理，本书除了介绍这四个模块操作之外，还引入了应收款和应付款两个模块的业务核算，并且按照企业实际工作流程进行内容编排，力求对学生职业能力的培养更具全面性和系统性。

2. 在教材内容和教材结构上，以典型任务承载岗位知识与技能。本书打破了传统的按知识结构构建教材体系的做法，按照电算化实施流程来确定教材结构，以电算化工作中的典型任务为载体，介绍基础知识和基本理论，设计业务处理流程，充分体现出了电算化会计工作过程的特点，使学生可以胜任电算会计岗位，顺利完成各项典型工作任务。

3. 在教学资源方面，结合从业资格考试初级会计电算化的考试需求，本书配套了丰富的教学资源，除了电子课件、电子教案、教学大纲、教学案例、习题及答案、实训指导等教学资源外，还配备了初级会计电算化题库版全真模拟练习光盘，以方便学生的自学和考证。

本书由浙江工业职业技术学院徐文杰教授担任主编，提出编写构思，拟定编写大纲和撰写要求；黄敏担任副主编。本书编写具体分工如下：概论部分由徐文杰编写，项目一和项目四由闪辉编写，项目二由杨博编写，项目三由黄敏编写，项目五和项目六由金峻波编写。

由于编者水平有限，书中难免存在错误和不妥之处，敬请广大读者批评指正。

编　者

2013 年 6 月

目 录
Contents

概论

一、初识会计电算化

会计工作极其繁琐，从记账凭证到汇总记账凭证，再到明细账、日记账、总账，再到报表和报表分析，其中有很多工作都是重复的、机械的和无效的劳动，且易出错。如何利用计算机帮助会计从业人员更加轻松、便捷、准确地完成这些繁琐的核算工作，从而把更多的时间用于协助领导分析、判断和决策，是一代又一代会计人员心中的梦想。随着信息社会飞速发展，计算机的运用已经全面渗透到各个行业及各个领域。利用计算机进行会计核算和会计管理、实现会计电算化是会计发展史上的重大革命。会计电算化是经济发展的必然产物，这不仅是会计发展的需要，而且是经济发展过程中企业管理对会计工作提出的更高的要求和标准。

（一）会计电算化的概念

随着电算化事业在整个会计领域的发展，学术界普遍感到，电算化已成为现代会计学科的重要组成部分。作为在传统会计理论和会计方法基础上建立起来的新学科，电算化会计继承了手工会计的传统理论体系，同时又结合了现代技术和思维，有其独特的程序和方法，它所描述的电算化不再仅仅是对传统会计向现代会计过渡过程中所涉及的手段变革的重点探讨，而是基于电子信息时代的会计学所涉及的会计理论、会计方法、会计手段和会计规范的全面阐述。

会计电算化就是将电子计算机技术应用到会计业务处理工作中，应用会计软件指挥各种计算机设备替代手工完成，或手工很难完成甚至无法完成的会计工作的过程。会计电算化是一个发展的概念。在不同的时期，有不同的标准。随着会计电算化事业的不断发展，会计电算化的含义得到逐步延伸，它不仅涉及会计信息系统（会计核算、会计管理、会计决策等）的理论与实务研究，而且还渗透到会计及其电算化过程的各个环节。

从会计电算化发展过程看，会计电算化主要分为会计核算电算化和会计管理电算化两个阶段。首先，会计核算电算化是会计电算化的第一个阶段。在这一阶段完成的任务主要包括：设置会计科目、填制会计凭证、登记会计账簿、进行成本计算、编制会计报表等。会计核算电算化主要是指在这几个方面运用会计核算软件，实现会计数据处理电算化；会计管理电算化是在会计核算电算化的基础上，利用会计核算提供的数据和其他经济数据，借助计算机会计管理软件提供的功能，帮助会计管理人员合理地筹措资金、运用资金、控制成本费用开支、编制财务计划、辅助管理者进行投资、筹资、生产、销售决策分析等。

因此，对于会计电算化的理解也有狭义和广义之分。狭义的会计电算化，仅仅停留在会计电算化的核算阶段，是指以电子计算机为主体的当代电子信息技术在会计工作中的应用，完成凭证、账簿、报表等日常的会计工作；广义的会计电算化，则是指与实现会计工作电算化相关的所有工作，包括会计电算化软件的开发和应用、会计电算化的实施、会计电算化人才的培训、会计电算化的制度建设、会计电算化软件市场的培育与发展、计算机审计等。

（二）会计电算化的演进

1946 年，世界上第一台计算机的问世，标志着 20 世纪一项划时代的变革。此后，计算机在航空航天、工业、生物、医学、教育、经济等领域迅速得到了广泛应用。计算机所具有的自动、高速进行大量计算和数据处理的特性，使其成为进行大规模数据处理的必然选择。

1．国外会计电算化的演进

1954 年，美国通用电器公司首次利用电子计算机计算职工薪金，引发了会计数据处理技术的变革，开创了利用计算机进行会计数据处理的新纪元。20 世纪 50 年代中期，西方发达国家计算机在会计领域中的应用并不广泛，主要是对职工薪金的核算、库存材料的核算、现金收支等单项业务进行数据处理，只能局部地代替一些手工劳动，就其处理流程来说，仍然是模仿手工操作。但是，计算机的应用，确实减轻了会计人员劳动强度，提高了其工作效率。由于当时计算机硬件的价格十分昂贵，程序设计又非常复杂，加上只有少数计算机专业人员能够掌握这门技术，因而限制了计算机的发展及应用。

20 世纪六七十年代，随着计算机技术的迅速发展，数据处理进入实时处理阶段。这一时期，人们能够利用计算机对会计数据进行综合加工处理，即用计算机完成手工簿记系统的全部业务。同时，数据的组织结构和处理流程也发生了较大的变化，人们可对会计数据进行较为系统的分析，并具有了一定的反馈功能，电算化开始为基层和中层管理决策提供有用的会计信息。

20 年代 80 年代后，特别是随着计算机技术的迅猛发展、微型计算机的出现、计算机网络技术的应用、数据库管理系统和会计专用计算机的发展，以及系统软件性能不断改进和提高，给会计电算化开辟了广阔的天地，使其呈现出普及化的趋势。尤其是计算机网络的发展，使系统资源能够充分共享，大大提高了数据计算和资料处理的能力，电算化系统在账务处理、经济预测和决策、管理控制等方面显示了计算机化管理的强大优势。

2．国内会计电算化的演进

我国会计电算化起步比较晚，开始于 20 世纪 70 年代末、80 年代初。概括起来说，我国的会计电算化发展过程大体可分为 3 个阶段。

（1）起步阶段(1983 年以前)。1983 年以前，只有少数单位将计算机技术应用于会计领域，主要是单项会计业务的电算化开发和应用，如工资计算、仓库核算等。这个阶段，会计电算化发展处于试点起步阶段，会计电算化人员缺乏，计算机硬件比较昂贵，会计电算化没有得到高度重视。

（2）自发缓慢发展阶段(1983—1987 年)。1983 年后，微型计算机在国内市场上大量出现，多数企事业单位已能够买得起微型计算机，这为计算机在会计领域的应用创造了良好的条件。与此同时，企业也有了开展电算化工作的愿望，纷纷组织力量开发会计软件。因此，这个阶段，电算化处于各自为战、闭门造车的局面。会计软件一家一户地各自开发，投资大、周期长、见效慢，造成大量的人力、物力和财力的浪费。

（3）有序快速发展阶段（1987 年至今）。这一阶段，财政部、各地区财政部门以及企业管理部门逐步开始对会计电算化工作进行组织和管理，使会计电算化工作走上了有组织、有计划的发展轨道，并得到了蓬勃的发展，这个阶段主要标志是商品化会计核算软件市场从幼年走向成熟。目前已有几十个商品化会计软件通过了财政部评审，数百个商品化会计软件通过了省、市财政部门评审，初步形成了会计软件市场和产业，为社会提供了丰富的软件产品。社会上很多企事业单位都认识到开展会计电算化的重要性，纷纷购买商品化会计软件或自行开发会计软件、建立会计电算化系统，把会计人员从大量繁杂的劳动中解脱出来，步入了会计电算化的行列。

3．电算化会计的发展趋势

近几年来，我国的会计电算化呈现如下发展趋势。

（1）制度的完善。在前几年实践摸索的基础上，通过完善会计电算化管理、运用新的管理手段、进一步组织实施已有的管理办法、同时制定符合我国会计电算化特点的计算机审计准则、研究会计电算化条件下的会计制度，使会计电算化管理工作更加规范化。标准化的账表文件、会计软件以及系统化的管理制度都已成现实。

（2）功能的全面和集成化。企业的生产经营活动是一个相互联系、相互制约的有机整体。会计职能也从单一的核算型模式发展成为既有核算又有管理的综合型模式。要使企业在市场上充满活力、在市场上具有竞争力，就必须加强财务管理。因此，需要利用系统数据进行统计、分析、预测、处理等工作，这就要求会计信息系统发展成为集核算、监督、管理、控制、分析、预测和决策支持为一体的综合系统。

（3）会计软件的多元化发展。目前，我国财会软件大多为微型计算机上的核算软件。会计核算软件中比较成熟的功能模块主要有账务处理、工资核算、材料核算、固定资产核算和报表处理等模块，主要适用于中小型工业企业和事业单位的基本会计核算工作。为了适应不同规模用户、不同行业会计核算和管理的需要，我国会计软件将向多元化发展，即会计软件的多层次和多类型。会计软件多层次，即会计软件的研制和生产单位应该根据其自身的特点和能力，开发出适合中小型企业、大型企业以及跨国集团公司等不同规模企业的会计核算和会计管理软件。会计软件多类型，即会计软件的研制和生产应该根据不同行业的特点，开发出适合制造业、商业、服务业、行政事业等不同会计核算和会计管理的软件。

（4）会计电算化人才的形成。会计电算化人才的培养一直是会计电算化的工作重点之一。部分高等院校已开设会计电算化专业，从事会计电算化方向研究的硕士研究生和博士研究生也越来越多。特别是专业的会计电算化软件公司的势力以及社会声望的扩大，为会计电算化专业人才队伍的形成和壮大奠定了坚实的基础。

（三）电算化信息系统与手工会计信息系统的比较

1．电算化信息系统与手工会计信息系统的共同点

（1）在目标方面

电算化信息系统与手工会计信息系统的共同目标都是为了提供会计信息，参与经营决策，提高经济效益。

（2）在遵守会计法规及财经制度方面

应用会计电算化后，仍应与手工会计一样，必须严格遵守会计法规和财经制度。

（3）在遵循基本的会计理论和会计方法方面

会计理论是会计学科的结晶，会计方法是会计工作的总结。电算化会计会引起会计理论与会计方法的变革，但建立会计电算化系统应当遵循基本的会计理论与会计方法，否则将导致系统研制的失败。

（4）在编制会计报表方面

会计报表是企业财务状况与经营成果的反映，电算化会计信息系统应当与手工会计信息系统一样编制出符合要求的会计报表。

（5）在保存会计档案方面

会计档案是会计的重要的历史资料，必须妥善加以保管。会计电算化系统形成的大部分会计档案虽然在物理介质上发生了变化，但其信息资料仍必须和手工会计一样加以保存。

（6）在会计数据处理技术实现的基本功能方面

作为会计电算化系统和手工会计系统两者都具有以下5个方面的功能：信息输入功能即信息的采集与记录；信息存储功能；信息加工功能；信息传输功能；信息输出功能。

2．电算化信息系统与手工会计信息系统的区别

（1）使用的工具不同

手工会计使用的工具是算盘、纸张、账簿、电子计算器等。电算化会计信息系统使用的工具是电子计算机及相关软件，整个数据过程基本上都由计算机来完成。

（2）信息载体不同

手工会计系统所有的信息都以纸张为载体，占用的空间大，保管起来不容易，查找也困难。而会计电算化系统除了必要的会计凭证、账簿和报表外，一般都用光盘、磁盘等材料作为信息载体，占用空间小，保管容易，查找也方便。

（3）簿记规则不同

手工会计规定总账、日记账要用订本式账册，明细账可用订本式或活页式账册；账簿记录中的错误要用划线更正法或红字冲销法、补充登记法来更正，账页中的空行、空页要用红线划销。而电算化会计打印输出的账页是折叠或带状的，与手工会计的账簿有明显的不同。电算化会计不能采用手工会计的改错方法。为了保证审计的追踪线索不致中断，电算化会计规定：凡是已经记账的凭证数据不能更改，只能采用红字冲销法和补充登记法更正，以便留下改动的痕迹。

（4）账务处理程序不同

手工会计的账务处理程序主要有四种，但都避免不了重复转抄与重复计算的根本弱点，伴随而来的是人员与环节的增多和差错的增多。电算化系统的账务处理程序有两种方案。按目前的经济状况与开发水平来看，一般采用第一种方案：即基本上按手工会计的方式进行系统移植，但过程却发生了变化，允许同时采用多种核算形式。第一种方案为理想化的全自动账务处理程序，即将会计凭证磁性化，在规格化的会计凭证上用磁性墨水书写，由阅读机识别后将数据输送到计算机上，再由用户定义数据存贮形式和加工方法，由计算机对数据进行加工处理，最后由用户定义输出形式与结果，由输出设备进行查询与打印。

（5）会计工作组织体制和人员不同

手工会计部门一般分为若干会计工作岗位，如工资、材料、固定资产、成本等岗位，以进行专门的会计业务核算，设有专人负责记账、编制报表等工作。在电算化会计情况下，会计工作岗位的划分发生了很大的变化，专门的业务核算工作都由计算机来替代，只设置了数据录入、审核、维护等岗位。

在人员构成上，手工会计系统中均是会计专业人员。电算化会计系统中的人员将由会计专业人员、计算机专业人员或两者都懂的复合型人才构成。

（6）内部控制方式不同

手工会计的内部控制依据会计流程进行严密的控制，如账证核对、账账核对、账物核对等控制方式，而在电算化会计中这些方式都已不存在，代之以更加严密的输入控制、权限控制、时序控制等。

（7）错账更正方法不同

手工会计下错账可以采用划线更正法、红字更正法和补充登记法；在电算化信息系统下的错账可以分为"无痕迹"的修改方式和"有痕迹"的修改方式。

二、组建会计电算化信息系统

会计电算化信息系统是以计算机为主要工具，运用会计所特有的方法，通过对各种会计数据进行收集或输入，借助特殊的媒介对信息进行存储、加工、传输和输出，并以此对经营活动情况进行反映、监督、控制和管理的会计信息系统。

（一）计算机硬件

构成会计信息系统的计算机硬件一般包括数据采集设备、存储设备、处理设备、输出设备和网络通信设备等。其中采集设备包括键盘、各类扫描仪等；处理设备指的是计算机主机设备；存储设备包括软盘、硬盘、移动硬盘、光盘等；输出设备包括打印机、显示器等；网络通信设备包括交换机、服务器、光纤等。

计算机硬件设备可以有不同的组合方式，不同的组合方式构成了不同的硬件体系构成，不同的硬件体系构成也决定了不同的工作方式和功能。综合会计信息系统的发展历程，一般可以分成以下 3 种结构方式。

1. 单机结构。整个系统由一台微型计算机和相应的外部设备构成，这一般在会计电算化的最早阶段应用较多，属于单一用户、单任务工作方式。这种结构有灵活简便、开发周期短、价格低等优点，但也有输入、输出速度较慢从而导致数据处理的速度过慢的缺点。

2. 多用户结构。整个系统由一台主机和多个终端构成，并由通信线路连接起来，构成一个整体。这时可以由多个用户在多个终端上分散进行输入，由一台主机进行集中处理，处理结果又可以直接返回至各个终端，因此属于多用户、多任务工作方式。这种结构解决了输入、输出的"瓶颈"问题，又能集中进行数据处理，实现数据交互共享，提高了整个系统的运作效率。但它也有一个致命伤，即如果主机发生故障就会造成整个系统的瘫痪。

3. 网络结构。将各个多用户结构或单机结构的计算机系统通过通信设备和线路连接起来，利用功能强大的网络软件实现资源共享，组成一个功能强大的超大型计算机网络系统。这种结构可以实现系统的软件、硬件以及数据资源的共享，利用分布式处理方式，可以将一项极其复杂的任务进行分解处理。在这个网络结构中，各个计算机都可以进行数据的输入、处理和输出，系统的功能和灵活性从理论上说可以达到无限，但这种结构对数据的安全提出了更高的要求。

（二）财务软件

计算机软件包括系统软件、常用应用软件和财务软件。财务软件是会计信息系统最重要的部分，没有财务软件，会计信息系统就无法处理财务数据。

财务软件是为完成会计数据处理工作，用各种计算机语言编制的可以达到指挥计算机完成会计工作的程序代码和有关文档技术资料。财务软件按适用范围可以分为通用财务软件和定点开发财务软件；按提供信息的层次可分为核算型、管理型和决策型财务软件；按硬件结构可分为单用户财务软件和多用户财务软件。

通用财务软件一般指的是商品化财务软件，如目前市场上的用友系列财务软件、金蝶系列财务软件和其他公司开发的各种财务软件。这种财务软件通用性强、适应性广，但用户在使用时有时也会感到有些不便，主要是财务软件的通用性和企业用户的本身特点无法统一所致。定点开发的财务软件也称为专用财务软件，指个别企业根据企业自身的特点开发研制的财务软件，可以克服通用财务软件的某些不便，但开发周期长，开发成本也较高，而且也只能在一定的时期内使用，维护升级比较困难，所以目前多数企业采用通用财务软件。

单用户财务软件是指将财务软件安装在一台或几台计算机上，每台计算机的财务软件单独运行，生成的数据只能存储在本台计算机中，各计算机之间不能直接进行数据交换和共享。多用户（网络）财务软件是指将财务软件安装在一个多用户系统的主机（计算机网络服务器）上，系统中各用户终端可以同时运行，不同用户终端的会计人员可以共享会计信息。

（三）人员配置

从事电算化会计的人员一般可以分为两类：一类为系统开发人员，包括系统分析员、系统设计员、系统编程人员和测试人员；另一类为系统的使用操作人员和维护人员。

为使会计电算化顺利进行，系统开发人员必须掌握一定程度的财会理论知识，对会计工作有全面而细致的了解，熟悉会计工作的流程、方法和要求，对相关企业的工艺流程有相当的了解。系统的维护操作人员则要熟悉财务软件的基本结构、功能，能熟练操作计算机并运用财务软件完成各项会计工作。因此会计电算化要求相关人员都是复合型人才，应同时具备计算机和财会两方面知识，只是两类人员的侧重点有所不同而已。

这种复合型人才往往需要企业培训，企业购买通用财务软件后，需要培训原有会计人员的计算机和财务软件两方面的知识或直接引进复合型人才。企业定点开发财务软件，则对系统开发人员提出了更高的要求，要求系统开发人员在掌握计算机知识的基础上，着重掌握财务会计方面的知识并了解企业本身的特点，同时企业也要培训原有的会计人员的计算机和财务软件方面的知识。

（四）会计数据

会计数据是会计工作的基本工作对象，也是电算化会计信息系统的主要构成要素。为适应电子计算机的工作特点，电算化系统从原始单据中接收会计数据，并对输入的数据进行标准化、规范化处理；同时，系统对数据进行集中化和自动化管理；最后，通常以文件的形式，对系统的输出数据如原始凭证、记账凭证、日记账、明细账、总账及会计报表等作为会计档案来保存。与手工会计相比，电算化会计数据的容纳能力与检索能力更加强大。

（五）会计规范

会计电算化必须有一整套严格的法规和制度。法规指的是政府的法令、条例和规定；制度指的是各企业在会计电算化工作中的各项具体规定，如岗位责任制度、软件操作制度、会计档案管理制度等。

我国财政部于1994年6月30日发布了全国性的会计电算化管理规章《会计电算化管理办法》、《商品化会计核算软件评审规则》、《会计核算软件基本功能规范》3个规章。为了指导基层单位更好地开展会计电算化工作，1996年发布了《会计电算化工作规范》。为了进一步促进财务及企业管理软件开发的规范化，1998年6月，由财务软件分会发起，在国内多家著名厂商如用友公司等大力支持下，出台了"中国财务软件数据接口标准"。这些都是目前指导我国会计电算化工作最重要的文件。

三、会计软件

（一）会计软件概念

会计软件是指专门用于完成会计工作的计算机应用软件，包括采用各种计算机语言编制的一系列指挥计算机完成会计工作的程序代码和有关的技术文档资料。

从软件的功能来看，会计软件是以会计制度为依据，以计算机及其应用技术为基础，以会计理论和会计方法为核心，以会计数据位处理对象，为会计核算、财务管理和企业经营管理提供信息资料，将计算机技术应用于会计工作的软件系统。

（二）会计软件分类

会计软件按照不同的分类标准可以划分为不同的类型。

1．按软件功能划分

会计软件按功能划分可以分为核算型会计软件和管理型会计软件。核算型会计软件是指专门用于完成会计核算工作的应用软件，主要功能包括对账务、薪资、固定资产、应收款、应付款、存货等内容的核算以及会计报表处理。管理型会计软件是对核算型会计软件功能的延伸，它在全面核算的基础上突出了会计在管理中的监督控制作用。

2．按软件提供方式划分

会计软件按提供方式可分为商品化会计软件和非商品化会计软件。商品化会计软件是指计算机软件开发公司或会计软件专业开发公司设计、开发的，并经财政部门评审合格，作为商品在市场上出售的会计软件。而非商品化的会计软件则是用户为满足自己业务处理的需要而开发的会计软件，或由业务主管部门开发后提供给下属单位使用的会计软件。

3．按软件适用范围划分

会计软件按适用范围分为通用会计软件和定点开发会计软件。通用会计软件是指在一定范围内适用的会计软件；定点开发会计软件也叫专用会计软件，是指仅适用于处理个别单位会计业务的会计软件。

4．按软硬件系统结构划分

会计软件按软硬件系统结构可分为单机版软件和网络版软件。单机版软件是指单个计算机就能使用的软件，无需连接互联网或与其他计算机。网络版软件是指能够通过网络在多台计算机上同时运行的软件。

（三）会计软件功能结构

会计软件的功能结构是从系统的功能层次角度来反映的。所谓功能结构，是指系统按其功能分层分块的结构形式。

1．核算型会计软件的主要功能结构

核算型会计软件用于完成会计核算工作，主要包括账务处理、报表处理、固定资产核算、薪资管理、应收款管理、应付款管理、存货管理、往来账管理模块。

（1）账务处理子系统。账务处理模块是会计软件的核心，对所有的会计软件来说都是必不可少的。账务处理主要包括账务初始（建账）、凭证处理（输入、审核、汇总）、查询、对账、结账、打印输出以及其他辅助功能。

（2）报表处理模块。报表处理模块是按国家统一的会计制度规定，根据会计资料而编制会计报表，向公司管理者或政府部门提供财务报告。会计报表按其汇编范围可分为个别报表、汇总报表以及合并报表。报表处理模块包括报表定义、报表计算、报表汇总、报表查询、报表输出。

（3）固定资产核算模块。固定资产核算模块主要是用于固定资产明细核算及管理。

固定资产核算模块包括：①建立固定资产卡片；②建立固定资产账簿；③录入固定资产变动情况；④计提固定资产折旧；⑤汇总计算；⑥查询及打印输出；⑦编制转账凭证。

（4）薪资管理模块。薪资管理模块以计提发放职工个人工资的原始数据为基础，计算职工工资，处理工资核算。工资核算模块包括：①设计工资项目及项目计算公式；②录入职工工资基础资料；③增减变动及修改；④计算汇总；⑤查询；⑥打印输出。

（5）其他模块。其他模块主要包括存货核算、成本核算系统、应收应付款核算、销售核算和财务分析等。

2．管理型会计软件的主要功能结构

管理型会计软件利用会计核算业务所提供的信息以及其他生产经营活动资料，采用各种管理模型、方法，对经营状况进行分析和评价。它不仅使用财务会计的核算方法和原理，而且运用管理会计的方法和原理，以及科学的决策思想、管理技术和方法，将业务处理中的核算结果提升至管理信息系统控制的高度。所以管理型会计软件具有事前预测和事中控制的功能。在核算型会计软件完成会计核算基本任务的基础上，管理型会计软件具有如下扩展功能。

（1）分析功能。包括对各种财务报表和预算报表的比较与分析，提供结构、比率、绝对数趋势、定基、环比等多种分析功能。

（2）运算功能。提供从一般科目到投资、筹资、资本支出、销售收入、成本甚至现金流量的全面预算。

（3）控制功能。能通过保本点、固定成本、变动成本、预计流动比率、预计投资报酬率等指标的技术实施相应控制，通过预算报表与实际执行的反馈结果进行预算控制。

项目一
系统管理

知识目标

1. 掌握用友 ERP-U8.72 系统管理操作的先后步骤；

2. 理解用户权限的含义；

3. 了解用友 ERP-U8.72 系统管理的主要功能。

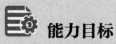

能力目标

1. 能进行用友 ERP-U8.72 系统管理中增加操作员、新建账套、设置用户权限的操作。

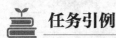

任务一 增加用户

 任务引例

为使会计电算化能顺利进行，企业必须有员工对会计电算化软件进行操作。而会计信息往往包含着一些商业秘密，并非能让所有企业员工都了解。因此，企业必须规定某些特定的岗位和人员来从事会计电算化软件的操作。这些人员就是会计电算化软件的用户或者称为操作员。那么，如何才能让软件"认识"谁可以操作，谁不能操作呢？这就需要通过在会计电算化软件的系统管理中增加用户来实现。

知识准备与业务操作

一、系统管理概述

（一）系统管理的功能

用友 ERP-U8.72 软件系统管理功能的使用者为企业的信息管理人员，即系统管理员 Admin 和账套主管。系统管理模块主要能够实现如下功能：对账套的统一管理，包括建立、修改、引入和输出（恢复备份和备份）；对操作员及其功能权限实行统一管理，设立统一的安全机制，包括用户、角色和权限设置；允许设置自动备份计划，系统根据这些设置定期进行自动备份处理，实现账套的自动备份；对年度账的管理，包括建立、引入、输出年度账，结转上年数据和清空年度数据。

（二）系统操作流程

企业需要使用软件，必须先在系统管理模块中完成增加用户、新建账套、权限设置等系统初始工作。

如果企业是首次使用用友软件，则系统操作流程为：启动系统管理→以系统管理员 Admin 身份登录→增加角色、用户→新建账套→设置角色、用户权限→启用各相关系统。

也可以为启动系统管理→以系统管理员 Admin 身份登录→新建账套（默认 Demo 为账套主管）→增加角色、用户→设置角色、用户权限→启用各相关系统。

如果企业在上一年度已使用该软件，则系统操作流程为：启动系统管理→以账套主管注册登录→建立下一年度账→结转上年数据→启用各相关系统→进行新年度操作。

二、系统注册与备份

（一）系统注册与注销

运行用友 U8 软件，必须先打开系统管理进行注册登录。具体步骤为：选择"开始"→"用友 ERP-U8"→"系统服务"→"系统管理"，进入系统管理模块；选择"系统"→"注册"功能菜单，显示登录系统界面；选择服务器，输入"Admin"。

也可以输入账套主管的名称完成系统登录。但是系统管理员（Admin）和账套主管登录后能进行的操作权限是不一样的，其区别如表1-1所示。

表 1-1　　　　系统管理窗口中系统管理员（Admin）和账套主管操作权限明细表

主要功能	细分功能	详细功能	系统管理员（Admin）	账套主管
账套操作	账套建立	新账套建立	√	
		年度账建立		√
	账套修改			√
	数据删除	账套数据删除	√	
		年度账数据删除		√
	账套备份	账套数据输出	√	
		年度账数据输出		√
	设置备份计划	设置账套数据输出计划	√	
		设置年度账数据输出计划	√	√
	账套数据恢复	账套数据恢复	√	
		年度账数据恢复		√
	升级 Access 数据		√	
	升级 SQL Server 数据		√	
	清空年度数据			√
	结转上年数据			√
人员、权限	角色	角色操作	√	
	用户	用户操作	√	
	权限	权限操作	√	√
其他操作	清除异常任务		√	
	清除所有任务		√	
	清除选定任务		√	
	清退站点		√	
	清除单据锁定		√	
	上机日志		√	
	视图	刷新	√	√

如果需要更换登录人员，需要先点取功能菜单"系统"下的"注销"功能菜单完成当前操作员退出，然后换新的操作员名称再重新注册登录。

登录后显示系统管理界面，界面分为上下两部分。上面部分列示的是正登录到系统管理的各系统名称、运行状态和注册时间，下面部分列示的是各系统中正在执行的功能。查看时，用户可在上面部分用鼠标选中一个子系统，下面部分将自动列示出该子系统中正在执行的功能。这两部分的内容都是动态的，它们将根据系统的执行情况自动更新变化。如果在运行状态中显示为异常，可以进行手动清除，即单击"视图"下级菜单中"清除异常任务"按钮即可。

（二）数据备份和恢复

对于企业系统管理员来讲，定时地将企业数据备份出来存储到不同的介质上（如常见的软盘、光盘、网络磁盘等），对数据的安全性是非常重要的。如果企业由于不可预知的原因（如地震、火灾、计算机病毒、人为的误操作等）需要对数据进行恢复，此时运用备份数据就可以将企业的损失降到最小。此外，对于异地管理的公司，此种方法还可以解决审计和数据汇总的问题。

数据备份可以通过以系统管理员身份注册后，进入系统管理模块，选择"账套"菜单下级的"输出"功能完成。弹出账套输出的界面后，选择需要输出的账套和输出路径，单击"确认"按钮完成输出。如果将"删除当前输出账套"同时选中，在输出完成后系统会将数据源从当前系统中删除。

用友 U8 软件还可以通过"设置备份计划"的方式，对设置好的账套完成自动定时输出（备份）工作。设置备份计划的优势在于设置定时备份账套功能和多个账套同时输出功能，在很大程度上减轻了系统管理员的工作量，同时可以更好地对系统进行管理。

当账套数据遭到破坏时，需要将已备份的账套数据恢复到本账套中，可以采用"账套"菜单下级的"引入"功能。进入引入账套的界面后，选择要引入的账套数据备份文件和引入路径，单击"打开"按钮表示确认。

三、增加和删除用户

用户是指对所在账套具有部分或者全部数据操作权限的操作员，又称系统操作员。需要操作用友 U8 软件的人员，必须先被增加为系统用户，才能够进入软件的应用模块进行各项操作。

增加用户功能在"系统管理"主界面，选择"权限"菜单中的"用户"按钮，单击进入用户管理功能界面。在用户管理界面，单击"增加"按钮，显示"增加用户"界面。此时可以录入编号、姓名、口令、所属部门、E-mail、手机号等内容，并可以在所属角色中选中归属的内容。然后单击"增加"按钮，保存新增用户信息。"增加用户"界面各栏目中，蓝色字体的栏目为必填项目，黑色字体的栏目为选填项目。必填项目若未填写完整，则不能进行保存。其中，"编号"、"姓名"必须输入，最大不能超过 20 位，不能输入数字、字母、汉字之外的非法字符。

用户管理功能界面可以使用"定位"功能。在用户列表中查找并选中要修改的用户信息，单击"修改"按钮，可进入修改状态，但正在启用用户只能修口令、所属部门、E-mail、手机号和所属角色的信息。

如果需要暂时停止使用某用户，则单击用户"姓名"后出现的"注销当前用户"的按钮。又需要继续启用该用户时，再次单击"姓名"后出现的"启用当前用户"的按钮。需要删除用户时，选中要删除的用户，单击"删除"按钮，则可删除该用户，但正在启用的用户不能删除。

任务实施——增加用户

工作实例

绍兴华翔股份有限公司决定从 2011 年 1 月起开始使用用友 ERP-U8.72 软件来进行会计核算处理。财务部经过讨论后决定，由周天、王乐、李小红 3 人从事会计电算化岗位工作，可以进入用友软件进行相应操作。请为该公司完成增加用户这一系统管理工作。

操作步骤

（1）单击 Windows "开始" → "所有程序"，选择"用友 ERP-U872"中"系统服务"菜单下的"系统管理"，弹出"系统管理"窗口，如图 1-1 所示。

（2）选择"系统"菜单下的"注册"命令，弹出登录窗口。在相应的对话框中输入信息："登录到"选择正确的数据库服务器名称，在"操作员"处输入 Admin（不区分大小写），密码处输入正确密码（Admin 默认密码为空），账套处选择（default），如图 1-2 所示。

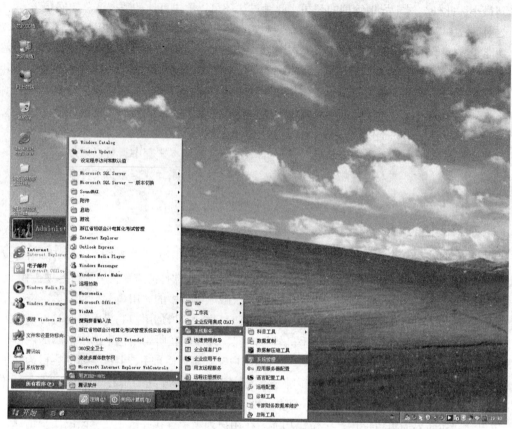

图 1-1　系统管理界面

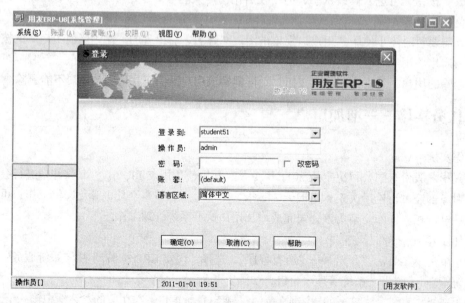

图 1-2　登录窗口

（3）单击"确定"按钮，返回"系统管理"窗口，如图1-3所示。

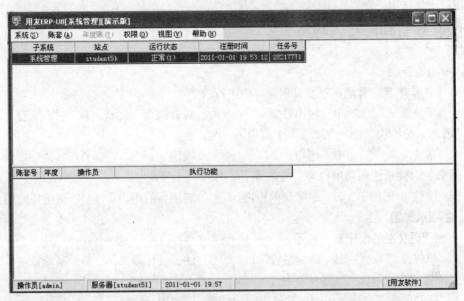

图1-3　系统管理窗口

（4）执行"权限"下的"用户"命令，打开"用户管理"对话框，单击"增加"按钮，打开"操作员详细情况"对话框，录入编号"001"、姓名"周天"、口令为空、所属部门"财务部"等，如图1-4所示。

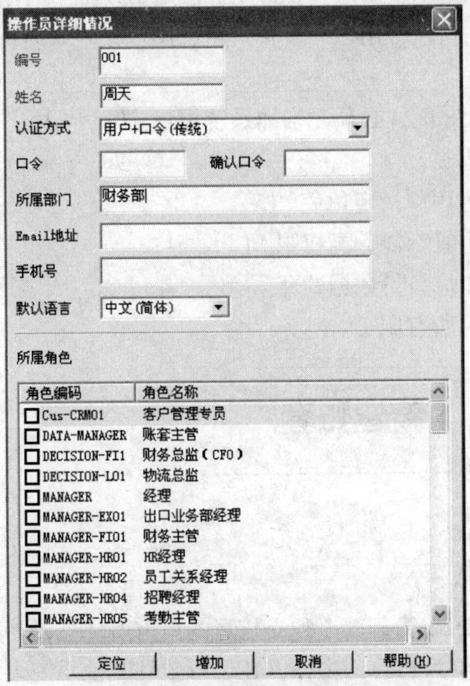

图1-4　信息录入界面

（5）单击"增加"按钮，依次设置其他用户。全部用户增加完毕后单击"取消"按钮退出，则增加用户出现在用户管理界面。

📚 职业能力判断与选择

一、单项选择题

1. 以下工作账套主管能在系统管理窗口中进行的是（　　）。
   A. 新建账套　　　　　B. 输出账套　　　　C. 修改账套　　　　D. 引入账套

2. "清除系统错误"命令在（　　）菜单下。
   A. 系统　　　　　　　B. 用户　　　　　　C. 视图　　　　　　D. 其他

3. 需要暂时停止使用某用户时，可以（　　）。
   A. 注销当前用户　　　B. 删除当前用户　　C. 启用当前用户　　D. 退出当前用户

二、多项选择题

1. 系统管理功能的使用者可以是（　　）。
   A. 单位负责人　　　　B. 账套主管　　　　C. 注册会计师　　　D. 系统管理员

2. 系统管理模块可以实现的功能有（　　）。
   A. 账套的建立、修改、引入和输出　　　　B. 增加用户
   C. 设置用户权限　　　　　　　　　　　　D. 查看上机日志

3. 首次使用系统时，以下系统操作流程正确的是（　　）。
   A. 增加角色、用户→新建账套→设置角色、用户权限→启用各相关系统
   B. 账套主管登录→建立下一年度账→结转上年数据→启用各相关系统
   C. 新建账套→增加角色、用户→设置角色、用户权限→启用各相关系统
   D. 新建账套→增加角色、用户→设置角色、用户权限→启用各相关系统

三、判断题

1. 企业首次使用用友 U8 前，必须先增加系统用户。（　　　）
2. 系统用户姓名可以重复。（　　　）
3. 增加用户时，必须为用户指定角色。（　　　）
4. 系统管理员和账套主管都能分配权限。（　　　）
5. 软盘、U 盘都可以作为备份数据的介质。（　　　）
6. 系统用户就是企业的所有职工。（　　　）

学习任务 | 任务二　新建账套

📚 任务引例

　　账套是指在会计软件系统中为每一个独立核算的单位所建立的一套完整的账务体系，其作用相当于手工操作条件下明确会计核算的主体。在运行软件其他系统模块之前，首先必须为使用该系统的核算单位建立一个新的账套，以明确当前会计主体的核算要求，确定核算过程中应遵循的

规则，告诉系统这个单位的一些业务背景资料。

 知识准备与业务操作

一、新建账套

（一）用户登录

以 Admin 登录"系统管理"界面，单击"账套"菜单选择"建立"，则进入建立单位新账套的功能。需要注意的是，只有系统管理员 Admin 才能建立新账套。

（二）输入相关信息

根据系统提示，结合本单位的实际情况，在弹出的"创建账套"窗口输入相关信息。蓝色字体项目为必填项目，其他项目可以选填。每输入完一类信息（一个对话框），则单击"下一步"；如需对之前输入信息进行修改，则单击"上一步"。新建账套时需要输入的信息主要有以下几种。

1. 账套信息

（1）已存账套。系统将现有的账套以下拉框的形式在此栏目中表示出来，用户只能参照，而不能输入或修改。其作用是在建立新账套时可以明确已经存在的账套，避免在新建账套时重复建立。

（2）账套号。账套号是一个账套在软件系统内部的代码。输入新建账套的编号，应输入 3 个字符（只能是 001~999 之间的数字，而且不能与已存账套中的账套号重复）。在一个会计软件中可以建立多个账套，账套号通常是系统识别不同账套的唯一标志。

（3）账套名称。用来输入新建账套的名称，以便用户能够识别，最多可以输入 40 个字符。

（4）账套路径。用来输入新建账套所要被保存的路径，可以单击输入框右边的"…"按钮输入，但不能是网络路径中的磁盘。

（5）启用会计期。用来输入新建账套将被启用的时间，具体到"月"。新账套创建成功后不得修改。如果企业的实际核算期间和正常的自然日期不一致，那么用户在输入"启用会计期"后，用鼠标单击"会计期间设置"按钮，弹出会计期间设置界面。系统根据前面"启用会计期"的设置，自动将启用月份以前的日期标识为不可修改的部分；而将启用月份以后的日期（仅限于各月的截止日期，至于各月的初始日期则随上月截止日期的变动而变动）标识为可以修改的部分。用户可以任意设置。

2. 单位信息

按照实际情况输入各项单位信息。"单位名称"必须按照规范的单位全称填写，在输出凭证、账簿、报表等业务资料时，通常将单位名称打印在资料的明显位置。需要填制和使用增值税发票的企业，必须填写"税号"。

3. 核算类型

（1）本币代码。输入新建账套所用的本位币的代码，系统默认"RMB"。

（2）本币名称。输入新建账套所用本位币的名称，系统默认"人民币"。

（3）企业类型、行业性质。从下拉框中选择输入与自己企业类型和行业性质相同或最相近的类型。不同企业类型和行业性质的选择将直接决定软件中的某些相关功能能否启用。若企业采用2007年1月1日执行的新《财务会计准则》，请务必在"行业性质"栏目中选择"2007年新会计准则科目"。

（4）账套主管。从下拉列表中选择该新建账套的账套主管，只有在"用户"菜单中已经增加了的用户，才能出现在此项目的下拉列表中。如果尚未增加用户，可以先选择"Demo"作为账套主管，等完成新建账套后，再采用权限设置完成账套主管的指定。

（5）按行业性质预置科目。如果希望采用系统预置所属行业的标准一级科目，则在该选项前打勾，那么进入产品后，会计科目由系统自动已经设置；如果不选，则由用户自己设置会计科目。

4．基础信息

在"基础信息"页面确认该账套的存货、客户、供应商是否分类，以及有无外币核算业务。

（1）存货是否分类。如果企业的存货较多，且类别繁多，可以在存货是否分类选项前打勾，表明要对存货进行分类管理；如果企业的存货较少且类别单一，则可以选择不进行存货分类。但是，如果选择了存货要分类，那么在进行基础信息设置时，必须先设置存货分类，然后才能设置存货档案。

（2）客户是否分类。设置方法与"存货是否分类"相同。如果选择了客户要分类，那么在进行基础信息设置时，必须先设置客户分类，然后才能设置客户档案。

（3）供应商是否分类。设置方法与"存货是否分类"相同。如果选择了供应商要分类，那么在进行基础信息设置时，必须先设置供应商分类，然后才能设置供应商档案。

（4）是否有外币核算。如果该企业有外币业务，需要使用外币核算，则在此选项前打勾。

全部信息输入完成后，单击"完成"按钮，系统提示"可以创建账套了吗"，单击"是"完成上述信息设置，并进行后续设置；单击"否"按钮返回确认步骤界面；单击"上一步"按钮，返回上一对话框设置；单击"取消"按钮，取消此次建账操作。单击"是"按钮后系统开始建账，系统建账过程较慢，在建账过程中请耐心等待，尽量不要进行其他操作。

（三）建账完成的后续设置

建账完成后，需要对其他的一些系统运行要素进行设置。

1．编码方案

编码是系统内部调用数据与辨别对象的唯一依据。对一个具体的应用单位来说，必须根据管理要求以及单位的具体情况，对部门、职员、客户（供应商）、存货等项目进行系统分类，经过宏观和微观统筹考虑，整理出一套科学的编码体系。良好的编码体系必须遵守"设计合理、使用方便、容易记忆、便于扩充"的原则。

在用友软件中，编码设置基本采用类别码与顺序码相结合的方式。这种编码方式既便于对信息进行分类，又方便计算机进行处理。如科目编码级次是对会计科目设置的编码方案。如图1-5、表1-2所示，对存货编码的前6位采用类别码设计，分别是存货大类1位、存货中类2位和存货小类3位编码，后3位采用顺序码。这样，存货编码的级别为4级，总长度为9位。编码规则记为1-2-3-3。

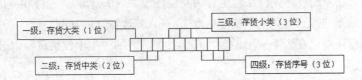

图1-5　存货编码方案示意图

表1-2　　　　　　　　　　　存货编码方案（1-2-3-3）

级　　次	存货编码	存货名称
1	1	办公用品
2	1 01	纸张
3	1 01 001	打印纸
4	1 01 001 001	A4打印纸

建立账套完成后弹出的"编码方案"对话框用于设置有级次档案的分级方式和各级编码长度。编码方案中包含的项目显示情况与账套建立时选择的"是否分类"信息有关。单击要修改的编码方案中的级次和长度，可以直接按数字键定义级长。在增加级数、改变级时，设置的编码方案级次不能超过最大级数；同时长度也只能在系统限制的最大长度范围内，灰色区域表示不可修改。如在账套建立时若选择了"按行业性质预置科目"，则科目编码级次的前三级 4-2-2 就显示为灰色，不能修改。

设置完编码方案后单击"确定"按钮保存；若不需要修改，可直接单击"取消"按钮。

2．数据精度

由于各企业对数量、单价的核算精度要求不一致，因此根据企业自身的核算要求，需要设置会计信息在软件中核算的数据精度。直接在各项目后用数字键盘输入需要精确到的小数位数即可。

设置完成后单击"确定"按钮保存；若不需要修改，可直接单击"取消"按钮。

稍等片刻系统弹出信息提示框，提示进行系统启用。

3．系统启用

"系统启用"功能用于已安装系统（或模块）的启用，并记录启用日期和启用人。要使用软件中的某个子系统，就必须先启用这个系统。只有系统管理员和账套主管，才能启用系统。

若在账套建立完成后系统提示"现在进行系统启用的设置"时，选择"是"进入"系统启用"窗口。在需要启用的系统前打勾，然后在弹出对话框中输入启用的日期，单击"确认" 保存此次的启用信息，并将当前操作员写入启用人。系统一旦启用，启用日期将无法修改，所以务必核实准确。

系统弹出提示框"请进入企业应用平台进行业务操作"，单击"确定"按钮，至此，新账套建立完成。以上的"编码方案"、"数据精度"和"系统启用"工作，也可以从"企业应用平台"进入，在"基础信息"下的"基本信息"中进行操作。

二、修改账套

当系统管理员建完账套后，在未使用相关信息的基础上，需要对某些信息进行调整，以便使信息更真实准确地反映企业的相关内容时，可以进行适当的调整。账套中的信息并非全部都能修改。只有账套主管可以修改账套中的某些信息，系统管理员无权修改。

需要修改账套信息时，首先以账套主管的身份注册"系统管理"，选择相应的账套，进入系统管理界面，然后选择"账套"菜单中的"修改"，进入修改账套的功能。

部分账套信息还可以在企业应用平台"基础设置"下的"本单位信息"中进行修改。

三、删除账套

此功能是根据企业的要求，将目标账套从系统中删除。此功能可以一次将该账套下的所有数据彻底删除。

需要删除账套时，首先以系统管理员身份注册"系统管理"，然后单击"账套"菜单中的"输出"按钮。在输入完成相应的输出信息后，选中"删除当前输出账套"，单击"确认"进行输出。此时系统提示："真要删除该账套吗?"，确认后系统将删除该账套。

正在使用的账套此时系统的"删除当前输出账套"是置灰不允许选中的。删除完成后，系统自动将系统管理员注销。若还需继续操作，则需要重新注册"系统管理"。其实，账套删除和账套输出备份的操作基本一样，区别只是在输出选择界面选中删除操作和完成备份后的删除确认。

 任务实施——新建账套

工作实例

绍兴华翔股份有限公司的基本信息如下。请据此建立 2011 年 1 月 1 日启用的新账套。

账套号：100

账套名称：绍兴华翔股份有限公司账套

单位名称：绍兴华翔股份有限公司

单位简称：华翔公司

单位地址：绍兴市越城区解放大道 188 号

法人代表：陈燃

邮政编码：312088

税号：100011010266888

启用会计期间：2011 年 1 月

企业类型：工业

行业性质：2007 年新会计制度科目

账套主管：周天

基础信息：对存货、客户进行分类

分类编码方案：

科目编码级次：4222

客户分类编码级次：123

部门编码级次：122

存货分类编码级次：122

收发类别编码级次：12

结算方式编码级次：12

数据精度：系统默认

系统启用：启用总账、固定资产、薪资管理、应收款管理、应付款管理系统；启用时间为 2011

年1月1日

操作步骤

（1）以 Admin 注册登录"系统管理"。

（2）单击"账套"菜单下的"建立"命令，进入"账套信息"对话框输入相关信息，如图1-6所示。

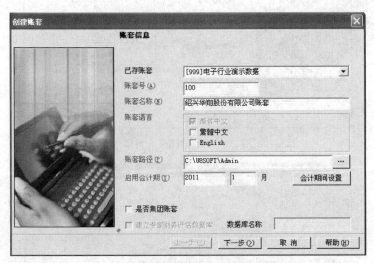

图1-6 "账套信息"对话框

（3）单击"下一步"按钮，打开"单位信息"对话框，录入单位信息，如图1-7所示。

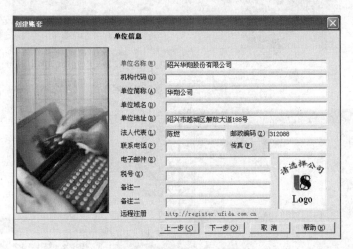

图1-7 "单位信息"对话框

（4）单击"下一步"按钮，打开"核算类型"对话框，输入企业相应信息，如图1-8所示。

（5）单击"下一步"按钮，打开"基础信息"对话框，确认存货、客户、供应商是否分类及有无外币核算，如图1-9所示。

（6）单击"完成"按钮，弹出系统提示"可以创建账套了吗?"，单击"是"按钮，稍候弹出"编码方案"对话框。根据相关资料修改分类编码方案，如图1-10所示。

（7）单击"确定"按钮后"关闭"窗口，弹出"数据精度"对话框，如图1-11所示。

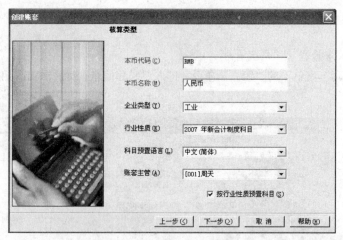

图1-8　"核算类型"对话框

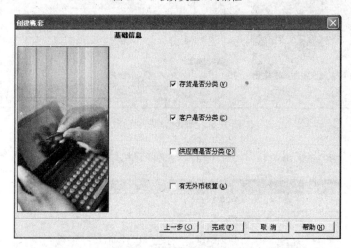

图1-9　"基础信息"对话框

图1-10　"编码方案"对话框

图1-11　"数据精度"对话框

（8）默认系统预置的数据精度设置，单击"确定"按钮，弹出系统提示框，如图1-12所示。

图1-12　系统提示框

（9）单击"是"按钮，弹出"系统启用"窗口，如图1-13所示。

图1-13　"系统启用"窗口

（10）在"GL 总账"前打勾，弹出"日历"对话框，选择"2011 年 1 月 1 日"，如图1-14所示。单击"确定"按钮，显示提示信息"确实要启用当前系统吗？"，单击"是"按钮。用同样的方法开启固定资产、薪资管理、应收款管理、应付款管理系统。

（11）关闭"系统启用"窗口，系统弹出如图1-15所示的提示，单击"确定"按钮返回系统管理，完成新建账套。

图1-14　"日历"对话框　　　　　　　图1-15　"系统管理"提示框

职业能力判断与选择

一、单项选择题

1. 关于账套，下列说法错误的是（　　　）。
   A. 企业可以为下属独立核算单位各自建立一套账
   B. 账套间数据相互独立
   C. 账套间数据可以相互利用
   D. 企业只能建立一个账套

2. 若科目编码级次定义为3-2-1，则下列不正确的科目编码是（　　　）。
   A. 1020101　　　　B. 102011　　　　C. 102110　　　　D. 102101

3. 建账的内容一般不包括（　　　）。
   A. 增加用户　　　　　　　　　　B. 制定编码规则
   C. 录入单位基本信息　　　　　　D. 选择具体核算方法

4. （　　　）有权在系统中建立企业账套。
   A. CEO　　　　　　B. Admin　　　　　C. CFO　　　　　D. 账套主管

5. 可以进行"账套修改"工作的是（　　　）。
   A. 出纳　　　　　　B. 会计　　　　　C. 账套主管　　　　D. 系统管理员

二、多项选择题

1. 建立账套完成后，（　　　）不能修改。
   A. 启用会计期　　B. 账套主管　　C. 单位简称　　D. 账套号

2. 下列工作属于系统管理员可以操作的有（　　　）。
   A. 账套引入　　B. 账套输出　　C. 账套修改　　D. 账套建立

3. 建立单位核算账套时，必须设置的基本信息包括（　　　）。
   A. 账套号　　B. 账套名称　　C. 账套路径　　D. 启用会计期

4. 账套信息一般包括（　　　）。
   A. 记账本位币　　B. 数据精度　　C. 编码规则　　D. 行业性质

5. 以下说法正确的是（　　　）。
   A. 新建账套是单位负责人的工作
   B. 账套号是唯一的
   C. 账套号为3位字母
   D. "按行业性质预置科目"可以简化会计科目设置工作

三、判断题

1. 企业一套完整的账簿体系在计算机系统中称为一个账套。（　　　）

2. 账套路径一般系统默认，用户不能修改。（　　　）

3. 在电算化会计核算中，存货必须分类。（　　　）

4. 供应商的编码可以分级别进行设置。（　　　）

5. 上机日志，所有人员都不能删除。（　　　）

6. 单位名称是区分系统内不同账套的唯一标志。（　　　）

学习
任务　**任务三**　财务分工

　任务引例

由于会计信息具有保密性，所以必须由专人来操作会计核算软件。此外，会计工作中有一些不相容岗位，因此还需要有一定的内部牵制，即必须对软件的操作员进行财务分工。

知识准备与业务操作

一、用户岗位和责任

（一）用户的主要责任

（1）严格遵守会计电算化有关制度，包括开停机制度和上下岗操作记录制度；操作过程中发现故障应及时报告会计电算化系统主管，并做好故障记录；坚持防病毒制度；会计数据、会计信息检查审核制度的储存安全保密制度等。

（2）负责本单位会计核算软件操作运行。负责系统日常会计数据、会计信息的汇集，输入、处理、输出、打印和储存。备份的操作运行，保证会计数据、会计信息的及时性、准确性和完整性。

（二）用户岗位设置

用户的岗位职责可根据企业规模大小、业务量多少、会计电算化发展状况（应用程度）等具体事宜确定。具体地说，操作员可以一人一岗，也可以一人多岗，也可以一岗多人。一般情况下用户岗位可以细分为以下几种。

1．数据录入员

负责检查专职会计人员提供的记账凭证是否合法、合理与正确。对于违规记账凭证拒绝录入。在数据录入过程中如发现有疑问或错误时，应及时询问有关人员，不得擅自修改或作废。严格按要求录入数据，录入完毕后自查核对，校对无误后转审核人员进行审核。录入数据应做到日清月结。

2．专项模块操作员

专门负责会计核算的操作工作，根据情况可以由原专门进行材料核算、工资核算、成本核算、利润核算等会计岗位责任者担任专项模块操作员。

3．账务系统输出操作员

负责打印机制记账凭证和会计账簿，根据情况可以由原专业会计各会计岗位责任者担任，也可以指定一人负责。输出操作员应认真按本汇总、打印、输出机制凭证和汇总表，并与对应的原始凭证粘贴在一起，保证手工凭证和机制凭证在内容、编号和金额上完全一致。

4．报表系统操作员。

负责会计报表的计算和打印工作。根据情况可以由原专门负责会计总账报表会计岗位责任者担任报表系统操作员，也可以分别由成本核算、利润核算、总账报表等会计岗位责任者担任报表系统操作员。上报会计主管部门的会计报表应根据会计主管部门统一设计和布置的格式编制上报。内部管理会计报表应根据会计主管领导统一要求决定。报表的初始化和编制输出一经确定，不得随意变动。打印输出的会计报表必须经有关领导审阅签字或盖章。每月报表必须以软盘（双份）和书面两种形式保存，并填写"备份数据登记簿"。

5．数据分析员

负责对机内的会计数据进行分析，要求具备计算机和会计知识，达到会计电算化中级知识培训的水平。采用大中小型计算机和计算机网络会计软件的单位需设立此岗位，由会计主管兼任，主要负责会计预测、计划、分析以及其他会计业务的操作工作。

6．系统维护管理员

负责对会计核算软件及其相关的计算机硬件、软件设备进行维护和管理、维护计算机安全，同时做好会计软件的系统初始设置工作。

二、用户权限分配

用户权限分配是按照会计内部控制制度中不相容职务分工牵制的原理，对已设置好的用户所进行的权利分配。目的是实行必要的财务分工，满足内部控制的要求。账套新建完成后，就需要及时对用户的权限进行分配。新增加的用户必须被授权后才拥有对系统的操作权利。用友ERP-U8 的用户权限设置，可以通过功能级权限管理、数据级权限管理和金额级权限管理 3 个层面来进行。

（一）功能级权限管理

功能级权限管理提供了包括各功能模块相关业务的操作权限。系统提供 51 个子系统的功能权限的分配。用户权限设置可以由系统管理员或账套主管进行，具体操作如下所示。

1. 以系统管理员或者账套主管身份登录"系统管理"窗口，在"权限"菜单下的"权限"中进行功能权限分配。

2. 在"操作员权限"窗口，从操作员列表中选择需要分配权限的某一用户，单击快捷菜单栏中的"修改"按钮，在右侧出现的各系统详细功能目录中，在需要的权限前打勾，将其分配给该用户，最后点"确定"进行保存。此时如果选中目录的上一级，则系统的相应下级则全部为选中状态。

3. 账套主管具有该账套的所有操作权限。对于"账套主管"的分配，只需要在操作员列表中选中操作员，然后在右上方"账套主管"前打勾即可。设置账套主管时，务必确认该账套为当前操作的账套。只有系统管理员才能进行账套主管的权限分配。一个账套可以有多个账套主管。

正在使用的用户，权限不能进行修改、删除的操作。对用户权限的分配也可以通过为用户指定"角色"来完成。首先将权限分配给某一角色，然后单击"用户"菜单下的"用户"命令，在增加新的用户时，将用户指定为此角色，则该用户自动拥有此角色所具有的权限。

（二）数据级权限管理

数据级权限可以通过两个方面进行权限控制，一是字段级权限控制，二是记录级的权限控制。

（三）金额级权限管理

金额级权限主要用于完善内部金额控制，实现对具体金额数量划分级别，对不同岗位和职位的操作员进行金额级别控制，限制他们制单时可以使用的金额数量，不涉及内部系统控制的不在管理范围内。

功能权限的分配在系统管理中的权限分配设置，数据权限和金额权限在"企业门户"→"基础信息"→"数据权限"中进行分配。对于数据级权限和金额级的设置，必须是在系统管理的功能权限分配之后才能进行。

数据权限和金额权限设置的具体操作将在"项目二 任务一 企业门户应用"中详细介绍。

 任务实施——用户权限分配

工作实例

绍兴华翔股份有限公司决定给操作用友 U8 的用户分配操作权限，如表 1-3 所示，请以系统管理员的身份，按表格要求完成用户权限的分配并备份账套。

表 1-3　　　　　　　　　　　　　用户权限分配表

编　号	姓　名	所属部门	权　限
001	周天	财务部	账套主管
002	王乐	财务部	总账（除出纳、出纳签字）、工资、固定资产、应收、应付
003	李小红	财务部	出纳、出纳签字

操作步骤

（1）以 Admin 身份，注册登录"系统管理"窗口。

（2）执行"权限"菜单下的"权限"命令，打开"权限"对话框。在"账套主管"右边的下拉列表框中选中"[100] 绍兴华翔股份有限公司账套"，在左侧栏选中"王乐"，单击"修改"按钮，在右侧栏设置"王乐"总账（除"出纳"、"出纳签字"以外的所有权限）、薪资管理、固定资产、应收款管理、应付款管理系统的所有权限，如图 1-16 所示。单击"保存"按钮。

（3）设置"李小红"出纳权限。在左侧栏选中"李小红"，单击"修改"按钮，在右侧栏双击"总账"，展开其下级菜单，然后选中"出纳签字"和"出纳"前复选框，如图 1-17 所示。单击"保存"按钮。

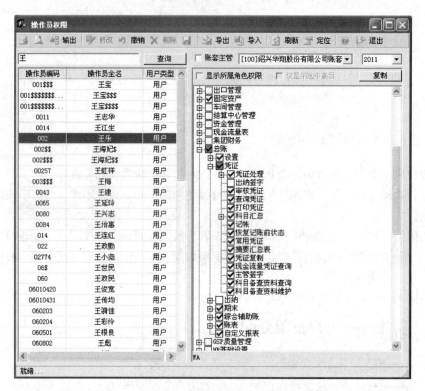

图 1-16　在"操作员权限"中设置王乐的操作权限

图 1-17　在"操作员权限"中设置李小红的操作权限

（4）进行账套备份。在系统管理界面，执行"账套"菜单下的"输出"命令，打开"账套输出"对话框，选择"[100]绍兴华翔股份有限公司账套"，如图1-18所示。

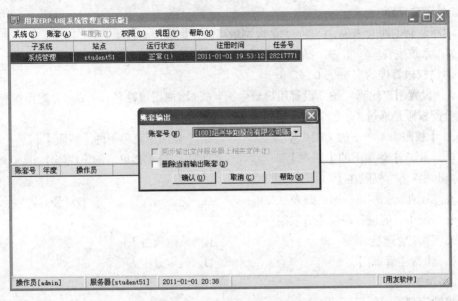

图1-18　"账套输出"对话框

（5）单击"确认"按钮，静候系统备份账套。账套输出期间请不要进行任何操作，等弹出"请选择账套备份路径"对话框，选择或新建希望保存账套备份文件的文件夹，如图1-19所示。

（6）单击"确定"按钮，弹出"输出成功"信息提示框，如图1-20所示。单击"确定"按钮返回"系统管理"窗口。

图1-19　"账套备份路径"对话框

图1-20　"输出成功"提示框

职业能力判断与选择

一、单项选择题

1. 对所管辖的账套来说，（　　　）是级别最高的，拥有所有模块的操作权限。
   A. 系统主管　　　　B. 操作人员　　　　C. 单位领导　　　　D. 账套主管

2. 用户权限管理的实质是（　　　）。
   A. 设置用户代码　　B. 设置用户口令　　C. 增加用户姓名　　D. 分配操作权限

3. 分配权限是通过（　　　）命令进行的。
   A.【权限】菜单下的【用户】　　　　B.【权限】菜单下的【权限】
   C.【用户】菜单下的【用户】　　　　D.【用户】菜单下的【权限】

4. "出纳签字"权限在（　　　）权限下。
   A. 出纳　　　　　　B. 账表　　　　　　C. 凭证　　　　　　D. 公共设置

5. 在系统中，能进行账套主管权限分配的是（　　　）。
   A. 系统管理员　　　　　　　　　　　B. 单位负责人
   C. 上级主管部门　　　　　　　　　　D. 数据录入人员

二、多项选择题

1. 出纳管理通常包括（　　　）。
   A. 总账输出　　　　　　　　　　　　B. 登记支票登记簿
   C. 银行对账　　　　　　　　　　　　D. 查询和打印现金日记账

2. 电算化岗位设置可以是（　　　）。
   A. 一人一岗　　　　B. 一人多岗　　　　C. 多人多岗　　　　D. 一岗多人

3. 电算化岗位可以有（　　　）。
   A. 数据录入员　　　B. 报表系统操作员　C. 系统管理员　　　D. 数据分析员

4. 用友 ERP-U8 的用户权限设置，可以通过（　　　）层面来进行。
   A. 功能级权限管理　　　　　　　　　B. 数据级权限管理
   C. 金额级权限管理　　　　　　　　　D. 人员级权限管理

5. 数据级权限可以通过（　　　）两个方面进行权限控制。
   A. 功能级权限管理　　　　　　　　　B. 字段级权限管理
   C. 金额级权限管理　　　　　　　　　D. 记录级权限管理

三、判断题

1. 账套主管自动拥有所管辖账套所有模块的操作权限。（　　　）

2. 用户如果以其身份进入企业平台进行操作，则此时系统管理员没有权利修改其权限。（　　　）

3. 系统管理员可以进入企业应用平台进行会计核算操作。（　　　）

4. 用户权限分配是按照会计内部控制制度中不相容职务分工牵制的原理制定的。（　　　）

5. 新增加的用户自动拥有对系统的操作权利。（　　　）

6. 对于数据级权限和金额级权限的设置，必须是在系统管理的功能权限分配之后才能进行。（　　　）

项目小结

本项目是使用用友 ERP-U8.72 的开始。本项目比较全面、系统地阐述了系统管理窗口的界面和功能，并具体细致地介绍了增加用户、新建账套、分配权限、备份账套、引入账套等操作技巧和方法。需要操作用友 U8 软件的人员，必须先被增加为系统用户，才能够进入软件的应用模块进行各项操作。账套界定了会计核算主体、会计期间和会计核算方法，准确地新建账套对保证电算化会计信息的真实性、完整性起着决定性作用。权限分配使得各操作员之间相互牵制且能各司其职。

项目综合实训

中国博阳股份有限公司的账套信息如下。请根据以下具体信息，完成增加用户、新建账套、分配权限的工作。

一、用户及权限

编　号	姓　名	所属部门	权　限
801	博阳	财务部	账套主管
802	李霞	财务部	总账（除出纳、出纳签字）、薪资管理、固定资产、应收、应付
803	赵鸿	财务部	总账中的出纳、出纳签字

二、账套信息

1. 账套号：888
2. 账套名称：中国博阳股份有限公司账套
3. 单位名称：中国博阳股份有限公司
4. 单位地址：浙江省绍兴市人民东路 588 号
5. 法人代表：赵鑫
6. 邮政编码：312088
7. 税号：320011010251409
8. 启用会计期间：2012.1
9. 企业类型：工业
10. 行业性质：2007 年新会计制度科目
11. 科目预置语言：中文（简体）
12. 账套主管：[801]博阳
13. 按行业性质预置科目
14. 对存货、客户、供应商进行分类、外币核算
15. 分类编码方案：
科目编码级次：4222
客户分类编码级次：123

供应商分类编码级次：123

部门编码级次：12

地区分类编码级次：122

存货分类编码级次：122

收发类别编码级次：12

结算方式编码级次：12

其他编码方案默认

16．数据精度默认

17．系统启用：

启用总账、固定资产、薪资管理、应收款管理、应付款管理系统，启用时间：均为 2012 年 1 月 1 日

项目综合评价

项目评价记录表

姓　　名：＿＿＿＿＿＿　　　　班　　级：＿＿＿＿＿＿　　　　评价时间：＿＿＿＿＿＿

评价指标	评价标准	所占比例	分值
知识能力 Σ30	熟练掌握系统窗口和菜单操作	10%	
	理解系统操作的先后顺序	10%	
	理解各系统用户的工作职责	5%	
	理解电算化专业术语	5%	
方法能力 Σ40	能正确录入新增用户	10%	
	能正确建立新账套	10%	
	能准确分配用户权限	10%	
	能完成账套的输出和导入	10%	
素质能力 Σ20	不违背会计职业道德	10%	
	具有团队合作能力	5%	
	操作耐心、细致	5%	
学习态度 Σ10	上课专心听讲	5%	
	按时完成操作训练	5%	
教师评语	签名： 年　月　日		
学生意见	签名： 年　月　日		

项目二
各系统初始化

知识目标

1. 掌握用友 ERP-U8.72 企业应用平台中各子系统的功能；
2. 理解系统初始化的概念和作用；
3. 了解各子系统之间的相互关系。

能力目标

1. 能独立完成企业应用平台中的基础设置；
2. 能进行总账系统、固定资产管理系统、薪资管理系统、应收款系统、应付款系统等模块的系统初始化工作。

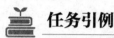

任务一 企业门户应用

任务引例

系统管理窗口只能完成用户设置、权限分配，账套建立、修改、删除、备份、引入等会计核算软件正式操作使用前的准备和日常维护工作。至于具体的操作，如填制记账凭证、记账、编制报表等，都需要在企业应用平台中进行操作。企业应用平台是一个以提供应用集成服务为核心的应用系统，是企业所有信息子系统的唯一入口。

知识准备与业务操作

一、各子系统的功能与联系

企业应用平台由若干个相对独立的子系统构成。从系统开发和运用的角度看，这些子系统可称作软件的功能模块。

总账系统的主要作用是管理账簿和按科目分类的指标，编制和归集记账凭证完成记账的工作。

薪资管理系统的主要任务是计算职工的应发工资、实发工资，计提有关费用、代扣款项，并分配工资费用。薪资核算涉及银行存款、应付职工薪酬、生产成本、制造费用、管理费用、销售费用、在建工程等会计科目，核算的结果通常以凭证的形式传递给总账系统。

固定资产管理系统的主要任务是管理固定资产卡片、反映固定资产增减变动、计提折旧、分配折旧费用等。固定资产核算涉及固定资产、累计折旧、在建工程、固定资产清理、制造费用、管理费用等科目，根据核算结果自动生成记账凭证传递给账务处理系统。

报表处理系统所编报的各类会计报表，其指标数据大多从总账系统中取得。对外会计报表中如资产负债表、利润表等，其中主要指标数据基本来自于总账系统中各类账簿的余额、本期发生额、累计发生额等栏目。

总账系统是企业应用平台的核心部分。薪资管理、固定资产管理、应收款管理、应付款管理等子系统实现对相应会计业务的专门处理。总账子系统直接接受记账凭证的输入，同时接受来自各子系统的自动转账凭证，进行总分类核算。总账子系统汇集了企业全面的经济活动数据，并提供综合性和总结性的会计信息，还为会计报表子系统提供有关数据和信息。因此，总账子系统与各子系统的关系最为密切。如图2-1所示。

图2-1 企业应用平台中部分子系统的相互联系

企业应用平台中的各子系统实现各自特定的功能、完成特定的任务。它们之间可分可合。实际使用时，既可以利用整个企业应用平台的全部功能，也可以只选用其中的一部分功能。总账系统既可独立运行，也可同其他系统协同运转。

二、企业应用平台登录与功能简介

（一）登录企业应用平台

操作员要进入企业应用平台进行会计核算操作，必须先使用正确的"操作员"和"密码"完成登录。需要根据企业预先分配的权限，选择相应的操作员和操作日期进入企业应用平台进行相关操作。如录入基本信息这一工作需要由账套主管操作，因此以该账套的账套主管登录企业应用平台。

登录企业应用平台的具体操作为：单击 Windows "开始"菜单，选择"程序"→"用友 ERP-U8"→"企业应用平台"命令，打开"登录"对话框；在"登录到"栏目中输入服务器名称，"操作员"栏目中输入具体的用户编号或者用户姓名，"密码"项目中输入正确的密码（若需要修改密码，在"改密码"前打勾，则会弹出密码修改对话框），"账套"项目中选择需要对其进行操作的账套，"语言区域"中选择适当的语言，"操作日期"中选择正确的操作日期；单击"确定"按钮，进入企业应用平台。

进入企业应用平台后，在最下方的状态栏可以看到当前操作的账套名称、用户姓名、操作日期。如果发现其中有错，则需要"退出"后选择正确的账套、用户和日期重新登录，或者单击"重注册"重新登录。

（二）企业应用平台简介

企业应用平台相当于手工账务处理中的一个办公桌，包含了软件的各种系统和基础信息设置。

企业应用平台主界面分为4大部分：上方为菜单栏，放置下拉菜单和快捷菜单；下方为状态栏，显示当前的操作信息和状态；中间右侧为信息中心，显示当前操作员的日常工作情况；中间左侧为导航栏，单击进行各项具体操作。

任务导航栏包括3块内容，分别为"基础设置"、"业务工作"和"系统服务"。"基础设置"中可以完成基本信息设置、基础档案录入、业务参数设定等企业应用平台初始化工作；"业务工作"下包含了软件的各个子系统，用来完成企业具体的日常核算和管理工作；"系统服务"的作用是进行系统和数据库的维护。

三、基础设置

（一）设置基本信息

"基本信息"中主要包括3部分内容的设定：系统启用、编码方案和数据精度。这3方面的具体设置也可以在新建账套的过程中完成。具体操作在"项目一 学习任务二 新建账套"中已详细介绍，此处不再重复。

（二）录入基本档案

"基本档案"的功能是设置基础档案、业务内容及会计科目。设置基础档案就是把手工资料经过加工整理，根据本单位建立信息化管理的需要，建立软件系统应用平台，是手工业务的延续和提高。"基本档案"的设置须遵循一定的先后顺序。如必须先设置"部门档案"完毕，才能设置职员档案。"基本档案"中应当设置的内容和顺序如图2-2所示。

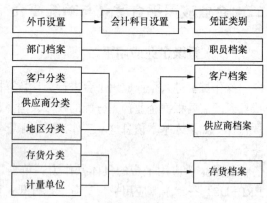

图2-2　基础档案设置顺序图

1．机构人员档案

（1）本单位信息。双击"本单位信息"，在弹出的"单位信息"对话框中可以修改和补充系统允许修改的企业信息，如机构代码、电话号码等。

（2）部门档案。双击"部门档案"，在弹出的页面中进行部门档案录入的操作。首先单击"增加"菜单；然后录入部门的正确信息，其中"部门编码"、"部门名称"和"成立日期"为蓝色字体，为必填项。录入完毕后，单击"保存"快捷菜单。需要继续录入下一个部门档案，再单击"增加"，进行相同操作。等所有的部门档案录入完毕后，单击"退出"，返回主界面。

部门编码必须按照下方提示的"编码规则"进行录入，如编码规则"* ** **"，即为"1-2-3"的编码规则，表示部门编码最长为3级，第一级1位，第二级2位，第三级2位。

"负责人"只能从已经录入系统的企业人员中选择，因此在"人员档案"设置完成前暂时不能录入。需要先空出"负责人"信息，待录完"人员档案"后，再回到"部门档案"界面修改，进行补充录入。

快捷菜单中的"修改"、"删除"、"撤销"、"放弃"，分别用以完成部门档案的修改、删除、取消当前操作和放弃当前部门档案保存的工作。

（3）人员类别

在录入"人员档案"前，必须先设置"人员类别"。系统默认人员类别分为"在职人员"、"离退人员"、"离职人员"和"其他"。双击"人员类别"，可以在弹出页面中，根据需要增加、修改和删除人员类别。

（4）人员档案

双击"人员档案"，双击"增加"快捷菜单，在"基本"选项卡和"其他"选项卡中根据需要录入相应信息，双击"保存"完成录入。

对于与企业有账务往来的人员，如需要预借差旅费的销售人员等，需要在"是否业务员"前打勾。

全部录入完毕后"保存"、"退出"，可以看到已录入的所有人员信息列表。使用"定位"和"过滤"快捷菜单，可以完成符合某种条件的人员查找；使用"输出"和"打印"快捷菜单，可以将"人员列表"输出成文档或者打印成纸质文件，从而完成核对和存档等工作。

根据企业管理需要，还可以设置"职务档案"和"岗位档案"，以供输入"人员档案"时选择参考。

2．客户信息档案

客户信息栏目中可以录入地区分类、行业分类、供应商分类、供应商档案、客户分类、客户级别、客户档案等信息。以下具体介绍客户分类和客户档案的录入。

（1）客户分类

如果在建立账套过程中，在"客户分类"前打了勾，那么必须先录入客户分类信息，才能录入客户档案。

双击"客户分类"，弹出"客户分类"页面，单击"增加"快捷菜单，输入"分类编码"和"分类名称"，单击"保存"。注意编码需要符合编码规则。全部录入完成后单击"退出"快捷菜单。

（2）客户档案

如果在建立账套过程中，没有在"客户分类"前打勾，表示客户不分类，那么可以跳过客户分类直接录入客户档案。

双击"客户档案"，弹出"客户档案"页面，单击"增加"快捷菜单，在弹出的"增加用户档案"窗口中输入相应信息。其中"客户编码"、"客户简称"必须录入，"币种"、"所属分类"必须选择。其他信息分别在"基本"、"联系"、"信用"、"其他"4 个选项卡中根据需要录入。若需要录入银行账号，需要先单击"保存"按钮后，再单击"银行"按钮，才能进行录入。信息录入完毕后，单击"保存"。全部客户的档案录入完成后单击"退出"快捷菜单。

其他分类和档案，虽然需要录入的信息内容不同，但是具体操作方法与"客户分类"和"客户档案"的录入基本相同，此处不再赘述。

3．存货信息

（1）存货分类和存货档案

如果在建立账套时在"存货是否分类"前打勾了，那么必须设置"存货分类"，才能设置"存货档案"。设置存货分类和存货档案的方法与设置客户分类和客户档案的方法类似，此处不再重复。

（2）计量单位

必须先设置"计量单位组"才能在组下增加"计量单位"。每个计量单位组中有一个主计量单位、多个辅助计量单位。

计量单位组分无换算、浮动换算、固定换算 3 种类别。无换算计量单位组下的所有计量单位都以单独形式存在，各计量单位互不相干，相互间不能进行换算，因此单位之间不需要输入换算率，系统默认为主计量单位。浮动换算计量单位组中只能包含两个计量单位，这两个单位间的换算率是不固定的。固定换算计量单位组下可以包含两个以上的计量单位，每一个辅计量单位对主计量单位的换算率都是固定的，都需要录入。

首先，设置"计量单位组"。双击"计量单位"，在计量单位主界面，单击"分组"按钮，显示"计量单位分组"新增界面；单击该界面上的"增加"按钮，输入唯一的"计量单位组编码"，输入"组名称"；根据 3 种计量单位组的特点进行选择计量单位"单位组类别"；单击"保存"，保存添加的内容。

然后，设置"计量单位"。将光标移至要增加的计量单位组，单击"单位"，弹出"计量单位"设置窗口；单击"增加"，录入主计量、辅计量单位、换算率等信息后单击"保存"。

4．财务信息

（1）会计科目

用于设置会计科目名称、级次等，但科目余额需要在"业务工作"中完成。

双击"会计科目",进入"会计科目"页面。如果在建立账套中没有选中"预置会计科目",则该页面为空;如果在建立账套中选中了"预置会计科目",则该页面显示为根据该账套所选行业性质预置的一级科目。在该页面可以完成会计科目的增加、修改、删除、查找、输出、打印、指定科目等工作。

① 增加会计科目

单击"增加"按钮,进入会计科目页编辑界面,根据栏目说明输入科目信息,单击"确定"保存。

增加会计科目需要遵循"先上后下"的原则,即必须先增加上级科目,才能增加下级科目。已使用的科目可以增加下级,新增第一个下级科目为原上级科目的全部属性。

如果新增会计科目与某一已设置好的会计科目相似,可以使用科目复制功能复制增加新科目,如果有不同之处,在新科目上略作修改即可,不用重新设置所有项。操作方法是选择要复制的科目,单击"编辑"菜单下的"复制",增加一新科目,在新增界面修改不同之处,单击"保存"即增加一新科目。

② 会计科目相关信息

"科目编码"为必填项目,需要严格按照科目编码规则填写。一级科目需要按照会计制度设置。科目编码不能重复。

"科目名称"为必填项目。一级科目名称不能重复。

"科目类型"根据输入的科目编码由系统自动识别后填写,明细科目不能修改。如根据 2007年1月1日起实施的《企业会计准则》规定,会计科目分为6大类:科目编码以1开始的为资产类,以2开始的为负债类,以3开始的为共同类,以4开始的为所有者权益类,以5开始的为成本类,以6开始的为损益类。

"账页格式"分为金额式、数量金额式、外币金额式,数量外币式4种类型。根据科目账的需求,应选择恰当的账页格式。如"应收账款"选用金额式;"原材料"选用数量金额式;"银行存款-中行美元账户"选用外币金额式等。

"助记码"用于简化录入会计科目。如将"库存现金"的助记码设为"KCXJ",则在凭证录入过程中,需要录入"库存现金"科目时,只需输入"KCXJ"即可。

"外币核算"用于设置需要外币核算的账户,如"银行存款-中行美元账户"。在"外币核算"前打勾,并选择"币种"。币种需要在"外币设置"中预先设置,或者也可以单击下拉列表右侧按钮进入"外币设置"窗口进行设置。如果在建立账套过程中,没有在"有无外币核算"前打勾,该项目为灰色,不能使用。

"数量核算"用于设置需要进行数量核算的账户,如"原材料"。在"数量核算"前打勾,并选择"计量单位"。计量单位需要在"存货"中预先设置。

"科目性质"即余额方向。借方科目选"支出",贷方科目选"收入"。明细科目系统自动默认与上级科目同方向,不能修改。

"辅助核算"是为提供更详细的核算信息采取的附加核算手段。系统已设置的辅助核算项目主要有部门核算、个人往来、客户往来、供应商往来、项目核算。如"管理费用"可设置为部门核算;"其他应收款-××人"可设置为个人往来;"应收账款-××企业"可设置为客户往来;"预付账款-××企业"可设置为供应商往来等。此外,用户还可以根据核算需要自定义其他辅助核算形式。

"受控系统"用于限制该科目只能使用于某个系统模块。如将"应收账款"指定为"应收系统"，则表示只有在应收款管理系统中，才能使用"应收账款"及其下级科目。如果需要在所有系统中都能使用该科目，则应当将"受控系统"清空。

③ 修改会计科目

选择要修改的科目，单击"修改"按钮或双击该科目，即可进入会计科目修改界面，用户可以在此对需要修改的会计科目进行调整。没有会计科目设置权的用户只能在此浏览科目的具体定义，而不能进行修改。

④ 删除会计科目

选择要删除的科目，单击"删除"按钮。删除会计科目需要遵循"先下后上"的原则，即必须先删除下级科目，才能删除上级科目。已使用的科目不能删除。

⑤ 指定会计科目

单击"编辑"菜单下的"指定科目"命令，弹出"指定科目"窗口。在该窗口中，可以根据说明完成"现金科目"、"银行科目"和"现金流量科目"的指定工作。每个科目只能从给定的上述3个类别中指定一个类别。只有完成"指定科目"工作，才能在日常核算中进行出纳签字、日记账查询、银行对账等工作。一般情况下，将"库存现金"指定为"现金科目"，将"银行存款"指定为"银行科目"。

完成科目设置工作后，单击"退出"。

（2）凭证类别

双击"凭证类别"，根据核算需要完成凭证类别的设置。系统中已设置的凭证分类方法有4种：第1种，凭证不分类，全部为记账凭证；第2种，分为收款凭证、付款凭证、转账凭证3类；第3种，分为现金凭证、银行凭证、转账凭证3类；第4种，分为现金收款凭证、现金付款凭证、银行收款凭证、银行付款凭证、转账凭证 5 类。此外，系统还提供了自定义分类的功能。

选择适当的凭证类别，单击"确定"按钮后，进入"凭证类别"对话框。根据凭证类型，完成"限制类型"和"限制科目"的设定。如果选择的是通用的"记账凭证"，则不需要设置凭证的限制条件。如收款凭证的借方必有"库存现金"或"银行存款"科目；付款凭证的贷方必有"库存现金"或"银行存款"科目；转账凭证上必然没有"库存现金"或"银行存款"科目。凭证的限制条件用于凭证录入时的系统自动检验审查。

（3）项目目录

企业在实际业务处理中会对多种类型的项目进行核算和管理，如在建工程、对外投资、技术改造项目、项目成本管理、合同等。因此，本产品提供项目核算管理的功能。用户可以将具有相同特性的一类项目定义成一个项目大类。一个项目大类可以核算多个项目，为了便于管理，我们还可以对这些项目进行分类管理。您可以将存货、成本对象、现金流量、项目成本等作为核算的项目分类。

使用项目核算与管理的首要步骤是设置项目档案，项目档案设置包括增加或修改项目大类、定义项目核算科目、项目分类、项目栏目结构，并进行项目目录的维护。

项目档案建立的流程如图2-3所示。用户可以根据企业项目核算的要求，逐级完成项目大类、项目分类的设置、项目目录的维护和项目核算科目的指定。

在"财务"栏目下，还可以根据需要录入外币设置、备查科目以及成本中心的相关信息。

5. 收付结算

双击"结算方式"，在结算方式页面单击"增加"，录入相应的信息。结算方式与财务结算方式一致，如现金结算、支票结算等。"结算方式编码"和"结算方式名称"为必填项；"是否票据管理"可根据实际情况，通过单击复选框来选择该结算方式下的票据是否要进行票据管理。结算方式的编码规则最多为2级。结算方式一旦被引用，便不能进行修改和删除的操作。票据管理标志——用户可根据实际情况，通过单击复选框来选择该结算方式下的票据是否要进行票据管理。每增加一种结算方式后单击"保存"；全部设置完毕后，单击"退出"退出页面。

在"收付结算"栏目下，还可以根据企业核算要求，进行付款条件、银行档案、本单位开户银行、收付款协议档案等信息的录入。

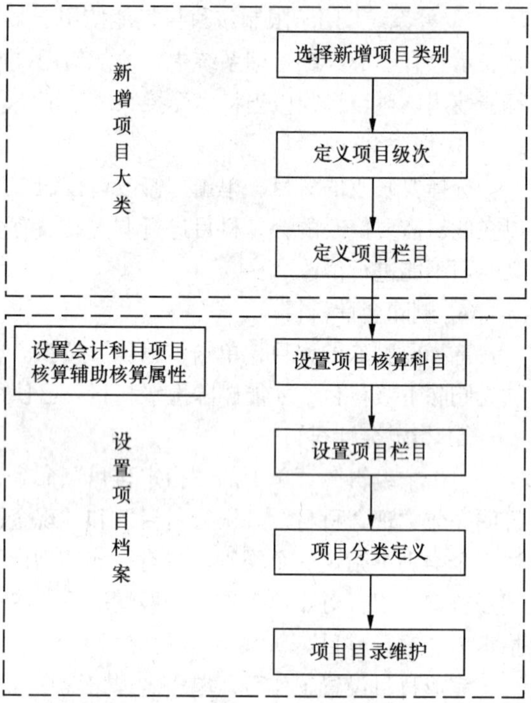

图2-3 项目档案建立流程

（三）设置数据权限

用户根据需要先在数据权限默认设置表中选择需要进行权限控制的对象，数据权限的控制分为记录级和字段级两个层次，对应系统中的两个页签"记录级"和"字段级"，系统将自动根据该表中的选择在数据权限设置中显示所选对象。具体操作方法是双击"数据权限控制设置"，显示设置界面，针对记录级业务对象和字段级业务对象，选择是否进行控制，选择"√"。

必须在系统管理中定义角色或用户，并分配完功能级权限后才能进行"数据权限分配"。账套主管不参加数据权限分配。

（四）设置金额权限

金额权限设置用于设置用户可使用的金额级别，对业务对象提供金额级权限设置。采购订单的金额审核额度、科目的制单金额额度。在设置这两个金额权限之前必须先设定对应的金额级别。

1. 设置金额级别

（1）选择业务对象"科目级别"，单击"级别"按钮，显示"金额级别设置"界面，进行金额级别设置。

（2）双击"科目编码"，参照选择科目编码，系统将自动显示相应的科目名称。手工输入级别有1~6个金额级别。一个科目只能选择设置一个级别，可以输入的级别只能是1~6级。

2. 分配金额权限

（1）单击"增加"按钮，在列表最后增加一个用户金额级别权限记录。

（2）双击"用户编码"，参照选择，系统自动显示用户名，选择已设置好的金额级别，一个用户只能选择一个级别。

任务实施——企业应用平台基础设置

工作实例

绍兴华翔股份有限公司的基本信息如下。请引入"项目一'学习任务三'任务实施"中所备份的账套,并完成100账套在企业应用平台中的初始设置。

一、部门档案

部 门 编 码	部 门 名 称
1	人事部
2	财务部
3	供应部
4	销售部
401	销售一科
402	销售二科
5	生产部

二、人员类别

档 案 编 码	档 案 名 称
1001	企业管理人员
1002	经营人员
1003	车间管理人员
1004	生产工人

三、人员档案

人 员 编 码	人 员 姓 名	性 别	人 员 类 别	行 政 部 门	是否业务员
001	陈燃	男	企业管理人员	人事部	是
002	周天	男	企业管理人员	财务部	是
003	王乐	男	企业管理人员	财务部	是
004	李小红	女	企业管理人员	财务部	是
005	张明	男	经营人员	供应部	是
006	刘庆	女	经营人员	销售一科	是
007	韩枫	男	经营人员	销售二科	是
008	杨文忠	男	车间管理人员	生产部	是
009	严锐	男	生产工人	生产部	是

四、客户分类

分 类 编 码	分 类 名 称
1	浙江地区
2	上海地区
3	东北地区
4	华北地区
5	西北地区

五、客户档案

客户编码	客户名称	客户简称	所属分类	税号	分管部门	分管业务员
01	浙江天一公司	天一公司	1	330320104320012	销售一科	刘庆
02	杭州天地公司	天地公司	1	330433249543899	销售一科	刘庆
03	陕西明达公司	明达公司	5	559438888288425	销售二科	韩枫
04	鞍山钢铁厂	鞍山钢铁厂	3	120456486329565	销售二科	韩枫
05	上海立胜公司	立胜公司	2	210003232432247	销售一科	刘庆
06	石家庄宏阳公司	宏阳公司	4	320854584389288	销售二科	韩枫
07	上海广福公司	广福公司	2	210854987043340	销售一科	刘庆

六、供应商档案

供应商编码	供应商名称	供应商简称	所属分类	税号	分管部门	分管业务员
01	浙江春华公司	春华公司	00	330435845278434	供应部	张明
02	南京顺发公司	顺发公司	00	430455882395738	供应部	张明
03	天津同和公司	同和公司	00	120885694387622	供应部	张明

七、设置会计科目
1. 增加会计科目

科 目 编 码	科 目 名 称	辅助账类型
100201	工行存款	日记账、银行账
122101	应收职工借款	个人往来
140301	A材料	数量金额（计量单位：千克）
140302	B材料	数量金额（计量单位：千克）
140501	甲产品	数量金额（计量单位：台）
140501	乙产品	数量金额（计量单位：台）
160501	专用材料	项目核算
160502	专用设备	项目核算

续表

科 目 编 码	科 目 名 称	辅助账类型
160503	预付大型设备款	项目核算
160504	为生产准备的工具及器具	项目核算
190101	待处理流动资产损益	
190102	待处理固定资产损益	
221101	工资	
221102	职工福利	
222101	应交增值税	
22210101	进项税额	
22210102	销项税额	
22210103	进项税额转出	
22210104	转出未交增值税	
222102	未交增值税	
222103	应交个人所得税	
222104	应交所得税	
410401	未分配利润	
500101	甲产品	
50010101	直接材料	
50010102	直接人工	
50010103	制造费用	
500102	乙产品	
50010101	直接材料	
50010102	直接人工	
50010103	制造费用	
600101	甲产品	数量金额（计量单位：台）
600102	乙产品	数量金额（计量单位：台）
640101	甲产品	数量金额（计量单位：台）
640102	乙产品	数量金额（计量单位：台）
660201	办公费	部门核算
660202	差旅费	部门核算
660203	工资	部门核算
660204	折旧费	部门核算
660205	福利费	部门核算
660206	其他	

2．修改会计科目

（1）设置"应收票据"、"应收账款"、"预收账款"科目辅助账类型为"客户往来"。

（2）设置"应付票据"、"应付账款"、"预付账款"科目辅助账类型为"供应商往来"。

3．指定会计科目

指定"库存现金"为"现金总账科目"，指定"银行存款"为"银行总账科目"。

八、凭证类别

类 别 名 称	限 制 类 型	限 制 科 目
收款凭证	借方必有	1001，1002
付款凭证	贷方必有	1001，1002
转账凭证	凭证必无	1001，1002

九、结算方式

结算方式编码	结算方式名称	是否票据管理
1	现金	否
2	现金支票	是
3	转账支票	是
4	信汇	否
5	电汇	否
6	委托收款	否
7	商业承兑汇票	是
8	银行承兑汇票	是
9	其他	否

十、存货档案设置

1．存货分类

存货分类编码	存货分类名称
1	原料及主要材料
2	辅助材料
3	库存商品
4	应税劳务

2．计量单位

计量单位组	计量单位
	千克
基本计量单位（无换算率）	台
	次

3．存货档案

存货编码	存货名称	存货分类	计量单位	税率%	存货属性
001	A 材料	1	千克	17	外购、生产耗用
002	B 材料	1	千克	17	外购、生产耗用

续表

存货编码	存货名称	存货分类	计量单位	税率%	存货属性
004	甲产品	3	台	17	自制、内销
005	乙产品	3	台	17	自制、内销
006	运输费	4	次	7	外购、内销、应税劳务

十一、单据编号设置

将销售专用发票、销售普通发票和采购专用发票、采购普通发票编号设置为"手工改动，重号时自动重取"。

十二、付款条件设置

付款条件编码	信用天数	优惠天数1	优惠率1（%）	优惠天数2	优惠率2（%）	优惠天数3	优惠率3（%）
001	30	10	5	20	2	30	0
002	45	20	3	30	1	45	0

十三、项目目录

项目大类为"自建工程"，核算科目为"工程物资"的明细科目，项目内容为 1 号工程和 2 号工程，其中 1 号工程包括"自建厂房"和"设备安装"两项工程。

操作步骤

（1）以操作员"Admin"注册"系统管理"窗口。

（2）单击"账套"菜单下的"引入"命令，弹出"请选择账套备份文件"窗口，选择需要引入的备份文件（扩展名为.Lst），如图 2-4 所示。

（3）单击"确定"按钮，弹出确认账套引入目录的提示框，如图 2-5 所示。

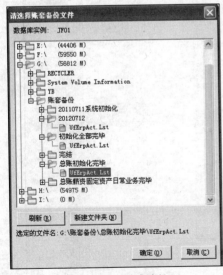

图 2-4 选择账套路径

图 2-5 账套引入目录提示框

（4）单击"确定"按钮后，系统开始引入账套。引入所需时间较长，在此期间请耐心等候。引入完成，弹出"账套引入成功"的提示框，单击"确定"按钮。

（5）单击 Windows "开始"菜单，选择"程序"→"用友 ERP-U8"→"企业应用平台"命令，打开"登录"对话框，在"登录到"选择正确的服务器名称，录入操作员"001"或者"周天"，选择"[100]绍兴华翔股份有限公司账套"，输入适当的操作日期 2011 年 1 月 1 日，如图 2-6 所示。

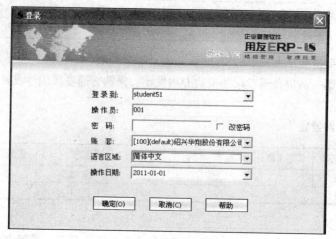

图 2-6　登录企业应用平台

（6）单击"确定"按钮后进入企业应用平台，如图 2-7 所示。

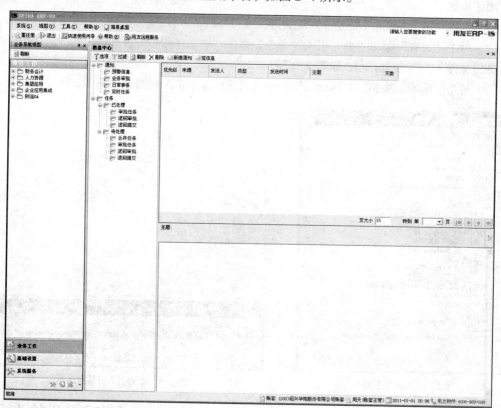

图 2-7　企业应用平台

（7）双击业务导航视图中"基础设置"→"基础档案"→"机构人员"→"部门档案"，进入

"部门档案"页面，单击"增加"按钮，录入部门编码"1"、部门名称"人事部"，单击"保存"按钮。以此方法可以录入其他部门档案。所有部门档案录完后，可以在页面左侧看到所有已增加的部门，如图2-8所示。单击"退出"按钮，返回企业应用平台主界面。

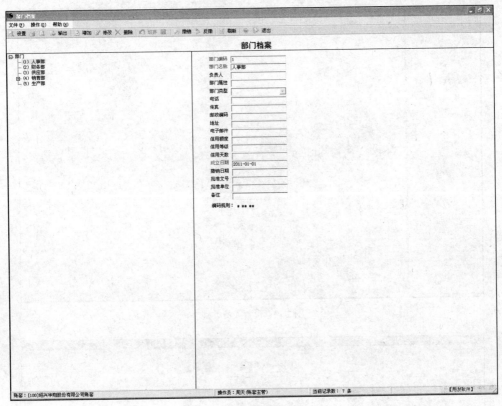

图2-8　设置部门档案

（8）双击业务导航视图中"基础设置"→"基础档案"→"机构人员"→"人员分类"，进入"人员类别"页面。在左侧栏中选中"在职人员"，单击"增加"按钮。在弹出窗口中录入档案编码"1001"，档案名称"企业管理人员"，单击"确定"按钮。以此方法录入所有的人员类别，如图2-9所示。单击"退出"按钮返回企业应用平台主界面。

（9）双击业务导航视图中"基础设置"→"基础档案"→"机构人员"→"人员档案"，进入"人员列表"页面，单击"增加"按钮，在弹出窗口中录入人员编码"001"，人员姓名"陈燃"，性别"男"，选择人员类别为"企业管理人员"，行政部门为"人事部"，在"是否业务员"前打勾，选择"生效日期"为"2011-1-1"，选择"业务或费用部门"为"人事部"，如图2-10所示。单击"保存"按钮。以此方法录入所有的人员档案，单击"退出"按钮或者"关闭"按钮退出录入窗口，再单击"退出"按钮返回企业应用平台主界面。

（10）双击业务导航视图中"基础设置"→"基础档案"→"客商信息"→"客户分类"，进入"客户分类"页面，单击"增加"按钮，录入分类编码"1"，分类名称"浙江地区"，单击"保存"按钮。以此方法录入所有的客户分类，如图2-11所示。单击"退出"按钮返回企业应用平台主界面。

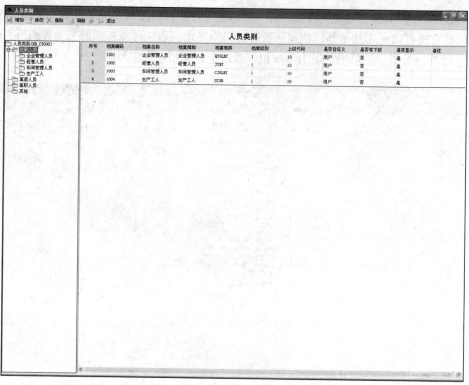

图 2-9　设置人员类别

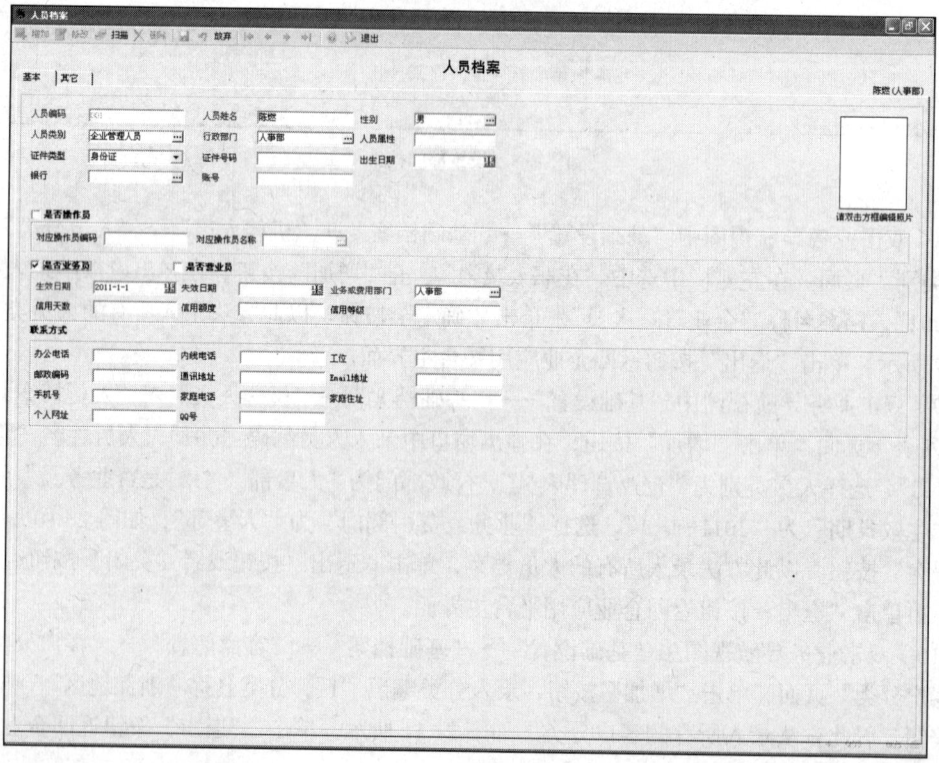

图 2-10　设置人员档案

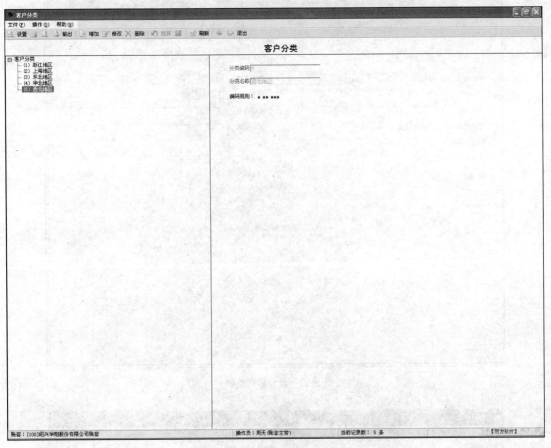

图 2-11　设置客户分类

（11）双击业务导航视图中"基础设置"→"基础档案"→"客商信息"→"客户档案"，进入"客户档案"页面，单击"增加"按钮，在弹出窗口的"基本"选项卡中录入客户编码"01"，客户名称"浙江天一公司"，客户简称"天一公司"，选择所属分类"1-浙江地区"，币种"人民币"，录入税号"330320104320012"，如图 2-12 所示。在"联系"选项卡中选择分管部门"销售一科"，分管业务员"刘庆"，如图 2-13 所示。单击"保存"按钮。以此方法录入所有的客户档案，单击"退出"按钮或者"关闭"按钮退出录入窗口，再单击"退出"按钮或者"关闭"按钮返回企业应用平台主界面。

（12）双击业务导航视图中"基础设置"→"基础档案"→"客商信息"→"供应商档案"，进入"供应商档案"页面，单击"增加"按钮，在弹出窗口的"基本"选项卡中录入供应商编码"01"，供应商名称"浙江春华公司"，供应商简称"春华公司"，所属分类默认为"无分类"，币种"人民币"，录入税号"330320104320012"，如图 2-14 所示。在"联系"选项卡中选择分管部门"供应部"，分管业务员"张明"，如图 2-15 所示。单击"保存"按钮。以此方法录入所有的客户档案，单击"退出"按钮或者"关闭"按钮退出录入窗口，再单击"退出"按钮或者"关闭"按钮返回企业应用平台主界面。

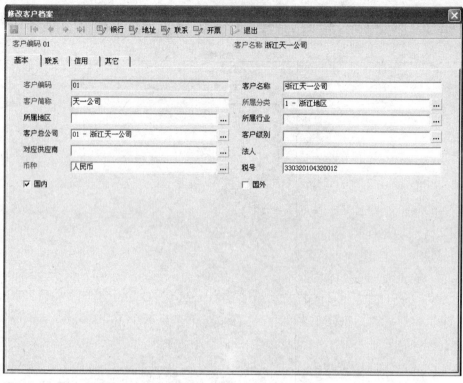

图 2-12　设置客户档案 1

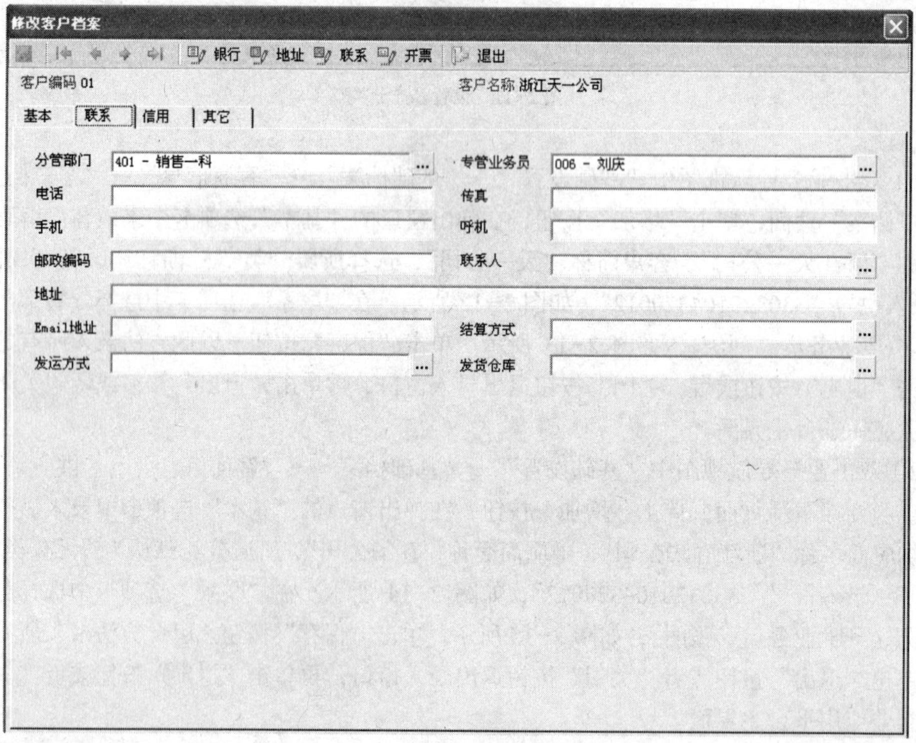

图 2-13　设置客户档案 2

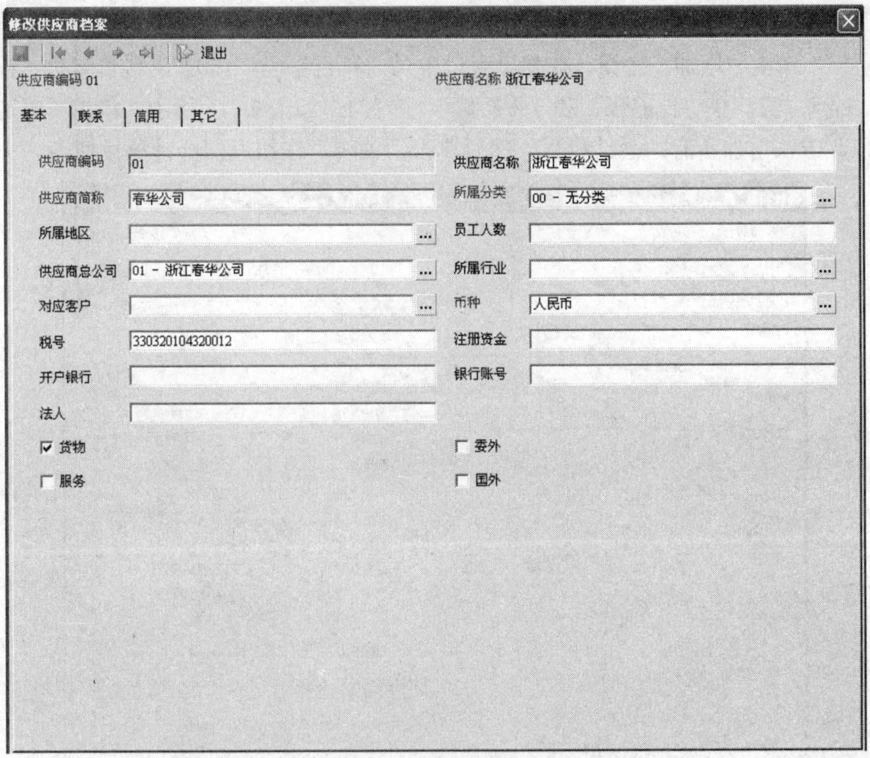

图 2-14　设置供应商档案 1

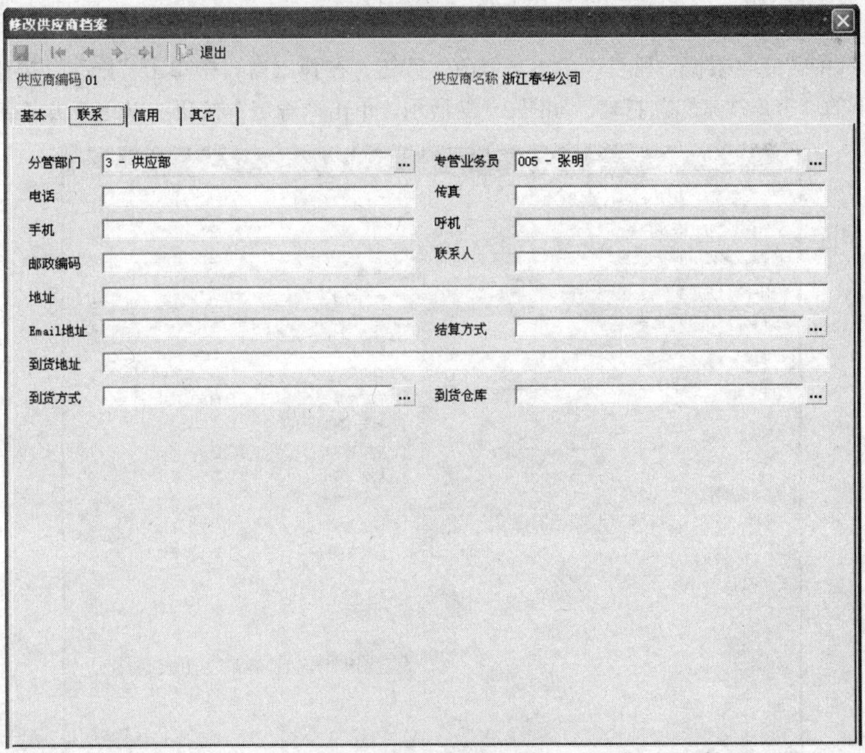

图 2-15　设置供应商档案 2

（13）双击业务导航视图中"基础设置"→"基础档案"→"财务"→"会计科目"，进入"会计科目"页面。单击"增加"按钮，在弹出窗口中录入科目编码"1002"，科目名称"银行存款"，账页格式"金额式"，在"日记账"和"银行账"前打勾，如图2-16所示。单击"确定"按钮保存数据。以此方法增加所有的会计科目，然后单击"关闭"按钮返回会计科目列表。

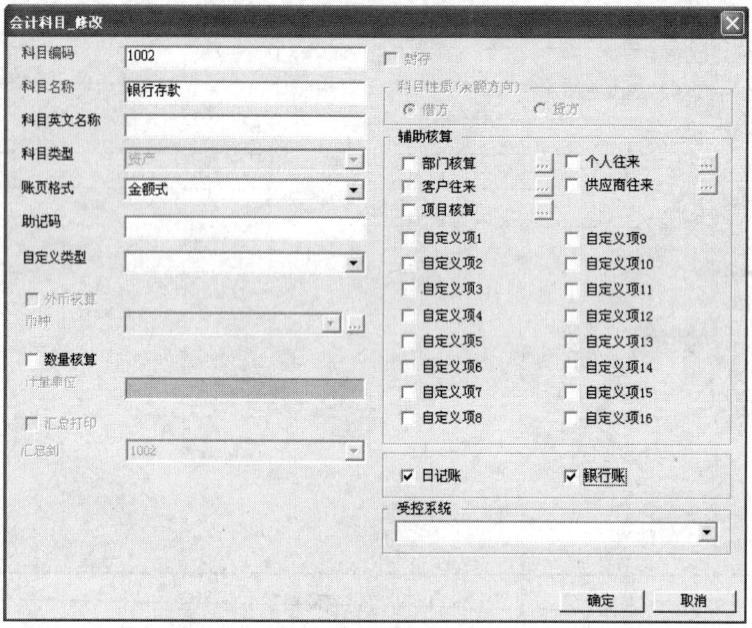

图 2-16　设置会计科目 1

（14）选中"应收票据"科目，单击"修改"按钮，在弹出窗口中单击"修改"按钮，在"辅助核算"下的"客户往来"前打勾，如图2-17所示。单击"确定"按钮。以此方法完成所有修改

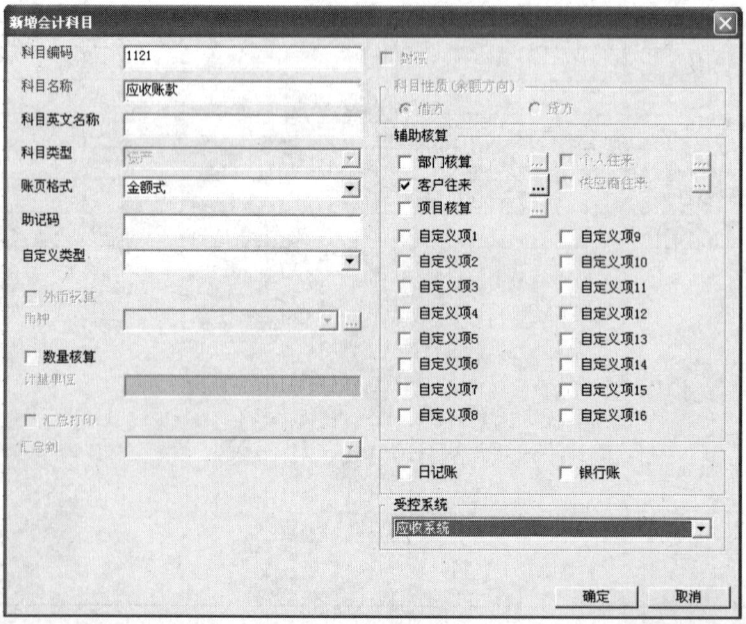

图 2-17　设置会计科目 2

后，单击"关闭"按钮返回会计科目列表。

（15）在"会计科目"页面，选择"编辑"菜单下的"指定科目"命令，弹出"指定科目"窗口。选择"现金科目"，将待选科目中的"1001 库存现金"选入已选科目框内。同样的，选择"银行科目"，将待选科目中的"1002 银行存款"选入已选科目框内。单击"确定"按钮保存，如图2-18所示。

（16）双击业务导航视图中"基础设置"→"基础档案"→"财务"→"凭证类别"，在弹出的"凭证类别设置"对话框中选择"收款凭证 付款凭证 转账凭证"选项，如图2-19所示。

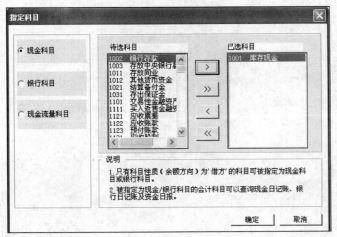

图2-18　指定科目

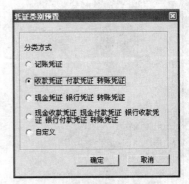

图2-19　设置凭证类别1

（17）单击"确定"按钮。在"凭证类型"窗口中录入相应的限制类型和限制科目，如图2-20所示。限制科目录入科目编码，科目编码之间用英文半角状态下的逗号隔开。设置完毕后，单击"退出"按钮。

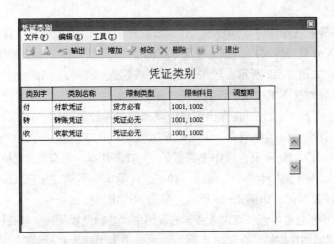

图2-20　设置凭证类别2

（18）双击业务导航视图中"基础设置"→"基础档案"→"收付结算"→"结算方式"，进入"结算方式"页面。录入结算方式编码"1"，结算方式名称"现金"，单击"保存"按钮。以此方法录入所有结算方式，如图 2-21 所示。单击"退出"按钮返回企业应用平台主界面。

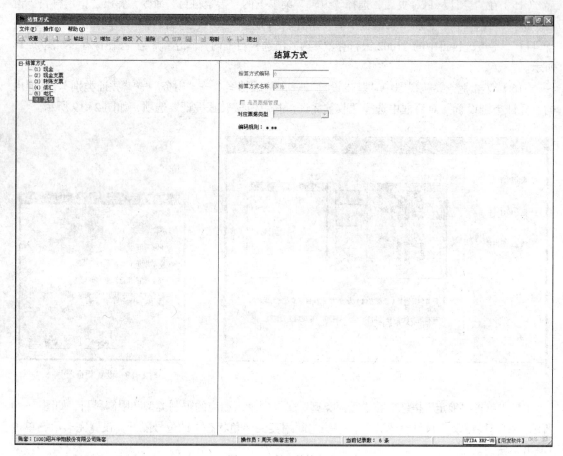

图 2-21　设置结算方式

（19）双击业务导航视图中"基础设置"→"基础档案"→"存货"→"存货分类"，进入"存货分类"页面，录入分类编码"1"，分类名称"原料及主要材料"，单击"保存"按钮。以此方法录入所有存货分类，如图 2-22 所示。单击"退出"按钮返回企业应用平台主界面。

（20）双击业务导航视图中"基础设置"→"基础档案"→"存货"→"计量单位"，进入"计量单位"页面。单击"分组"按钮，在弹出窗口中录入计量单位组编码"01"，计量单位组名称"基本计量单位"，选择计量单位组类别为"无换算率"，如图 2-23 所示。单击"保存"按钮。

（21）在"计量单位"页面中，选中左侧栏的"（01）基本计量单位<无换算率>"，单击"单位"按钮，在弹出窗口中录入计量单位编码"101"，计量单位名称"千克"，单击"保存"按钮。以此方法录入所有计量单位，如图 2-24 所示。单击"退出"按钮。

（22）在企业应用平台主界面，双击业务导航视图中"基础设置"→"基础档案"→"存货"→"存货档案"，单击"增加"按钮，在弹出页面的基本选项卡上录入存货编码"001"，存货名称"A材料"，选择存货分类"原料及主要材料"，计量单位组"01"，主计量单位"千克"，选择存货属性为"外购"、"生产耗用"，如图 2-25 所示。单击"保存"按钮。以此方法录入所有存货档案，保存后，单击"退出"按钮。

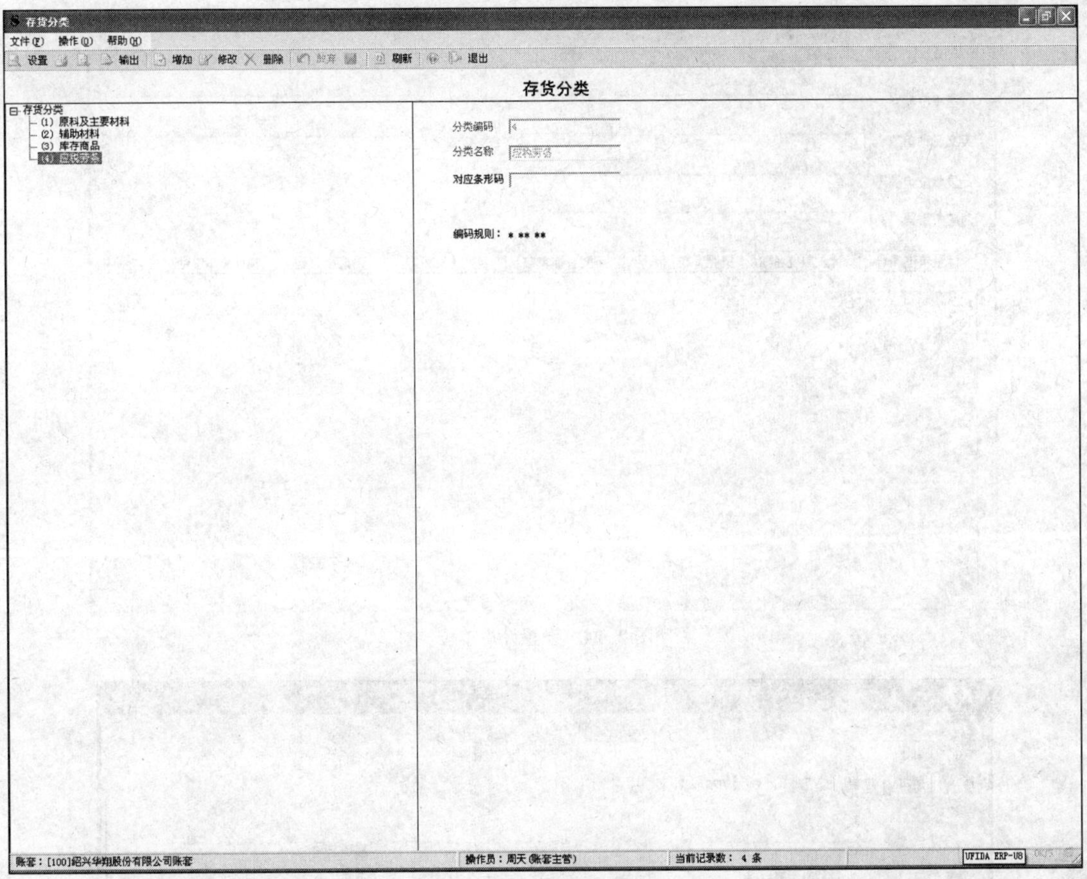

图 2-22 设置存货分类

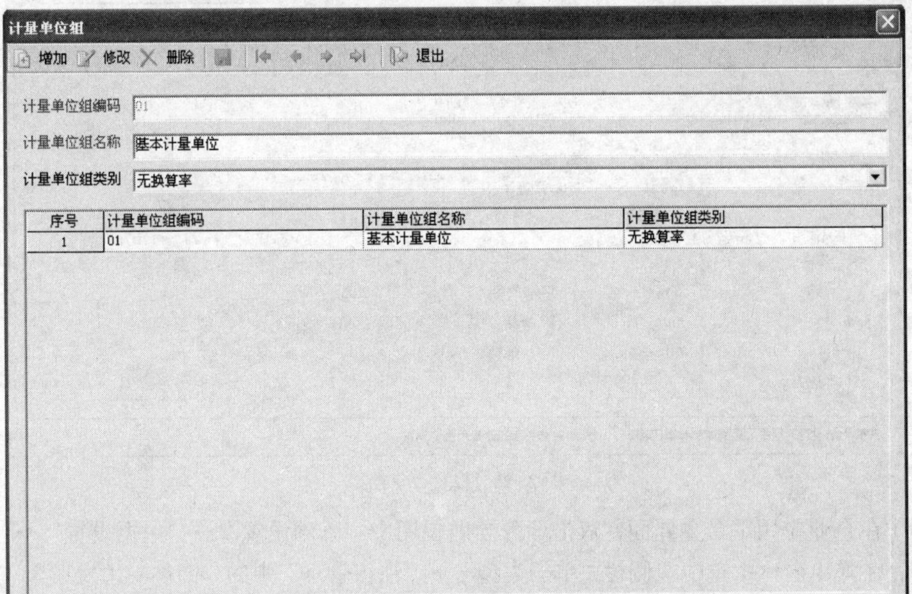

图 2-23 设置计量单位组

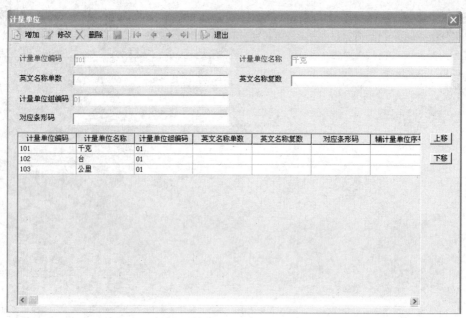

图 2-24 设置计量单位

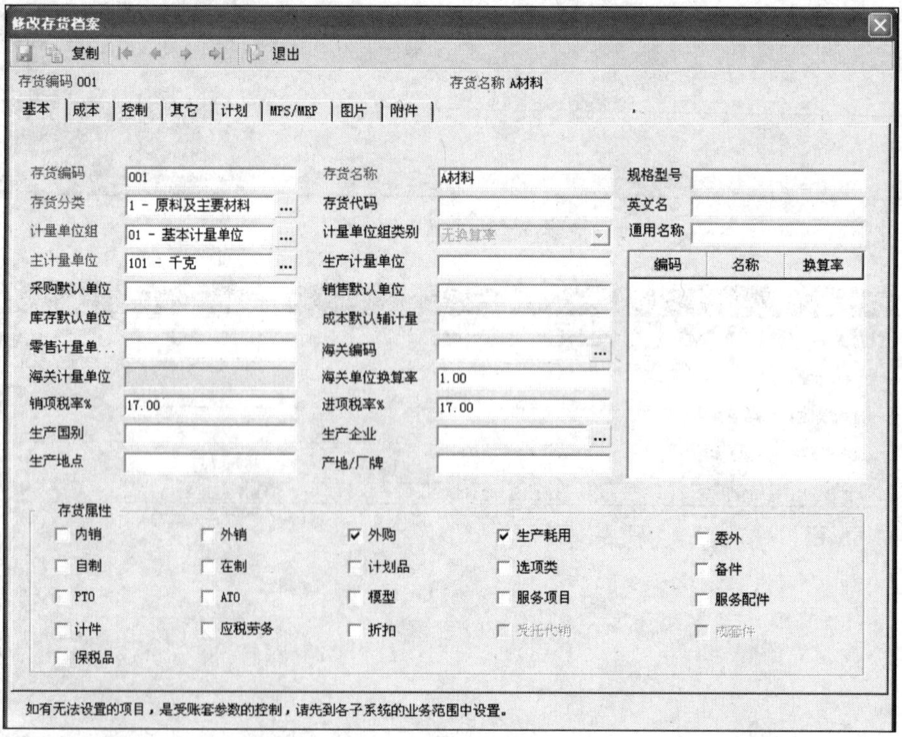

图 2-25 设置存货档案

（23）在企业应用平台主界面，双击业务导航视图中"基础设置"→"单据设置"→"单据编号设置"，在弹出窗口中选中左侧栏"单据类型"下"销售管理"中的"销售专用发票"，单击"修改"按钮，在"完全手工编号"前打勾，如图 2-26 所示。单击"保存"按钮。以此方法修改所要求的单据编号设置，保存后，单击"退出"按钮。

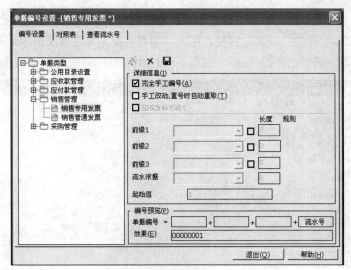

图 2-26 设置单据编号

（24）在企业应用平台主界面，双击业务导航视图中"基础设置"→"基础档案"→"收付结算"→"付款条件"，进入"付款条件"页面。录入"付款条件编码"为 001，"信用天数"为 30，"优惠天数 1"为 10，"优惠率 1"为 5，"优惠天数 2"为 20，"优惠率 2"为 2，"优惠天数 3"为 30，"优惠率 3"为 0。单击"保存"按钮后自动生成付款条件名称。以相同的方法录入第 2 条付款条件，如图 2-27 所示。

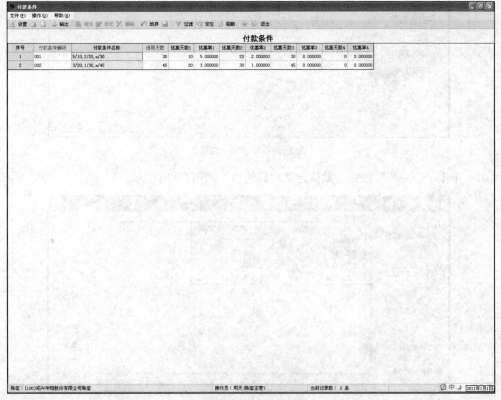

图 2-27 设置付款条件

（25）双击业务导航视图中"基础设置"→"基础档案"→"财务"→"项目目录"，在弹出的"项目档案"窗口，单击"增加"按钮，进入"项目大类定义"导航框，录入"新项目大类名称"为"自建工程"，选择"普通项目"，如图2-28所示。

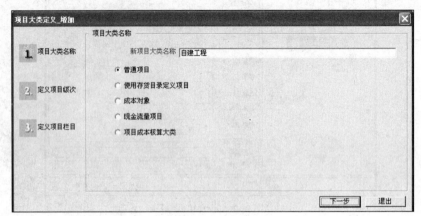

图2-28　设置项目档案1

（26）单击"下一步"按钮，项目级次默认，如图2-29所示。

图2-29　设置项目档案2

（27）单击"下一步"按钮，默认定义项目栏目，如图2-30所示。

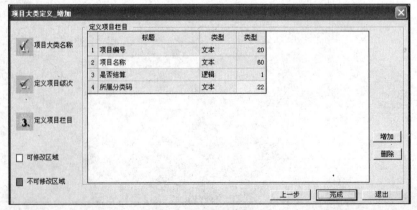

图2-30　设置项目档案3

（28）单击"完成"按钮。在退回到的"项目档案"窗口，选择"项目大类"为"自建工程"，将"待选科目"中"工程物资"及其明细科目选入"已选科目"，如图2-31所示。单击"确定"按钮。

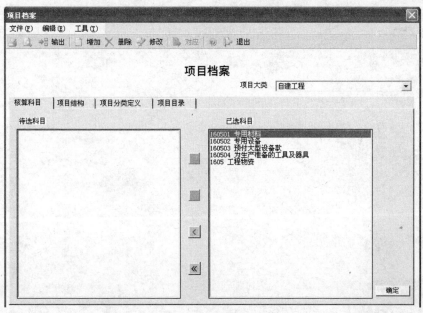

图2-31　设置项目档案4

（29）单击"项目分类定义"选项卡，单击右下角"增加"按钮，录入分类编码"1"，分类名称"1号工程"，单击"确定"按钮。以同样的方法增加"2号工程"，如图2-32所示。

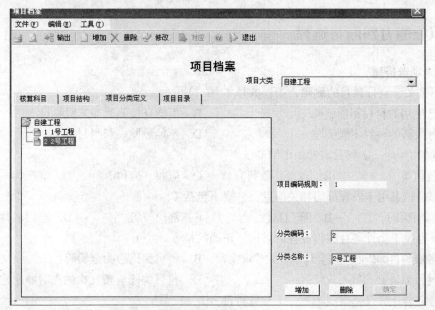

图2-32　设置项目档案5

（30）单击"项目目录"选项卡，单击"维护"按钮，在弹出的"项目目录维护"页面，按照信息录入"11、自建厂房"和"12、设备安装"两项工程，如图2-33所示。单击"退出"按钮。

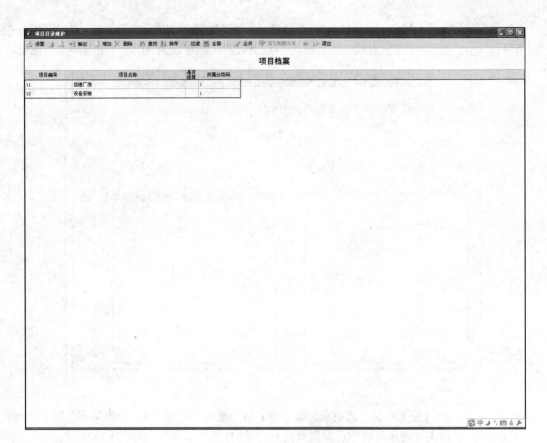

图 2-33　设置项目档案 6

 职业能力判断与选择

一、单项选择题

1. 下列关于会计科目的删除，错误的是（　　）。

A. 已使用的科目不能删除　　　　　　　　B. 不能直接删除非末级科目

C. 有余额的科目不能删除　　　　　　　　D. 不能删除一级科目

2. 通常，（　　）科目需要由出纳签字。

A. 负债类　　　　　　B. 现金、银行存款　　C. 应收、应付　　　　D. 资产类

3. 部门档案用于设置部门相关信息，一般不包括（　　）。

A. 部门编码　　　　　B. 部门属性　　　　　C. 部门位置　　　　　D. 部门名称

4. 下列关于会计科目编码设置的描述不正确的是（　　）。

A. 各级科目编码必须按会计制度的要求设置　　B. 科目编码应为全编码

C. 科目编码必须唯一　　　　　　　　　　　　D. 科目编码应按几次的先后顺序建立

5. 指定会计科目是指定（　　）专管科目。

A. 账套主管　　　　　B. 会计　　　　　　　C. 出纳　　　　　　　D. 系统管理员

6. 用友 ERP-U8.72 软件财务部分的各个子系统中以（　　）为核心。

A. 应收款管理子系统　B. UFO 报表子系统　　C. 总账子系统　　　　D. 薪资管理子系统

7. 固定换算的计量单位组下,可以有( )主计量单位。

A. 一个 B. 两个 C. 多个 D. 随意个

8. 固定换算组中,主计量单位是"秒",则计量单位"小时"的换算率应填( )。

A. 1 B. 60 C. 100 D. 3600

9. 科目"银行存款–中行美元账户"选用的账页格式应是( )。

A. 金额式 B. 数量金额式 C. 外币金额式 D. 数量外币式

10. 会计科目方向是"支出",则表示该科目( )。

A. 增加记借方 B. 增加记贷方 C. 是收入类科目 D. 是支出类科目

二、多项选择题

1. 用友 U8 企业应用平台中的功能模块有( )。

A. 应收款管理子系统 B. UFO 报表子系统 C. 总账子系统 D. 薪资管理子系统

2. 关于各功能模块之间的关系,以下说法正确的是( )。

A. 总账系统是企业应用平台的核心部分

B. 总账系统接受各子系统传来的原始凭证

C. 总账系统既可独立运行,也可同其他系统协同运转

D. 总账系统接受各子系统传来的记账凭证

3. 企业应用平台最下方的状态栏可以看到当前操作的账套的信息有当前( )。

A. 账套名称 B. 用户姓名 C. 操作日期 D. 使用的子系统

4. "基础设置"下"基本信息"中的内容有( )。

A. 系统启用 B. 业务工作 C. 系统服务 D. 客户档案

5. 计量单位组可以分为( )。

A. 无换算组 B. 固定换算组 C. 移动换算组 D. 浮动换算组

6. 用友 U8 中的账页格式有( )。

A. 金额式 B. 数量金额式 C. 外币金额式 D. 数量外币式

7. 用友 U8 中,记账凭证的分类有( )。

A. 记账凭证

B. 收款凭证、付款凭证、转账凭证

C. 现金收款凭证、现金付款凭证、银行收款凭证、银行付款凭证、转账凭证

D. 现金凭证、银行凭证、转账凭证

三、判断题

1. 总账系统的初始设置一般由账套主管来进行。( )

2. 科目编码中的一级科目编码可以根据企业自身需要来确定。( )

3. 收款凭证、付款凭证必须由出纳签字。( )

4. 凭证编号既可以按照凭证类型按月自动编号,也可以手工编号。( )

5. 在进行会计科目设置时,必须输入科目的助记码。( )

6. 工资核算的结果通常以凭证的形式从薪资管理系统传递给总账系统。( )

7. 需要改变当前用户时,可以单击"重注册"按钮,重新登录企业应用平台来实现。( )

8. 系统启用必须在企业应用平台中进行。( )

9. 必须先设置部门档案,才能设置人员档案。( )

10. 存货分类是否需要录入，取决于新建账套时是否选择了"存货分类"。（　　　）

11. 只有在人员档案中选择了"业务员"，才能核算其与企业的个人往来账。（　　　）

12. "应收账款"受控系统为"应收系统"，则表示该科目核算只能在"应收款管理系统"内使用。（　　　）

13. 系统初始化中的会计科目必须由会计人员逐个手工录入。（　　　）

14. 对用户可以不进行功能级权限，直接赋予金额级权限。（　　　）

学习任务 任务二　总账系统初始化

任务引例

软件系统运行时所需要设置的基础信息很多，如系统环境参数、系统运行要素、系统期初数据等。因此，在使用总账系统时，除了在"学习任务一"介绍的在企业应用平台"基础设置"中完成的企业门户初始化之外，还需要针对总账系统进行专门的初始化设置。

知识准备与业务操作

一、概述

总账系统是用友 ERP-U8.72 的核心系统，适用于企业进行凭证管理、账簿处理、个人往来款管理、部门管理、项目核算和出纳管理等工作。首次使用总账系统的具体操作流程如图 2-34 所示。进入

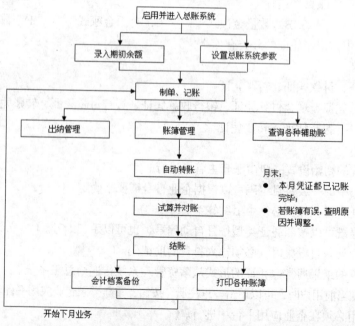

图 2-34　总账系统操作流程图

总账系统，在开始日常业务核算前，需要先完成总账系统的初始化工作，主要是完成各会计科目期初余额的录入和总账系统参数的设置。这些工作可以由账套主管完成，也可以授权给会计处理。

二、录入期初余额

录入期初余额工作可以通过"企业应用平台"首页左侧"业务导航图"的"财务会计"→"总账"→"设置"→"期初余额"命令进行。在第一次使用账务处理系统时，必须使用此功能输入科目余额。

如果是年中建账，如是从 9 月开始使用总账系统，建账月份为 9 月，就需要录入 9 月初的期初余额以及 1~9 月的借、贷方累计发生额，系统会自动计算出年初余额。如果是年初建账，即建账月份为 1 月份，则只需要直接录入年初余额。

（一）录入期初余额

在"期初余额录入"窗口，录入各科目的期初余额和累计发生额。底色为白色的单元格，可以直接录入金额；底色为灰色的单元格，表示是非末级科目，其金额由系统自动计算生成；底色为黄色的单元格，表示需要通过填写辅助核算相关信息来完成录入；数量核算的科目包含上下两行，上行为金额，下行为数量。录入时需要先录入金额再录入数量；外币核算的科目包含上下两行，上行为本币金额，下行为外币金额。录入时需要先录入本币金额，再录入外币金额。

期初余额录入时，只要求录入最末级科目的余额和累计发生数，上级科目的余额和累计发生数由系统自动计算。若年中启用，则只要录入末级科目的期初余额及累借、累贷，年初余额将自动计算出来。

在录入辅助核算期初余额之前，必须先设置各辅助核算目录。辅助核算科目必须按辅助项录入期初余额，往来科目（即含个人往来、客户往来、供应商往来账类的科目）。应录入期初未达项，用鼠标双击辅助核算科目的期初余额（年中启用）或年初余额（年初启用），屏幕显示辅助核算科目期初余额录入窗口。其期初往来明细，可以单击"往来明细"按钮录入，也可以在应收应付系统中录入后导入到总账系统中来。但是无论往来核算在总账还是在应收应付系统，有往来辅助核算的科目都要按明细录入数据。

每个科目的余额方向由科目性质确定。单击"方向"按钮可修改科目的余额方向。但是只能调整一级科目的余额方向，且该科目及其下级科目尚未录入期初余额。当一级科目方向调整后，其下级科目也随一级科目相应调整方向。

科目一旦在系统中使用，期初余额表即变成"只读"形式，已使用的科目和科目余额不得修改。

（二）对账与试算

在录入所有期初余额和累计发生额之后，需要进行期初对账和试算平衡，以保证期初数据的正确性。

单击"期初余额录入"页面的"对账"按钮，在弹出页面单击"开始"按钮后，系统自动将核对总账上下级、总账与辅助账、辅助账与明细账，并显示对账结果。如果对账后发现有错误，可按"显示对账错误"按钮，系统将把对账中发现的问题列出来。

对账无误后，单击"取消"按钮，返回"期初余额录入"页面。单击"试算"按钮，弹出期初试算平衡表。如果不平衡，需要检查期初余额录入是否有误，重新调整至平衡为止。试算不平衡的状态下，仍然可以进行"填制凭证"等工作，但不能进行"记账"工作。

三、业务参数设置

业务参数设置工作可以通过"企业应用平台"首页左侧"业务导航图"的"财务会计"→"总账"→"设置"→"选项"命令进行。系统在建立新的账套后由于具体情况需要，或业务变更，发生一些账套信息与核算内容不符，可以通过此功能进行账簿选项的调整和查看。"选项"窗口包括"凭证"、"账簿"、"凭证打印"、"预算控制"、"权限"、"会计日历"、"其他"、"自定义项核算"8 张选项卡。

（一）"凭证"选项卡

"凭证"选项卡如图 2-35 所示，其各选项的使用及说明如下。

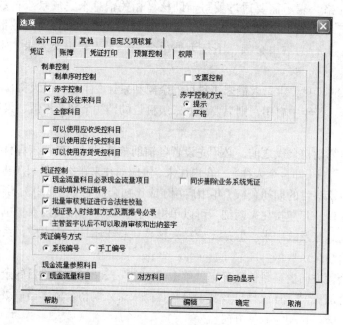

图 2-35 "凭证"选项卡

1. 制单序时控制。选择此项，填制记账凭证时凭证编号必须按日期顺序排列，如已经编制了 10 月 23 日的记账凭证，则接下来只能继续编制 10 月 23 日及以后的记账凭证。

2. 支票控制。选择此项，在制单过程中使用银行科目编制凭证时，系统针对票据管理的结算方式进行登记，如果录入支票号在支票登记薄中已存，系统提供登记支票报销的功能；否则，系统提供登记支票登记簿的功能。

3. 赤字控制。若选择了此项，在制单时，当"资金及往来科目"或"全部科目"的最新余额出现负数时，系统将"赤字控制方式"选项予以提示，并提供了"提示"、"严格"两种选择方式，可根据您的需要进行选择。选择"提示"，出现赤字时系统会弹出信息框提醒，但仍然能强制保存；选择"严格"，则出现赤字时，该记账凭证不能保存。

（二）"权限"选项卡

"权限"选项卡如图 2-36 所示，其各选项的使用及说明如下。

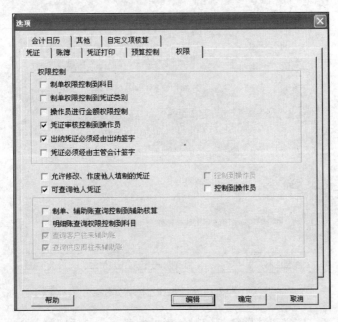

图 2-36 "权限"选项卡

1. 制单权限控制到科目。需要在系统管理的"功能权限"中设置科目权限，再选择此项，权限设置才有效。选择此项，则在制单时，系统用户只能使用具有相应制单权限的科目填制记账凭证。

2. 制单权限控制到凭证类别。需要在系统管理的"功能权限"中设置凭证类别权限，再选择此项，权限设置才有效。选择此项，则在制单时，只显示此系统用户有权限的凭证类别。

3. 操作员进行金额权限控制。选择此项，可以对不同级别的人员进行金额大小的控制，例如，财务主管可以对 10 万元以上的经济业务制单，一般财务人员只能对 5 万元以下的经济业务制单，这样可以减少由于不必要的责任事故带来的经济损失。但是外部凭证或常用凭证调用生成，则不受金额控制。

4. 凭证审核控制到操作员。选择此项，即将凭证审核工作控制到某一操作员进行。

5. 出纳凭证必须由出纳签字。选择此项，则涉及到"库存现金"、"银行存款"科目的记账凭证必须由"出纳签字"后才能记账。

6. 凭证必须经由主管会计签字。选择此项，则记账凭证必须进行"主管签字"后才能记账。

7. 允许修改、作废他人填制的凭证。选择此项，在制单时可修改或作废别人填制的凭证，否则不能只能修改自己填制的凭证。

（三）"账簿"选项卡

"账簿"选项卡中的内容如图 2-37 所示，其各选项的使用及说明如下。

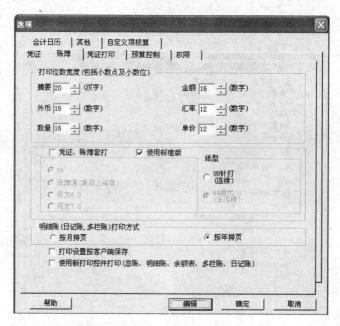

图 2-37 "账簿"选项卡

1. 打印位数宽度。定义正式账簿打印时各栏目的宽度，包括摘要、金额、外币、数量、汇率、单价。

2. 凭证、账簿套打。适合于用各种打印机输出管理用表单与账簿。系统提供 4 种套打纸型。

3. 明细账（日记账、多栏账）打印方式。打印正式明细账、日记账或多栏账时，可选择是按年排页码还是按月排页码。

其他的选项卡，可以根据企业具体会计核算和操作要求，进行录入和修改。修改前需要单击"编辑"按钮。

任务实施——总账初始化

工作实例

请根据以下绍兴华翔股份有限公司的核算方法和财务数据，完成总账系统的初始设置。

一、期初余额

科 目 名 称	期 初 余 额	备 注
库存现金	8 000	
银行存款/工行存款	222 000	
应收票据	1 170	2010-11-22，天地公司购买乙产品，价税合计 1 170 元，付票据 1 张，票号 78989

续表

科 目 名 称	期 初 余 额	备　　注
应收账款	14 540	2010-11-12，天一公司购买甲产品，价税合计 7 020 元，货款未付，发票号 78987 2010-12-18，广福公司购买甲产品，价税合计 7 020 元，货款未付，发票号 78988 2010-11-22，为广福公司代垫运费 500 元，票号 0060
应收职工借款	6 000	2010-12-6，供应部张明出差借差旅费 6 000 元，票号 3352
预付账款	20 000	2010-11-23，预付浙江春华公司货款 20 000 元
原材料	115 000	
A 材料	110 000	数量 100 千克
B 材料	5 000	数量 50 千克
库存商品	175 000	
甲产品	160 000	数量 80 台
乙产品	15 000	数量 30 台
固定资产	1 212 000	
累计折旧	155 324	
短期借款	120 000	
应付票据	25 740	2010-12-13，向顺发公司购买 A 材料 25 740 元
应付账款	62 010	2010-12-15，向浙江春华公司购买 A 材料 38 610 元 2010-12-25，向同和公司购买 B 材料 23 400 元
预收账款	30 000	2010-12-18，预收宏阳公司货款 30 000 元
长期借款	200 000	
实收资本	1 000 000	
利润分配	180 636	
未分配利润	180 636	

二、总账系统参数设置

不允许修改、作废他人填制的凭证；凭证审核控制到操作员；出纳凭证必须经由出纳签字；制单不序时控制。

操作步骤

（1）以操作员"周天"的身份，于 2011 年 1 月 1 日登录"[100]绍兴华翔股份有限公司账套"的企业应用平台。

（2）双击业务导航图中"财务会计"→"总账"→"设置"→"期初余额"命令，打开"期初余额录入"窗口。

（3）单击"库存现金"的"期初余额"单元格，输入"8 000"。"银行存款-工行存款"等白色的单元都采取直接录入期初余额的方法填写。

（4）双击"应收票据"的"期初余额"单元格，进入"辅助期初余额"页面。根据企业应收票据信息填写相关项目，如图 2-38 所示。

（5）单击"往来明细"按钮，进入"期初往来明细"页面，根据企业信息填写相应项目。如图 2-39 所示。

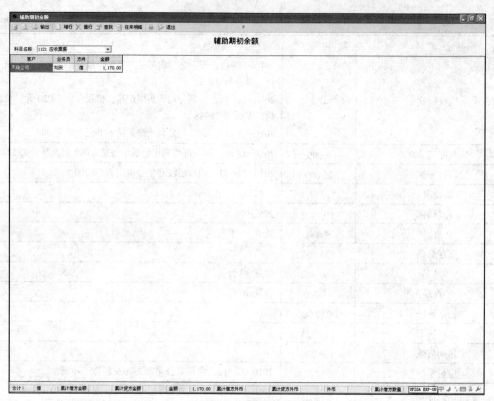

图 2-38　录入期初余额 1

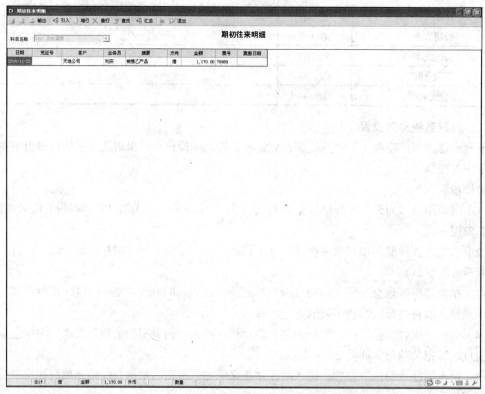

图 2-39　录入期初余额 2

（6）退出页面。在"期初余额录入"页面，可以看到系统自动加总了"应收账款"期初余额为 14 540 元。如图 2-40 所示。"应收账款"、"预收账款"、"应收职工借款"、"应付票据"、"应付账款"、"预付账款"也使用同样的方法录入。

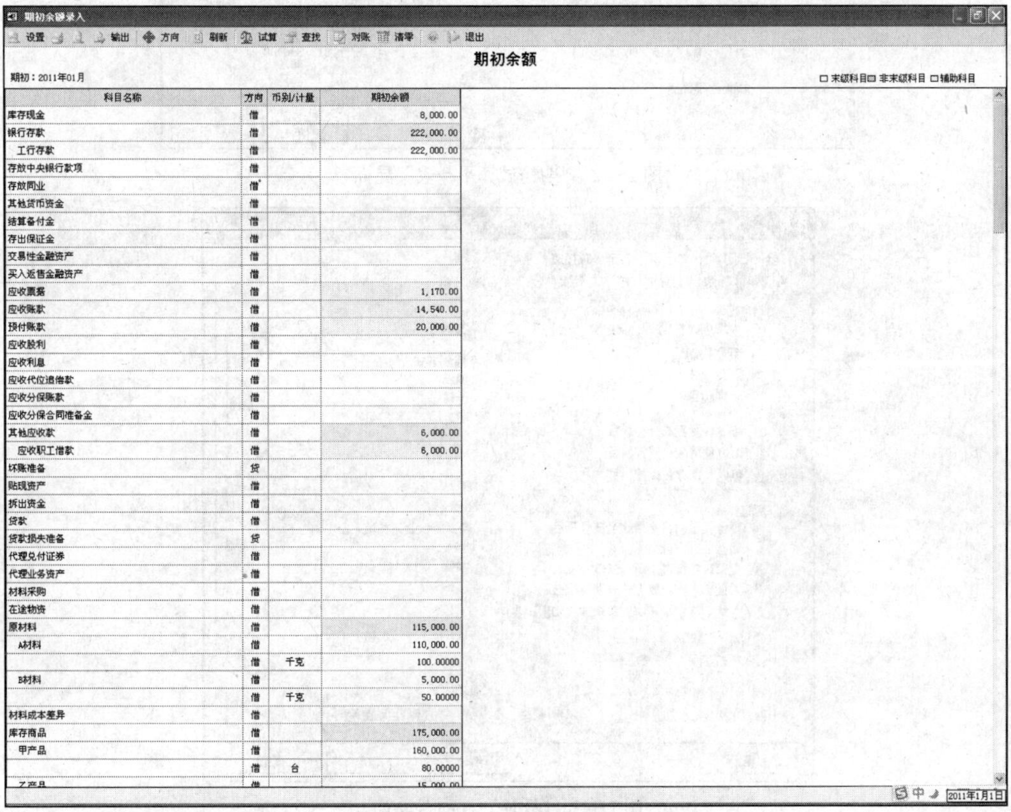

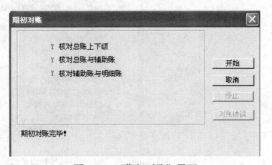

图 2-40　录入期初余额 3

（7）单击"原材料-A 材料"的"期初余额"单元格，输入"110000"；单击下面一行，输入 A 材料的数量为"100 千克"。

（8）对账。单击"期初余额录入"页面的"对账"按钮，在弹出页面单击"开始"按钮后，系统自动对账。如图 2-41 所示。

（9）进行试算平衡。单击"期初余额录入"页面的"试算"按钮，系统自动试算后弹出"期初试算平衡表"。如图 2-42 所示。若不平衡，则需要返回核对期初余额数据，直至调平衡为止。

图 2-41　"期初对账"界面

（10）双击业务导航图中"财务会计"→"总账"→"设置"→"选项"命令，打开"选项"窗口。"凭证"选项卡的参数设置如图 2-43 所示。

（11）单击"权限"选项卡，完成相关参数设置，如图 2-44 所示。

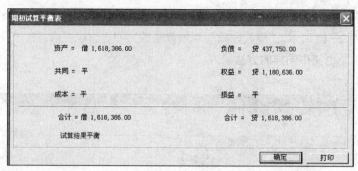

图 2-42 "期初试算平衡表"界面

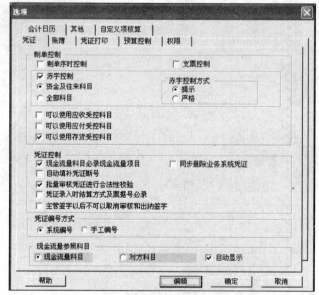

图 2-43 "凭证"选项卡设置

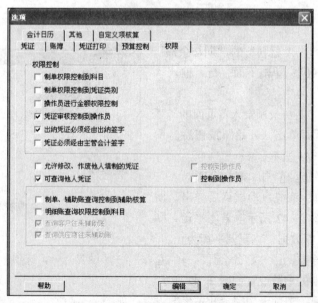

图 2-44 "权限"选项卡设置

职业能力判断与选择

一、单项选择题

1. "期初余额录入"窗口，黄色底纹的单元格表示（　　　）。

A. 各下级科目的汇总金额　　　　　　B. 需要通过填写辅助核算信息来录入

C. 非末级科目　　　　　　　　　　　D. 可以直接录入金额

2. "制单序时控制"在（　　　）选项卡上。

A. 账簿　　　　　　B. 会计日历　　　　C. 凭证　　　　　　D. 其他

3. "现金收款凭证"的限制条件是（　　　）。

A. 贷方必有 1001　　B. 借方必有 1001　　C. 凭证必无 1001　　D. 贷方必有 1002

4. 会计核算系统的期初数据不包括（　　　）

A. 员工工资期初情况　　　　　　　　B. 各科目的年初数、累计发生数、期末数

C. 辅助账的期初余额　　　　　　　　D. 各银行往来账户的余额

5. 若某一科目既有一级科目又有二级科目，输入科目余额时应（　　　）。

A. 只输入一级科目余额　　　　　　　B. 两者都输入

C. 输入哪一个都可以　　　　　　　　D. 输入末级科目余额

6. （　　　）余额在"期初余额录入"表内用负数表示。

A. 蓝字　　　　　　B. 借方　　　　　　C. 红字　　　　　　D. 贷方

7. 企业基础信息的设置，一般在（　　　）模块中进行。

A. 各子系统　　　　　　　　　　　　B. 可以在基础设置中进行，也可以在各子系统

C. 系统管理　　　　　　　　　　　　D. 账套设置

二、多项选择题

1. 出纳管理通常包括（　　　）。

A. 总账输出　　　　　　　　　　　　B. 登记支票登记簿

C. 银行对账　　　　　　　　　　　　D. 查询和打印现金日记账

2. 总账系统中可以完成的工作有（　　　）。

A. 填制记账凭证　　　　　　　　　　B. 审核记账凭证

C. 出纳管理　　　　　　　　　　　　D. 查询和打印客户往来辅助账

3. 年中开始使用总账系统时，需要录入各会计科目的（　　　）

A. 期初余额　　　　　B. 期末余额　　　　C. 累计发生额　　　　D. 年初余额

4. 在录入所有期初余额和累计发生额之后，需要进行（　　　）工作，以保证期初数据的正确性。

A. 记账　　　　　　　B. 结账　　　　　　C. 对账　　　　　　D. 试算平衡

5. 选择"出纳凭证必须由出纳签字"，则涉及到（　　　）科目的记账凭证必须由"出纳签字"后才能记账。

A. 记账凭证　　　　　B. 转账凭证　　　　C. 现金凭证　　　　D. 转账凭证

三、判断题

1. 若期初余额有外币、数量余额，则必须有本币余额。（　　　）

2. 期初余额试算不平衡将不能填制凭证。（　　　）

3. "应收账款"辅助核算的余额,可以在总账系统中录入,也可以在应收款管理系统中录入。
( )

4. 只有一级科目的余额方向才能够被调整。( )

5. 在期初余额试算不平衡的情况下,也能记账。( )

6. 主管签字和审核签字是同一件事。( )

7. 总账系统的"选项"中,可以设置凭证、账簿套打。( )

学习任务 任务三 固定资产系统初始化

任务引例

一台计算机是 2011 年 6 月 3 日开始使用,2012 年 1 月 15 日录入系统,则该卡片是否是原始卡片,该卡片能否通过"录入原始卡片"功能录入系统?

知识准备与业务操作

一、新建账套

在新建账套初次使用固定资产系统时,系统会提示"这是第一次打开此账套,还未进行过初始化,是否进行初始化"的提示信息。系统初始化是使用固定资产系统管理资产的首要操作,是根据单位的具体情况,建立一个适合单位需要的固定资产子账套的过程。固定资产系统设置的主要项目包括:约定及说明、启用月份、折旧信息、编码方式、账务接口和完成 6 个。

(一)约定说明

"约定及说明"的设置是需要操作者在进行初始化之前认真阅读的条款及内容。

(二)启用月份

"启用月份"是指查看本账套固定资产开始使用的年份和会计期间,启用日期只能查看不可修改。要录入系统的期初资料一般指截止该期间期初的资料。固定资产账的开始使用期间不得大于系统管理中的建立该套账的期间。

(三)折旧信息

"折旧信息"是用来判断本单位选择何种应用方案。如果选用的是行政事业单位应用方案,则按照会计制度规定所有固定资产不计提折旧,那么该选项的判断框内不打勾,表示本账套不提折旧。一旦确定本账套不提折旧,账套内与折旧有关的功能不能操作,该判断在保存初始化设置后不能修改。所以在选择前请慎重。如果选用的是企业单位应用方案,则根据会计制度规定固定资产需要计提折旧，请在该判断框内打勾。

选择本系统常用的折旧方法，以便在资产类别新增设置时系统自动带出主要折旧方法以提高录入速度，但可以修改。系统提供常用的 6 种方法：平均年限法（一）、平均年限法（二）、工作量法、年数总和法、双倍余额递减法（一）、双倍余额递减法（二）；另外也可以选择"不提折旧"，默认"平均年限法（二）"。

企业在实际计提折旧时，不一定每个月计提一次，可能因行业和自身情况的不同，每季度、半年或一年计提一次，折旧费用的归集也按照这样的周期进行，如保险行业每 3 个月计提和汇总分配一次折旧。所以系统提供"折旧汇总分配周期"功能，可根据所处的行业和自身实际情况确定计提折旧和将折旧归集入成本和费用的周期。系统具体的处理办法是，每个会计月期间均计提折旧，但折旧的汇总分配按这里设定的周期进行，把该周期内各会计月计提的折旧汇总分配。一旦选定折旧汇总分配周期，系统将自动提示第一次分配折旧，也是本系统自动生成折旧分配表制作记账凭证的期间。

二、系统参数设置

（一）选项

选项中包括在账套初始化中设置的参数和其他一些在账套运行中使用的参数或判断。选项中包括以下 4 个页签，单击"编辑"按钮修改可修改项。

1．基本信息
本页签中所有内容在系统初始化设置后不能修改。

2．折旧设置
（1）账套主要折旧方法。设置这个选项的目的主要是为了系统其他操作的简便性，这只是一个默认的内容，所以可随时修改，修改后默认的内容随之变化。

（2）折旧汇总分配周期。解释参见"折旧信息"。该选择可修改，但有限制。如果该账套还没有进行过一次月末结账，该分配周期可从 1、2、3、4、6、12 中选择。如果该账套已作过月末结账，则改变后的周期必须既能被 12 整除，又能被该会计年度还未结账的会计期间数整除，还不能小于尚未分配已计提折旧的期间数。

（3）原值增减变动当期生效。若选中，则在新增"原值增加"或"原值减少"变动单时，且其"本变动单当期生效"选项默认值为选中，但可以修改。变动单上的"当期生效"选项选中时，上述变动在当期折旧计提时生效，否则下月计提折旧时生效。

（4）净残值（率）调整当期生效。若选中，则在计提当期折旧时，折旧公式里的净残值（率）按变动后的净残值（率）计算。

（5）累计折旧调整当期生效。若选中，则在计提当期折旧时，折旧公式里的累计折旧按变动后的累计折旧计算。

（6）新增资产当月计提折旧。选择此项，则新增资产当月就开始计提折旧，减少当月则不再计提折旧。

（7）当（月初已计提月份=可使用月份 –1）时将剩余折旧全部提足（工作量法除外）。选择此项，当资产还差一个月就提足使用年限时，当月会将未计提折旧的应计折旧额一次性提足。否则即使已计提月份已经超过使用年限，也将按折旧公式逐月计提。

3．与账务系统接口

（1）与账务系统进行对账。判断参数可修改。

（2）业务发生后立即制单。系统运用此功能来确定制单的时间。本选项默认的判断是"是"，可以修改。修改后系统将把没有制单的原始单据的资料收集到批量制单部分，可以在批量制单部分统一完成。

（3）执行事业单位会计制度。事业单位对于固定资产的账务处理与企业单位不同，选中此项，可以根据事业单位会计制度设置凭证规则。本选项默认为不选中，可修改为选中状态，选中后系统在"增减方式"中提供"列支科目"的选择。

（4）月末结账前一定要完成制单登账业务。系统中的有些业务在存在对应的总账账套的情况下应制作凭证，把凭证传递到总账系统，但有可能一些经济业务在其他系统已制作凭证，为避免重复制单，可不在此判断框内打勾。如果想保证系统的严谨性，则在此判断框内打勾，表示一定要完成应制作的凭证，如有没有制作的凭证，本期间不允许结账。

（5）按资产类别设置默认科目。若选中，则"固定资产对账科目"和"累计折旧对账科目"可以多选，但最多能选10个；同时，可以在"资产类别"中录入"默认入账科目"。注意：若在资产类别中设置了默认入账科目，则在生成凭证时根据卡片所属末级资产类别带出相应的科目；若在资产类别中没有设置默认入账科目，则在生成凭证时带出选项中设置的默认入账科目。

（6）固定资产默认入账科目、累计折旧默认入账科目、减值准备默认入账科目。固定资产系统制作记账凭证时，凭证中上述科目的默认值将由设置确定，当这些设置为空时，凭证中默认科目为空。

4．编码方式

（1）资产类别编码方式。资产类别是单位根据管理和核算的需要给资产所做的分类，可参照国家标准分类，也可根据需要自己分类。本系统类别编码最多可设置8级、20位，可以设定级数和每一级的编码长度。系统推荐采用国家规定的4级6位（2112）方式。

（2）固定资产编码方式。固定资产编号是资产的管理者给资产所编的编号，可以在输入卡片时手工输入，也可以选用自动编码的形式自动生成。如果选择了"手工输入"，则卡片输入时通过手工输入的方式录入资产编号。如果选择了"自动编码"，根据系统初始化设置的编码方式，不能修改编码方式，但可修改序号长度。

（3）资产组编码方式。资产组是企业根据资产产生的主要现金流入进行的分类，本系统资产组编码最多可设置6级、18位，可以设定级数和各级编码的长度。系统默认为4级8位（2222方式）。

需要特别注意的问题有以下两点。

① 编码方式设定以后，一旦某一级设置了类别，则该级的长度不能修改；若某一级未设置过类别，则该级的长度可修改。

② 每一个账套中资产的自动编码方式只能有一种，一经设定，该自动编码方式不得修改。

5．其他

（1）已发生资产减少卡片可删除时限。根据制度规定已清理资产的资料应保留5年，所以系统设置了该时限，默认为5年，只有5年后才能将相关资产的卡片和变动单删除（删除是指从系统的数据库中彻底删除）。使用者可根据需要修改这个时限，系统按修改后的时限判断已清理资产的卡片和变动单能否删除。

（2）卡片断号填补设置。企业管理资产卡片时要求卡片编号连续，因为有些原因删除掉卡片后会出现断号，需要连续编号时，可在此进行设置。

（3）自动填补卡片断号。选择此项时，新增的卡片编号会将不连续的编号自动补足。

（4）卡片断号填补起始编号。补足的卡片编号的最小值设置，新增的编号须大于等于起始编号。

（5）不允许转回减值准备。2007年企业会计准则规定，资产减值损失一经确认，在以后会计期间不得转回。选择此项，则该账套不允许转回减值准备。本选项可以随时修改，新建账套中该选项默认选中。

（6）自动连续增加。选择此项，卡片保存后会自动增加一张新的卡片。

（7）卡片金额显示千分位格式。选择此项，单张卡片中的金额显示为千分位格式。

（8）卡片关联图片。因为固定资产管理要求一定金额以上的固定资产在固定资产卡片中能联查扫描或数码相机生成的资产图片，以便管理得更具体、更直观。因此在选项中增加固定资产卡片联查图片功能，允许在卡片管理界面中联查资产的图片文件。

（9）向工作中心发送信息。选择此项，当固定资产系统内业务单据（原始卡片、新增资产、变动单）保存时、资产减少成功时向所工作中心发送信息。默认为不选中。选中后，在"接收人员"中需要参照选择允许接收到信息的操作员。接收人员允许多选，选择范围为该账套的操作员全集。

（二）部门对应折旧科目

固定资产计提折旧后必须把折旧归入成本或费用，根据不同使用者的具体情况按部门或按类别归集。当按部门归集折旧费用时，某一部门所属的固定资产折旧费用将归集到一个比较固定的科目，所以部门对应折旧科目设置就是给部门选择一个折旧科目。录入卡片时，该科目自动显示在卡片中，不必一个一个输入，可提高工作效率。然后在生成部门折旧分配表时每一部门按折旧科目汇总，生成记账凭证。注意在使用本功能前，必须已建立好部门档案，可在基础设置中设置，也可在本系统的"部门档案"中完成。

（三）资产类别

固定资产的种类繁多，规格不一，要强化固定资产管理，及时准确作好固定资产核算，必须建立科学的固定资产分类体系，为核算和统计管理提供依据。企业可根据自身的特点和管理要求，确定一个较为合理的资产分类方法。

（四）增减方式

增减方式包括增加方式和减少方式两类。增加的方式主要有直接购入、投资者投入、捐赠、盘盈、在建工程转入、融资租入。减少的方式主要有出售、盘亏、投资转出、捐赠转出、报废、毁损、融资租出、拆分减少等。

（五）使用状况

从固定资产核算和管理的角度，需要明确资产的使用状况，一方面可以正确地计算和计提折旧，另一方面便于统计固定资产的使用情况，提高资产的利用效率。系统预置的使用状况有使用中；在用、季节性停用、经营性出租、大修理停用；未使用；不需用。

需要特别注意的问题有以下 3 点。

1．系统预置的使用状况不能删除。

2．只能有 3 种一级使用状况，不能增加、删除；"使用中"不能修改，"未使用、不需用"这两种使用状况可修改。

3．可以在一级使用状况下增加二级使用状况。

（六）折旧方法

折旧方法设置是系统自动计算折旧的基础。系统给出了常用的 5 种方法，即不提折旧、平均年限法（一和二）、工作量法、年数总和法、双倍余额递减法。这几种方法是系统设置的折旧方法，只能选用，不能删除和修改。另外如果这几种方法不能满足企业的使用需要，系统提供了折旧方法的自定义功能，可以定义自己合适的折旧方法的名称和计算公式。

1．不提折旧

$$月折旧率 R=月折旧额=0$$

2．平均年限法（一）

$$月折旧率=(1-净残值率)/使用年限$$

$$月折旧额=(月初原值-月初累计减值准备金额+月初累计转回减值准备金额) \times 月折旧率$$

3．平均年限法（二）

$$月折旧率=(1-净残值率)/使用年限$$

$$月折旧额=(月初原值-月初累计减值准备金额+月初累计转回减值准备金额-$$
$$月初累计折旧-月初净残值)/(使用年限-已计提月份)$$

4．工作量法

$$月折旧率=(月初原值-月初累计减值准备金额+月初累计转回减值准备金额-$$
$$月初累计折旧-月初净残值)/(工作总量-月初累计工作量)$$

$$月折旧额=本月工作量 \times 单位折旧$$

5．年数总和法

$$月折旧率=剩余使用年限/(年数总和 \times 12)$$

$$月折旧额=(月初原值-月初累计减值准备金额+月初累计转回减值准备金额-净残值) \times 月折旧率$$

6．双倍余额递减法（一）

$$月折旧率=2/使用年限$$

$$月折旧额=(期初账面余额-期初累计减值准备金额+期初累计转回减值准备金额) \times 月折旧率$$

7．双倍余额递减法（二）

$$月折旧率=2/使用年限$$

$$月折旧额=(期初账面余额-期初累计减值准备金额+期初累计转回减值准备金额) \times$$
$$月折旧率（固定资产到期以前的两年采用"平均年限法（二）"计提折旧）$$

原始卡片是指卡片记录的资产开始使用日期的月份先于其录入系统的月份，即已使用过并已计提折旧的固定资产卡片。

三、录入原始卡片

在使用固定资产系统进行核算前，必须将原始卡片资料录入系统，保持历史资料的连续性。原始卡片的录入不限制必须在第一个期间结账前，任何时候都可以录入原始卡片。

例如：一台计算机是 2008 年 6 月 3 日开始使用，2009 年 1 月 15 日录入系统，则该卡片是原始卡片，该卡片应通过"录入原始卡片"功能录入系统。

需要特别注意的问题有以下几点。

1. 与计算折旧有关的项目录入后，系统会按照输入的内容将本月应提的折旧额显示在"本月计提折旧额"项目内，可将该值与手工计算的值比较，看是否有录入错误。

2. 其他页签录入的内容只是为管理卡片设置，不参与计算。并且除附属设备外，其他内容在录入月结账后除"备注"外不能修改和输入，由系统自动生成。

3. 原值、累计折旧、累计工作量录入的一定要是卡片录入月初的价值，否则将会出现计算错误。

4. 已计提月份必须严格按照该资产已经计提的月份数，不包括使用期间停用等不计提折旧的月份，否则不能正确计算折旧。

5. 允许在卡片的规格型号中输入或粘贴如"直径符号"等工程符号。

6. 若启用了设备管理系统，则可以单击"导入"按钮从设备管理系统中导入卡片。

 任务实施——固定资产系统初始化

工作实例

一、系统参数设置

固定资产账套的启用月份为"2011 年 1 月"，固定资产采用"平均年限法（一）"计提折旧，折旧汇总分配周期为 1 个月；当（月初已计提月份=可使用月份-1）时将剩余折旧全部提足。固定资产编码方式为"2-1-1-2"；固定资产编码方式采用自动编码方式，编码方式为"类别编码+序号"；序号长度为 5。要求固定资产系统与总账进行对账；固定资产对账科目为"1601固定资产"；累计折旧对账科目为"1602 累计折旧"；对账不平衡的情况下允许固定资产月末结账。

二、固定资产选项设置

设置与财务系统的接口

固定资产默认入账科目：1601

累计折旧默认入账科目：1602

固定资产减值准备默认入账科目：1603

业务发生后立即制单

三、部门对应折旧科目

部 门 名 称	贷 方 科 目
人事部	管理费用-折旧费
财务部	管理费用-折旧费

续表

部 门 名 称	贷 方 科 目
供应部	销售费用
销售部	销售费用
生产部	制造费用

四、固定资产类别

类别编码	类别名称	使用年限	净残值率	计提属性	折旧方法	卡片样式
01	房屋及建筑物	30	2%	正常计提	平均年限法（一）	通用样式
011	办公楼	30	2%	正常计提	平均年限法（一）	通用样式
012	厂房	30	2%	正常计提	平均年限法（一）	通用样式
02	机器设备			正常计提	平均年限法（一）	通用样式
021	生产线	10	3%	正常计提	平均年限法（一）	通用样式
022	办公设备	5	3%	正常计提	平均年限法（一）	通用样式

五、固定资产增减方式

增 加 方 式	对应入账科目	减 少 方 式	对应入账科目
直接购入	银行存款-工行存款	出售	固定资产清理
投资者投入	实收资本	盘亏	待处理财产损溢-待处理固定资产损溢
盘盈	待处理财产损溢-待处理固定资产损溢	投资转出	固定资产清理
捐赠	营业外收入	捐赠转出	固定资产清理
在建工程转入	在建工程	报废	固定资产清理

六、固定资产原始卡片

卡片编号	00001	00002	00003	00004	00005
固定资产编号	01100001	01200001	02100001	02100002	02200001
固定资产名称	1号楼	2号楼	A生产线	B生产线	计算机
类别名称	办公楼	厂房	生产线	生产线	办公设备
部门名称	人事部	生产部	生产部	生产部	财务部
增加方式	在建工程转入	在建工程转入	在建工程转入	在建工程转入	直接购入
使用状况	在用	在用	在用	在用	在用
使用年限	30 年	30 年	10 年	10 年	5 年
折旧方法	平均年限法（一）	平均年限法（一）	平均年限法（一）	平均年限法（一）	平均年限法（一）
开始使用日期	2009-9-8	2009-10-10	2009-8-20	2009-5-8	2008-6-1
币种	人民币	人民币	人民币	人民币	人民币
原值	412 000	450 000	150 000	180 000	20 000

续表

净残值率	2%	2%	3%	3%	3%
净残值	8 240	9 000	4 500	5 400	600
累计折旧	37 800	25 515	39 375	45 398	7 236
月折旧率	0.002 7	0.002 7	0.008 1	0.008 1	0.008 1
月折旧额	1 112.4	1 215	1 215	1 458	324
净值	374 200	424 485	110 625	134 602	12 764
对应折旧科目	管理费用—折旧费	制造费用	制造费用	制造费用	管理费用—折旧费

操作步骤

一、系统参数设置

1. 在用友 ERP-U8 企业应用平台中，选择"财务会计"中的"固定资产"，系统弹出"这是第一次打开此账套，还未进行过初始化，是否进行初始化？"信息提示框，如图 2-45 所示。

2. 阅读"初始化账套向导"界面的约定及说明后，执行"我同意"和"下一步"命令，如图 2-46 所示。

图 2-45　固定资产账套初始化提示

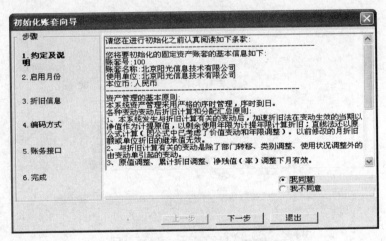

图 2-46　固定资产账套——约定及说明

3. 系统启用月份是在系统启用时约定的，因此不能修改，用户可以直接单击"下一步"按钮，如图 2-47 所示。

4. 选中"本账套计提折旧"前的复选框，在"主要折旧方法"的下拉列表框中选择"平均年限法（一）"，"折旧汇总分配周期"中选择"1"个月；选中"当（月初已计提月份=可使用月份-1）时将剩余折旧全部提足（工作量法除外）"前的复选框；单击"下一步"按钮，如图 2-48 所示。

5. 输入 2-1-1-2 的编码结构。选定"自动编码"，选择"类别编号+序号"，定义序号长度 5 位。完成后单击"下一步"按钮，如图 2-49 所示。

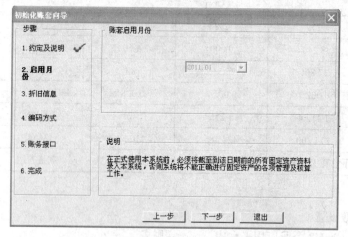

图 2-47　固定资产账套——启用月份

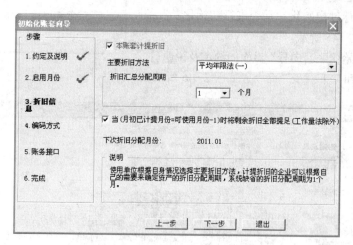

图 2-48　固定资产账套——折旧信息

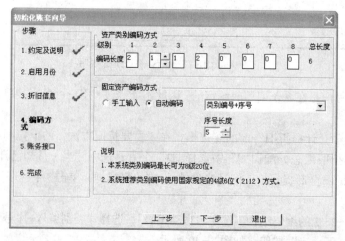

图 2-49　固定资产账套——编码方案

6. 选中"与账务系统进行对账"前的复选框,设置"对账科目",在"固定资产对账科目"和"累计折旧对账科目"中输入所需内容;选择"对账不平衡情况下允许固定资产月末结账"前的复选框,如图2-50所示。

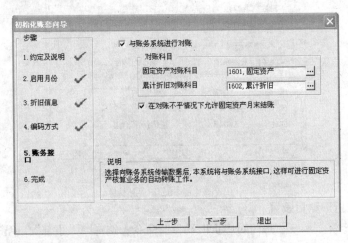

图2-50 固定资产账套——账务接口

7. 仔细阅读有无设置错误的地方,如果有则单击"上一步"按钮,退回修改,再保存;如果没有问题,选择"完成"→"保存"→"确定"完成,如图2-51所示。

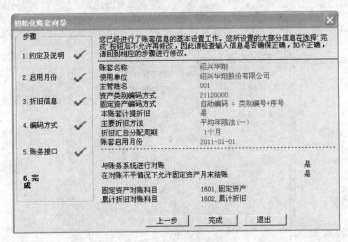

图2-51 固定资产账套初始化完成提示

8. 单击"是"按钮,保存完成初始化固定资产账套设置的所有内容,如图2-52所示。

二、固定资产选项设置

1. 执行"固定资产"→"设置"命令,选择"选项",单击"编辑"按钮,进入"与账务系统接口"页签,分别按照要求进行设置,如图2-53所示。

2. 单击"确定"按钮。

图2-52 完成固定资产账套初始化

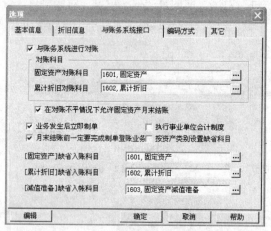

图 2-53　固定资产系统选项设置

三、部门对应折旧科目设置

1. 执行"固定资产"→"部门对应折旧科目"命令，选择"人事部"，单击"修改"按钮，进入单张视图页签，单击"折旧科目"右侧的按钮，参照选择"管理费用-折旧费"或输入科目编码，保存时单击"是"按钮，并单击"刷新"按钮，将下级部门的折旧科目全部替换成"管理费用-折旧费"，如图 2-54 所示。

图 2-54　部门对应折旧科目设置

2. 以此方法继续录入其他部门对应的折旧科目。

四、固定资产类别设置

1. 执行"设置"→"资产类别"命令，打开"资产类别-列表视图"窗口，单击"增加"按钮，打开"单张视图"窗口。录入类别编码、使用年限、净残值率、计提属性、折旧方法、卡片样式等内容，然后单击"保存"按钮。如果已经选中上级资产类别，在此基础上增加，则其中上级名称和类别编码可以由系统自动带出，如图 2-55 所示。

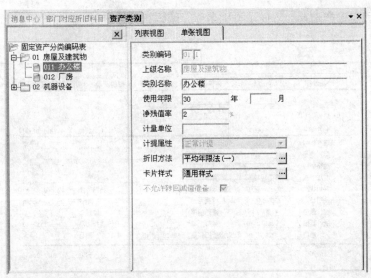

图 2-55　固定资产类别设置

2. 以此方法继续录入其他固定资产分类。

五、固定资产增减方式设置

1. 执行"设置"→"增减方式"命令，打开"增减方式-列表视图"窗口，单击选中"直接购入"所在行，再单击"修改"按钮，打开"增减方式-单张视图"窗口，在"对应入账科目"栏参照选择"100201 银行存款-工行存款"，如图 2-56 所示。

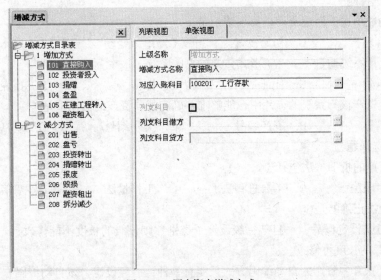

图 2-56　固定资产增减方式

2. 单击"保存"按钮，以此方法继续设置其他的增减方式对应的入账科目。

六、固定资产原始卡片录入

1. 执行"录入原始卡片"命令，选择 "固定资产分类编码表"确定固定资产类别，如选择"房屋及建筑物"。

2. 进入"固定资产卡片"界面（类别名称、编码直接给定），定义固定资产卡片的内容后单击"保存"按钮，如图2-57所示。

图 2-57　固定资产原始卡片录入

职业能力判断与选择

一、单项选择题

1. 下列功能不属于固定资产核算系统的是（　　　）。

A. 系统管理　　　　　B. 初始设置　　　　　C. 增减变动　　　　　D. 成本核算

2. 固定资产系统通过（　　　）形式传递到总账系统。

A. 原始卡片　　　　　B. 凭证　　　　　C. 账簿　　　　　D. 报表

3. 在固定资产核算系统的卡片中，能够唯一确定每项资产的数据项是（　　　）。

A. 资产名称　　　　　B. 资产编号　　　　　C. 类别编号　　　　　D. 规格型号

二、多项选择题

1. 固定资产的折旧方法包括（　　　）。

A. 平均年限法　　　　B. 年数总和法　　　　C. 工作量法　　　　D. 双倍余额递减法

2. 下列说法正确的是（　　　）。

A. 编码方式设定以后，一旦某一级设置了类别，则该级的长度不能修改；若某一级未设置过类别，则该级的长度可修改。

B. 每一个账套中资产的自动编码方式只能有一种，一经设定，该自动编码方式不得修改。

C. 可以在一级使用状况下增加二级使用状况。

D. 原值、累计折旧、累计工作量录入的一定要是卡片录入月月初的价值，否则将会出现计算错误。

三、判断题

1. 录入初始固定资产卡片是系统初始化的一项内容，系统一旦正式启用，该项功能将被屏蔽，既不能再使用。（　　）

2. 编码方式设定以后，一旦某一级设置了类别，则该级的长度不能修改；若某一级未设置过类别，则该级的长度可修改。（　　）

3. 每一个账套中资产的自动编码方式不只有一种，一经设定，该自动编码方式可以修改。（　　）

4. 一台计算机是 2011 年 6 月 3 日开始使用，2012 年 1 月 15 日录入系统，则该卡片是原始卡片，该卡片应通过"录入原始卡片"功能录入系统。（　　）

学习任务 ## 任务四　薪资管理系统初始化

任务引例

工资项目中的"缺勤扣款"金额应按照日平均工资与缺勤天数之积计算，其中日平均工资按每月 22 天计算；企业管理人员和经营人员的"交通补助"为 200 元，其他人员的交通补助为 60 元。根据上述要求如何设置"缺勤扣款"和"交通补助"的计算公式？

知识准备与业务操作

一、新建账套

建账工作是整个薪资管理正确运行的基础。建立一个完整的账套是系统正常运行的根本保证。可通过系统提供的建账向导，逐步完成整套工资的建账工作。当启动薪资管理系统，如所选择账套为首次使用，系统将自动进入建账向导。系统提供的建账向导共分为 4 步。

（一）参数设置

1. 选择本账套处理的工资类别个数为单个或多个。如单位按周或一月发多次工资，或者是单位中有多种不同类别（部门）的人员，工资发放项目不尽相同，计算公式亦不相同，但需进行统一工资核算管理，应选择"多个"工资类别。如果单位中所有人员的工资统一管理，而人员的工资项目、工资计算公式全部相同，选择"单个"工资类别，可提高系统的运行效率。

2. 选择币种名称和"是否核算计件工资"，系统根据此参数判断是否显示计件工资核算的相关信息。根据本参数判断是否在工资项目设置中显示"计件工资"项目；根据本参数判断是否在人员档案中显示"核算计件工资"选项。

（二）扣税设置

选择"是否从工资中待扣个人所得税"，选择此项，工资核算时系统会根据输入的税率自动计算个人所得税额。

（三）扣零设置

确定是否进行扣零处理。若选择进行扣零处理，系统在计算工资时将依据所选择的扣零类型将零头扣下，并在积累成整时补上。扣零的计算公式将由系统自动定义，无需设置。

1. 扣零。即扣零处理，系统在计算工资时将依据扣零类型进行计算。

2. 扣零至 100 元。即工资发放是不发 1000 元以下的部分，如 2599 元，只发放 2000 元，599 元扣零到下月。

3. 扣零至 10 元。即工资发放时不发 100 元以下的部分，如 1299 元，只发放 1200 元，99 元扣零到下月。

4. 扣零至元。即工资发放时不发 10 元以下的元、角、分，包括 5 元，2 元，1 元。

5. 扣零至角。即工资发放时不发 1 元以下的角、分，包括 5 角，2 角，1 角。

6. 扣零至分。即工资发放时不发 1 角以下的分，包括 5 分，2 分，1 分。

（四）人员编码

人员编码与公共平台的人员编码保持一致，无需在本系统设置。

二、工资类别

系统提供处理多个工资类别管理，新建账套时或在系统选项中选择多个工资类别，可进入此功能。"工资类别"是指一套工资账中，根据不同情况而设置的工资数据管理类别。如某企业中将正式职工和临时职工分设为两个工资类别，两个类别同时对应一套账务。同一工资类别中存在的多个发放次数的工资将统一计算个人所得税。

三、基础设置

（一）人员附加信息设置

除了人员编号、人员姓名、所在部门、人员类别等基本信息外，为了管理的需要还需要一些辅助管理信息，人员附加信息的设置就是设置附加信息名称。本功能可用于增加人员信息，丰富人员档案的内容，便于对人员进行更加有效的管理。例如增加设置人员的性别、民族、婚否等信息。还可对薪资中的人员附加信息与人事基础信息设置对应关系，这些附加信息可分别通过手动或自动方式与 HR 的对应人员信息保持一致。

需要特别注意的问题有以下 3 点。

1. 已使用过的人员附加信息不可删除，但可以修改。

2. 当一个字段设置为"必输项"时，仅对以后增改人员档案时进行控制，以前已经存在的记录不做改变。

3. 设置了与人员基础对应关系的附加信息将对所有工资类别及发放次数中的人员附加信息有效。

（二）工资项目设置

1. 工资项目

即定义工资项目的名称、类型、宽度，可根据需要自由设置工资项目。如基本工资、岗位工资、副食补贴、扣款合计等。单击"设置"下的"工资项目设置"，进入工资项目设置界面。

需要特别注意的问题有以下4点。

（1）项目名称必须唯一。

（2）工资项目一经使用，数据类型不允许修改。

（3）如果在"选项"设置中选择"是否核算计件工资"，可在此界面可以看到"计件工资"项目属性。

（4）如果在"选项"设置中选择"代扣个人所得税"，则在此可以看到"扣税合计"、"代扣税"、"代付税"等预置工资项目。

2. 计算公式

薪资管理可独立使用，也可以作为人力资源系统的一部分，与人力资源系统集成应用。可从人力资源系统获取数据计算绩效奖金、加班费、出差补助、考勤扣款、社保和公积金个人扣款等。在设置工资项目的计算公式时，主要用到的函数是 Iff 函数。

名称：条件取值函数

格式：Iff(<逻辑表达式 任何可以产生真或假结果的数值或表达式>，<算数表达式 1 逻辑表达式结果真时，所取的值或表达式>，<算数表达式 2 逻辑表达式结果假时，所取的值或表达式>)

返回：数值

说明

根据逻辑表达式的值，真时取<算数表达式 1>的计算结果，假时取<算数表达式 2>的计算结果。

需要特别注意的是，由于 Iff 会计算<算数表达式 1>和<算数表达式 2>，虽然它只返回其中的一个，但如果<算数表达式 2> 产生一个被零除错误，那么程序就会发生错误，即使<逻辑表达式>结果为真。例如，Iff（基本工资=1000，基本工资+300，基本工资）。

（三）部门设置

部门档案的设置在"设置页签→基础档案→机构人员→部门档案"中进行。

本功能节点是对当前打开工资类别的对应部门进行设置，以便按部门核算各类人员工资，提供部门核算资料。选择"设置"菜单中的"部门设置"，进入"部门设置"界面。请按打开工资类别的业务需要选择对应部门。

需要特别注意的问题有以下两点。

1. 已被使用的部门不能取消选择。

2. 本功能仅在打开工资类别状态下可见。

（四）人员档案

人员档案用于登记工资发放人员的姓名、职工编号、所在部门、人员类别等信息，处理员工的增减变动等。单击"设置"菜单下的"人员档案"，进入功能界面。

需要特别注意的是，如果某一附加信息设置成了"必输项"，则在录入时必须输入，否则不预保存。不影响以前的附加信息，即如果以前的人员档案中该附加信息没有录入，系统不自动更新数据库，只是在录入和修改时进行判断。

（五）扣税设置

税率表定义界面初始为国家颁布的工资、薪金所得所适用的 7 级超额累进税率，税率为 3%～45%，级数为 7 级，费用基数为 3 500 元，附加费用为 1 300 元。用户可根据单位需要调整费用基数和附加费用以及税率，可增加级数也可删除级数。

当用户增加新的一级时，其上一级的上限等于其上一级的下限加 1，由系统自动累加；而其新增级数的下限即等于上一级的上限，用户可根据需要调整上一级的上限，则新的级数的下限将随之改变。当用户调整某一级的上限时，该级的下限也随之改动。

系统税率表初始界面的速算扣除数由系统给定，用户可进行修改；用户增加新的一级，则该级的速算扣除数由用户输入。

需要特别注意的问题有以下 6 点。

1. 级数及下限不允许改动。

2. 系统设定上一级的上限与下一级的下限相同。

3. 用户在删除时，一定要注意不能跨级删除，必须从末级开始删除。

4. 税率表只剩一级时将不允许再删除。

5. 同一工资类别下的发放次数税率设置必须一致，税率修改确认后同步本工资类别中其他发放次数中的税率设置，请从第 1 个发放次数开始依序重新计算。

6. 税率修改不影响以前期间的税率设置，所得期间为以前期间时，仍根据原税率进行计算。

任务实施——薪资管理系统初始化

工作实例

一、系统参数设置

工资类别有两个，工资核算本位币为人民币，不核算计件工资，自动代扣所得税，进行扣零设置且扣零到元。

工资类别分为"在岗人员"和"退休人员"，并且在岗人员分布在各个部门，而退休人员只属于人事部。

扣税设置：按应发合计计算个人所得税，免征额为 3 500 元，附加费用 1 300 元，修改个人税率表如下。

个人所得税税率表

级　数	全月应纳税所得额	税率（%）	速算扣除数
1	不超过 1 500 元的	3	0
2	超过 1 500 元至 4 500 元的部分	10	105
3	超过 4 500 元至 9 000 元的部分	20	555
4	超过 9 000 元至 35 000 元的部分	25	1 005
5	超过 35 000 元至 55 000 元的部分	30	2 755
6	超过 55 000 元至 80 000 元的部分	35	5 505
7	超过 80 000 元的部分	45	13 505

二、人员附加信息
增加人员附加信息"性别"和"学历"。

三、工资项目

工资项目名称	类　型	长　度	小　数	增减项
基本工资	数字	8	2	增项
职务补贴	数字	8	2	增项
福利补贴	数字	8	2	增项
交通补贴	数字	8	2	增项
奖金	数字	8	2	增项
缺勤扣款	数字	8	2	减项
住房公积金	数字	8	2	减项
缺勤天数	数字	8	2	其他

四、银行名称
银行名称为"中国工商银行"，个人账号长度 11 位，录入时自动带入的账号长度为 8 位。

五、工资类别及工资项目
在岗人员工资类别：所有工资项目
退休人员工资类别：只有基本工资和住房公积金两个项目

六、在岗人员档案

人员编码	人员姓名	性别	学历	人员类别	行政部门	银行代发账号
001	陈燃	男	大学	企管	人事部	11022033001
002	周天	男	大学	企管	财务部	11022033002

续表

人员编码	人员姓名	性别	学历	人员类别	行政部门	银行代发账号
003	王乐	男	大学	企管	财务部	11022033003
004	李红	女	大学	企管	财务部	11022033004
005	张明	男	大学	经营人员	供应部	11022033005
006	刘庆	女	大专	经营人员	销售一科	11022033006
007	韩枫	男	大学	经营人员	销售二科	11022033007
008	杨文忠	男	大专	车间管理人员	生产部	11022033008
009	严锐	男	高中	生产工人	生产部	11022033009

七、计算公式

1. 缺勤扣款金额按照日平均工资与缺勤天数之积计算。其中日平均工资按每月22天计算。

公式：缺勤扣款=基本工资/22×缺勤天数

2. 企业管理人员和经营人员的交通补助为200元，其他人员的交通补助为60元。

公式：iff（人员类别="企业管理人员" or 人员类别="经营人员",200,60）

3. 住房公积金按照基本工资、职务补贴、福利补贴、交通补贴、奖金之和的8%计提。

公式：住房公积金=（基本工资+职务补贴+福利补贴+交通补贴+奖金）×0.08

操作步骤

一、系统参数设置

1. 在企业应用平台中，执行"人力资源"→"薪资管理"命令，打开"建立工资套-参数设置"对话框。

2. 选择本账套所需处理的工资类别个数为"多个"，如图2-58所示。

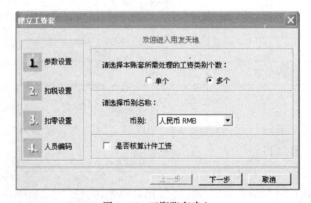

图2-58 工资账套建立

3. 单击"下一步"按钮，打开"建立工资套-扣税设置"对话框，根据要求选择有关项目的复选框，如图2-59所示。

4. 单击"下一步"按钮，打开"建立工资套-扣零设置"对话框，根据要求选择"扣零"复选框，如图2-60所示。

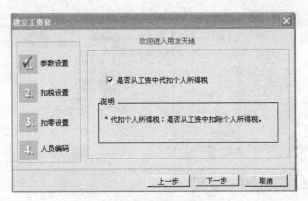

图 2-59　扣税设置

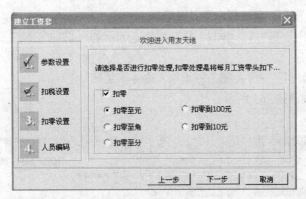

图 2-60　扣零设置

5. 单击"下一步"按钮，打开"建立工资套-人员编码"对话框进行"人员编码"设置，如图 2-61 所示。

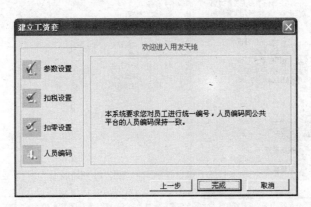

图 2-61　人员编码设置

6. 单击"完成"按钮。

7. 执行"工资类别"→"新建工资类别"命令，建立"在岗人员"工资类别，如图 2-62 所示。

8. 单击"下一步"按钮，打开"新建工资类别-请选择部门"对话框，分别单击选中各部门，也可单击"选定全部部门"按钮，如图 2-63 所示。

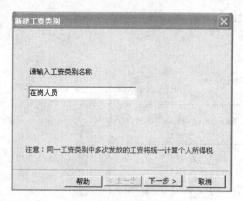

图 2-62 工资类别设置

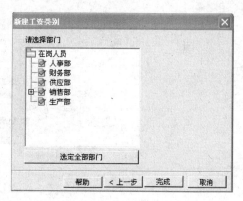

图 2-63 工资类别部门设置

9. 单击"完成"按钮，系统提示"是否以 2011-01-01 为当前工资类别的启用日期？"，单击"是"按钮返回，如图 2-64 所示。

10. 执行"工资类别"→"关闭工资类别"命令，关闭在岗人员工资类别，如图 2-65 所示。

图 2-64 启用工资类别

图 2-65 关闭工资类别

11. 执行"新建工资类别"命令，按照同样的方法建立"退休人员"工资类别。

12. 执行"设置"→"选项"命令，进入"扣税设置"选项卡，单击"编辑"按钮，进入"税率设置"，如图 2-66 所示。

13. 进入"个人所得税申报表"对话框,将"基数"调整为3 500,将"附加费用"调整为1 300;按照资料对个人所得税税率表进行设置,如图2-67所示。

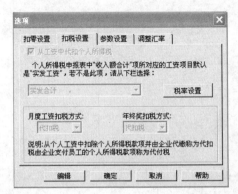

图2-66 工资选项设置

图2-67 个人所得税设置

二、人员附加信息

1. 执行"设置"→"人员附加信息设置"命令。

2. 单击"增加"按钮,分别添加"性别"和"学历"等信息,单击"确定"按钮完成设置,如图2-68所示。

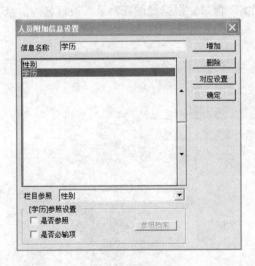

图2-68 人员附加信息设置

三、工资项目设置

1. 关闭所有工资类别,执行"设置"→"工资项目设置"命令,打开"工资项目设置"对话框。

2. 单击"增加"按钮,从"名称参照"下拉列表中选择"基本工资",或在左边窗口空白行内的"工资项目名称"中输入"基本工资",默认类型为"数字",小数位为"2",增减项为"增项"。以此方法继续增加资料中所提供的其他工资项目,如图2-69所示。

3. 单击"确定"按钮,系统弹出"工资项目已经改变,请确认各工资类别的公式是否正确,否则计算结果可能不正确"提示框,单击"确定"按钮返回。

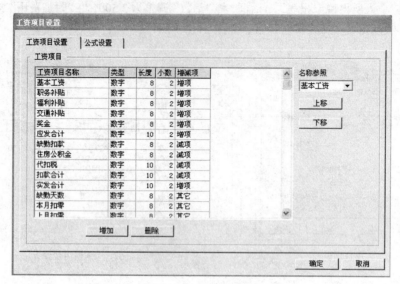

图 2-69　工资项目设置

四、设置银行名称

1. 在企业应用平台"基础设置"选项卡中，执行"基础档案"→"收付结算"→"银行档案"命令。

2. 打开"增加银行档案"窗口，根据提供资料录入银行名称信息，保存后退出，如图 2-70 所示。

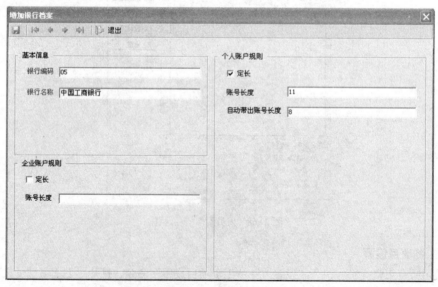

图 2-70　设置银行档案

五、工资类别及工资项目设置

1. 执行"工资类别"→"打开工资类别"命令，打开"打开工资类别"对话框，选中"在岗人员"，单击"确定"按钮，打开"在岗人员"工资类别。

2. 执行"设置"→"工资项目设置"命令，打开"工资项目设置"对话框。单击"增加"按钮，从"名称参照"下拉列表中，选择"基本工资"，以此方法再增加其他工资项目。

3. 通过"上移"或"下移"按钮，将各工资项目移到合适的位置，如图2-71所示。

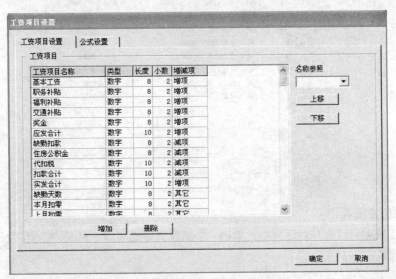

图2-71　工资类别下工资项目设置

六、在岗人员档案设置

1. 执行"设置"→"人员档案"命令，如图2-72所示。

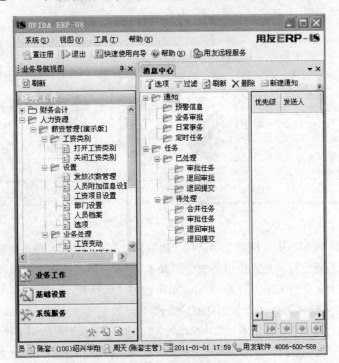

图2-72　设置人员档案

2. 在"人员档案"窗口，单击工具栏中的"批增"按钮，选中"人员批量增加"窗口左边需要增加的人员类别，然后单击"确定"按钮，则有关人员的信息将被一次性引入，如图2-73所示。

图 2-73　人员档案批增

七、计算公式设置

1. 在"工资项目设置"对话框中，单击"公式设置"选项卡，打开"工资项目设置-公式设置"对话框，如图 2-74 所示。

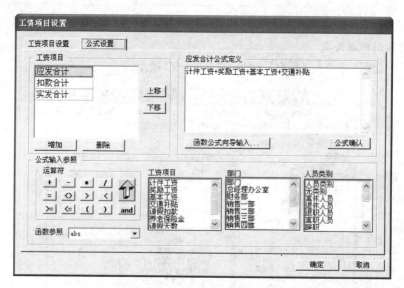

图 2-74　"公式设置"对话框

2. 单击"增加"按钮，从下拉列表中选择"缺勤扣款"工资项目，单击"缺勤扣款公式定义"区域，在下方的"工资项目"列表中单击选中"基本工资"，单击选中"运算符"区域中的"/"，单击"缺勤扣款公式定义"区域，录入"22"，单击选中"运算符"区域中的"*"，单击选中"缺勤天数"，单击"公式确认"按钮，如图 2-75 所示。

3. 在"公式项目设置"对话框中，单击"增加"按钮，从下拉列表框中选择"交通补贴"，单击"函数公式向导输入"按钮，打开"函数向导-步骤之 1"对话框，并选中"iff"，如图 2-76 所示。

4. 单击"下一步"按钮，打开"函数向导-步骤之 2"对话框，在"逻辑表达式"文本框中通过"参照"对话框输入"人员类别='企业管理人员' or 人员类别='经营人员'"，在"算术表达式 1"文本框中录入"200"，在"算术表达式 2"文本框中录入"60"，如图 2-77 所示。

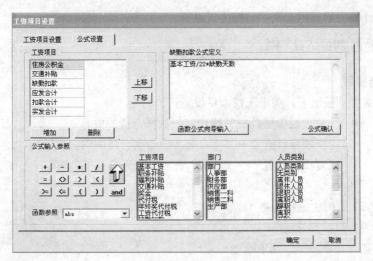

图 2-75 设置住房公积金公式

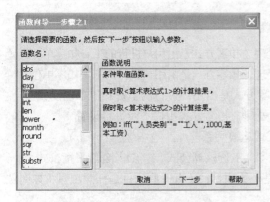

图 2-76 设置交通补贴计算公式 1

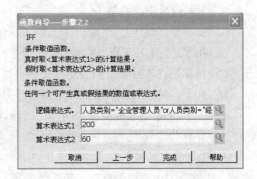

图 2-77 设置交通补贴计算公式 2

5. 单击"完成"按钮返回"公式项目设置"界面,并单击"公式确认"按钮,然后单击"确定"按钮,如图 2-78 所示。

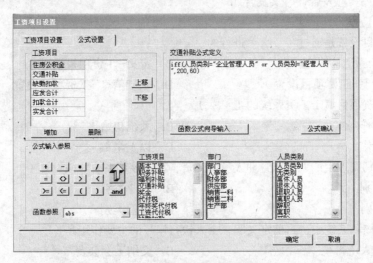

图 2-78 设置交通补贴计算公式 3

6. 依上操作，完成其他工资项目的公式设置。

职业能力判断与选择

一、单项选择题

1. 单个工资类别情况下，关于工资项目设置正确的是（　　　）。

A. "设置"→"工资项目设置"→"增加"→选择合适的内容

B. "设置"→"工资项目设置"→"重命名"→命名合适的内容

C. "设置"→"工资项目设置"→"增加"→直接录入合适的内容

D. 以上都不对

2. 工资系统功能模块主要包括（　　　）。

A. 初始设置、日常操作

B. 初始设置、日常操作、期末处理

C. 新建账套、日常操作、期末处理

D. 新建账套、初始设置、日常操作、期末处理

3. 下列叙述正确的是（　　　）。

A. 扣零是将本月工资中的尾数留待下月合并处理，扣零方式是由用户进行的工资扣零单位设置

B. 扣零是将本月工资中的尾数进行四舍五入处理，扣零方式是由用户进行的工资扣零单位设置

C. 扣零是将本月工资中的尾数直接去掉，扣零方式是由用户进行的工资扣零单位设置

D. 扣零是将本月工资中的尾数留待下月合并处理，扣零方式用户不能进行设置

4. （　　　）是指工资项目之间存在的计算等式或运算关系。

A. 计算公式　　　　　　B. 审核公式　　　　　C. 工资核算公式　　　　D. 舍位平衡公式

5. 工资的内容包括许多项目，其中（　　　）是必须项目；还有一些项目是任意项目，如岗位
津贴、扣款等，用户可根据本单位实际而定。

A. 应发合计、扣款合计、实发合计

B. 岗位津贴、应发合计、扣款合计、实发合计

C. 岗位津贴、应发合计、实发合计

D. 扣款、应发合计、实发合计

6. 工资项目设置是通过（　　　）进行的。

A. 设置-工资项目设置　　　　　　　　　　B. 定义-工资项目设置

C. 工资管理-工资项目设置　　　　　　　　D. 基础信息-工资项目设置

7. 设置工资项目属于工资系统的（　　　）。

A. 期末工作　　　　　　　　　　　　　　　B. 系统初始化

C. 日常工作　　　　　　　　　　　　　　　D. 以上全部

8. 为了分别管理生产人员和管理人员的工资，工资核算系统应该设置（　　　）。

A. 职工性别　　　　　　　　　　　　　　　B. 专业类别

C. 职工类别　　　　　　　　　　　　　　　D. 部门类别

9. 在工资核算系统中，目前定义职工个人银行帐号的主要作用是（　　　）。

A. 交纳个人所得税　　　　　　　　　　　　B. 交纳工会会费

C. 银行代发工资　　　　　　　　　　　　　D. 到银行提取现金

二、多项选择题

1. 工资系统的初始设置主要包括（　　　）。

A. 工资项目设置　　　　　　　　　　B. 部门信息

C. 员工个人基本数据　　　　　　　　D. 工资变动数据输入

2. 建立工资账套后，工资类别可选（　　　）。

A. 单个　　　　　　B. 两个　　　　　　C. 三个　　　　　　D. 多个

3. 多工资类别应用方案可以解决以下（　　　）问题。

A. 企业按周发放工资，月末需要统一核算

B. 企业使用多种货币发放工资

C. 企业在不同地区设有分支机构，而工资核算由总部统一管理

D. 企业存在不同类别的人员，他们的发放项目和计算公式不同，但需要统一核算

4. 进行工资分摊时，需要选择的内容包括（　　　）。

A. 计提会计月份　　　B. 计提费用类型　　　C. 选择核算部门　　　D. 计提分配方式

三、判断题

1. 银行代发工资是目前比较流行的一种工资发放形式，这要求工资系统具有设置银行软盘文件格式和类型以及制作的功能。（　　　）

2. 工资核算系统中，应先设置工资项目，再进行计算机公式设置。（　　　）

3. 已使用过的人员附加信息不可删除，也不可以修改。（　　　）

4. 设置了与人员基础对应关系的附加信息将对所有工资类别及发放次数中的人员附加信息有效。（　　　）

5. 工资项目一经使用，数据类型仍然允许修改。（　　　）

6. 税率表只剩一级时将不允许再删除。（　　　）

7. 同一工资类别下的发放次数税率设置必须一致，税率修改确认后同步本工资类别中其他发放次数中的税率设置，请从第 1 个发放次数开始依序重新计算。（　　　）

学习
任务 | # 任务五　应收款管理系统初始化

 任务引例

初始设置的作用是建立应收管理的基础数据，确定使用哪些单据处理应收业务、需要进行账龄管理的账龄区间、各个业务类型的凭证科目。有了这些功能，用户可以选择使用自己定义的单据类型，进行单据的录入、处理、统计分析并制单，使应收业务管理更符合用户的需要。

 知识准备与业务操作

一、设置账套参数

在运行应收款管理系统前，应在"选项"中设置运行所需的账套参数，以便系统根据所设

定的选项进行相应的处理。

（一）应收款核销方式

系统提供了两种应收款核销方式，即按单据和按产品。

1. 按单据核销。系统将满足条件的未结算单据全部列出，选择要结算的单据，根据所选择的单据进行核销。

2. 按产品核销。系统将满足条件的未核销发票、应收单按产品列出，选择要结算的产品，根据所选择的记录进行核销。

（二）单据审核日期

系统提供两种确认单据审核日期的依据，即单据日期和业务日期。

1. 单据日期。在单据处理功能中进行单据审核时，自动将单据的审核日期（即入账日期）记为该单据的单据日期。

2. 业务日期。在单据处理功能中进行单据审核时，自动将单据的审核日期（即入账日期）记为当前业务日期（即登录日期）。

提示

1. 因为单据审核后记账，故单据审核日期依据单据日期还是业务日期，决定业务总账、业务明细账、余额表等的查询期间取值。

2. 如果使用单据日期为审核日期，则月末结账时单据必须全部审核。因为下月无法以单据日期为审核日期，故业务日期无此要求。

3. 在账套使用过程中，可以随时将选项从按单据日期改成按业务日期。

4. 在账套使用过程中，若需要将选项从按业务日期改成按单据日期，则需要判断当前未审核单据中有无单据日期在已结账月份的单据。若有，则不允许修改；否则才允许修改。

（三）坏账处理方式

1. 备抵法。系统提供了3种备抵的方法，即应收余额百分比法、销售收入百分比法、账龄分析法。

2. 直接转销法。当坏账发生时，直接在坏账发生的当期将应收账款转为费用。

（四）是否自动计算现金折扣

为了鼓励客户在信用期间内提前付款而采用现金折扣政策，可选择自动计算现金折扣。

（五）受控科目制单方式

明细到客户，是指一个客户的多笔业务合并生成一张凭证时，如果核算这多笔业务的控制科目相同，系统将自动将其合并成一条分录。

明细到单据，是指将一个客户的多笔业务合并成一张凭证时，系统会将每一笔业务形成一条分录。

提示

> 受控科目在合并分录时若自动取出的科目相同，辅助项为空，则不予合并成一条分录。

（六）非受控科目制单方式

明细到客户是指一个客户的多笔业务合并生成一张凭证时，如果核算这多笔业务的非受控科目相同，且其所带辅助核算项目也相同，则系统自动将其合并成一条分录，这种方式的使用可以在总账系统中根据客户来查询其详细信息。

明细到单据是指一个客户的多笔业务合并生成一张凭证时，系统会将每一笔业务形成一条分录。

二、初始设置

（一）设置科目

应收业务类型和生成的凭证类型都比较固定，为了简化凭证生成操作，在这里可以将各业务类型凭证中的常用科目按核算币种预先设置好。系统根据事先定义的格式和随时发生的业务数据自动形成记账凭证。例如，可以将应收科目设置为应收账款，销售收入科目设置为主营业务收入等。设置科目包括基本科目设置、控制科目设置、产品科目设置和结算方式科目设置等。

（二）坏账准备设置

坏账初始设置是指用户定义本系统内计提坏账准备比率和设置坏账准备期初余额的功能，它的作用是系统根据用户的应收账款进行计提坏账准备。根据应收系统选项中选取的坏账处理方式不同，相应的坏账准备设置也不同。

提示

> 当做过任意一种坏账处理（坏账计提、坏账发生、坏账收回）后，就不能修改坏账准备数据，只允许查询。

（三）账龄区间设置

设置账龄区间是根据应收款欠款时间长短，对应收款分级进行分析，掌握客户欠款情况。为了对应收账款进行账龄分析，评估客户信誉，并按一定的比例估计坏账损失，应首先在此设置账龄区间。

（四）报警级别设置

通过对报警级别的设置，将客户按照欠款余额与其授信额度的比例分为不同的类型，以便于掌握各个客户的信用情况。

（五）单据类型设置

单据类型设置指用户将自己的往来业务与单据类型建立对应关系，达到快速处理业务以及进行分类汇总、查询、分析的效果。系统提供了发票和应收单两大类型的单据，用来核算与客户之间的往来业务。

提示

1. 应收单中的"其他应收单"为系统默认类型，不能删除和修改。
2. 只能增加应收单的类型，发票的类型是固定的，不能修改删除。
3. 不能删除已经使用过的单据类型。

三、期初余额录入

录入期初余额是指企业已形成的但又尚未结算的应收款项的录入，即录入尚未结算的销售发票、代垫费用、预收款等应收、预收单据。它是初次使用本系统必须进行的工作，以达到实现手工业务的延续的目的。但是，如果在应用"应收款管理系统"之前，企业已经使用了"销售管理系统"，则期初尚未结算的销售发票由"销售管理系统"自动传递至此，"应收款管理系统"不能也无须录入期初余额（两系统同时使用不在此例）。

（一）录入期初销售发票

由于启用了应收款管理系统，在录入期初余额时，既包括期初金额，还包括该项业务产生时所形成的原始交易票据内容，这样核算过程就更加清晰明了。本项目的期初余额的录入中包含代垫运杂费项目金额，代垫运杂费项目在期初应收单中录入。

（二）录入期初应收单

期初应收单录入的金额主要是指企业向客户收取的除货款之外的项目金额，如代垫的运杂费。

（三）录入期初预收款

预收款是企业收到客户预先支付的货款，企业将来以商品或劳务作为偿还。

（四）期初对账

当完成全部应收款期初余额录入后，应通过对账功能将应收系统与总账系统期初余额进行核对。与总账系统对账，必须在总账系统与应收款系统同时启动后才可以进行。对账的目的是保证总账系统中应收账款、应收票据、预收账款等账户的期初余额与应收款系统中录入的应收账款、应收票据、预收账款等账户的期初余额相符，这样有利于其后业务处理数据的正确性和连续性等。

 ## 任务实施——应收款系统初始化

绍兴华翔有限公司 2011 年有关应收款关系相关的初始设置如下。

一、系统参数设置单据

应收款核销方式为"按单据"，单据审核日期依据为"单据日期"，坏账处理方式为"应收余额百分比法"，代垫费用类型为"其他应收单"，应收款核算类型为"详细核算"，受控科目制单依据为"明细到客户"，非受控科目制单方式为"汇总方式"；启用客户权限，并且按信用方式根据单据提前 7 天自动报警；启用"自动计算现金折扣"以及"核销生成凭证"。

二、基本科目

应收科目：应收账款 1122

预收科目：预收账款 2203

应交增值税科目：应交税费-应交增值税（销项税额）22210102

银行承兑科目：应收票据 1121

商业承兑科目：应收票据 1121

现金折扣科目：财务费用 6603

票据利息科目：财务费用 6603

票据费用科目：财务费用 6603

收支费用科目：销售费用 6601

三、结算方式科目

现金结算科目：库存现金 1001

现金支票结算方式科目：银行存款-工行存款 100201

转账支票结算方式科目：银行存款-工行存款 100201

银行汇票结算方式科目：银行存款-工行存款 100201

信汇结算方式科目：银行存款-工行存款 100201

电汇结算方式科目：银行存款-工行存款 100201

四、坏账准备

提取比率为 0.5%，坏账准备期初余额为 0，坏账准备科目为"1231 坏账准备"，坏账准备对方科目为资产减值损失。

五、账龄区间

账期内账龄区间设置总天数为 10 天、30 天、60 天、90 天。

逾期账龄区间设置总天数分别为 30 天、60 天、90 天和 120 天。

六、报警级别

A 级时的总比率为 10%，B 级时的总比率为 20%，C 级时的报警级别为 30%，D 级时的报警级别为 40%，E 级时的报警级别为 50%，总比率在 50%以上为 F 级。

七、本单位开户银行

本单位开户银行为工行绍兴支行解放大道办事处。账号为"312000123456"。

八、期初余额（存货税率均为 17%，开票日期均为 2010 年）

单据名称	方向	开票日期	票号	客户名称	销售部门	科目编码	货物名称	数量	无税单据	价税合计
销售专用发票	正	11.12	78987	浙江天一	销售一科	1122	甲产品	3	2 000	7 020
销售专用发票	正	11.18	78988	广福公司	销售一科	1122	甲产品	3	2 000	7 020
销售专用发票	正	11.22	78989	天地公司	销售一科	1121	乙产品	2	500	1 170
其他应收单	正	11.22	0060	广福公司	销售一科	1122	运费			500
预收款单	正	11.26	111	宏阳公司	销售二科	2203		备注（结算方式：现金支票）		30 000

操作步骤

一、设置系统参数

1. 在用友企业应用平台中，打开"业务工作"选项卡，执行"财务会计"→"应收款管理"→"设置"→"选项"命令，打开"账套参数设置"对话框。

2. 选择"常规"选项卡，单击"坏账处理方式"栏的下三角按钮，选择"应收余额百分比法"，如图 2-79 所示。

3. 打开"权限与预警"选项卡。选中"启用客户权限"前的复选框，单据报警选择"信用方式"，提前天数选择"7"，如图 2-80 所示。

4. 单击"确定"按钮。

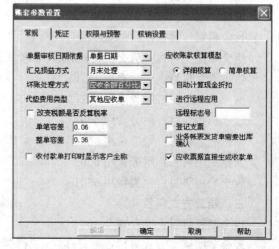

图 2-79 坏账处理方式设置

二、设置基本会计科目

1. 在应收款管理系统中，执行"设置"→"初始设置"命令，打开"初始设置"对话框。

2. 执行"设置科目"→"基本科目设置"命令，录入或选择应收科目"1122"及其他的基本科目，如图 2-81 所示。

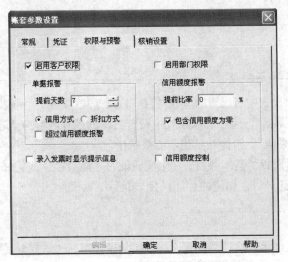

图 2-80　信用方式设置

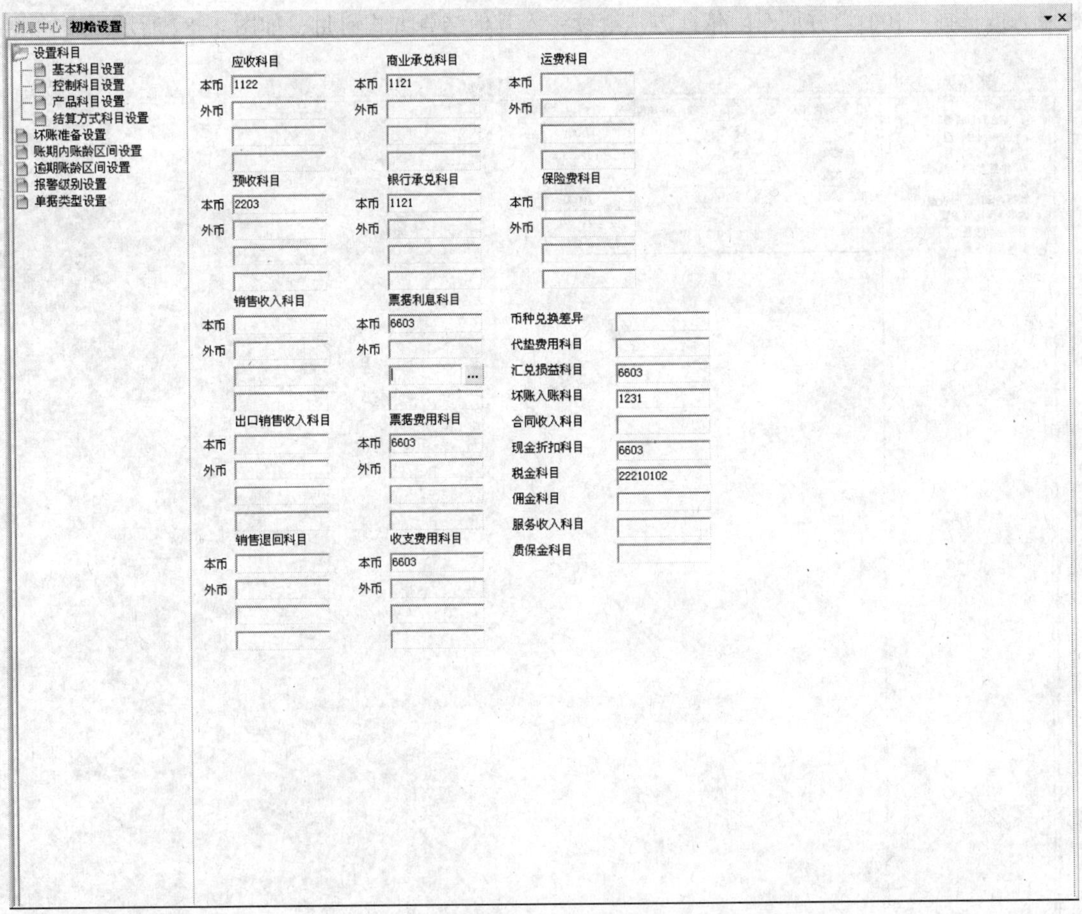

图 2-81　基本科目设置

3. 单击"退出"按钮。

提示

1. 在基本科目设置中所设置的应收科目"1122 应收账款"、预收账款"2203 预收账款"及"1121 应收票据",应在总账系统中设置其辅助核算内容为"客户往来",并且其受控系统为"应收系统",否则在这里不能被选中。

2. 只有在这里设置了基本科目,在生成凭证时才能直接生成凭证中的会计科目,否则凭证中将没有会计科目,相应的会计科目只能手工再录入。

三、设置结算科目

1. 在应收款管理系统中,执行"设置"→"初始设置"→"结算方式科目设置"命令,进入"结算方式科目设置"窗口。

2. 单击"结算方式"栏,在列表中选择"现金",单击币种栏,选择"人民币",在"科目"栏录入或选择"1001"并回车。依此方法继续录入其他结算方式科目,如图 2-82 所示。

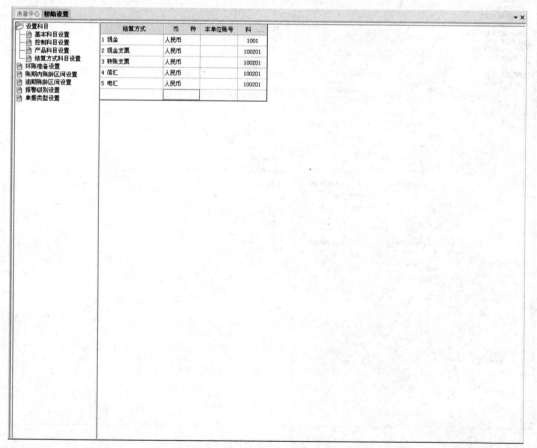

图 2-82 结算方式科目设置

3. 单击"退出"按钮。

四、设置坏账准备

1. 在应收款管理系统中，执行"设置"→"初始设置"→"坏账准备设置"命令，打开"坏账准备设置"窗口，录入提取比率"0.5"，坏账准备期初余额"0"，坏账准备科目"1231"，坏账准备对方科目"6701"，如图 2-83 所示。

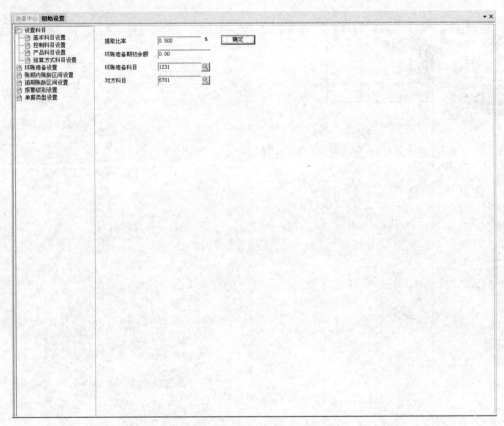

图 2-83　坏账准备设置

2. 单击"确定"按钮，弹出"存储完毕"信息提示对话框，单击"确定"按钮。

提示

1. 如果在选项中并未选中坏账处理的方式为"应收账款余额百分比法"，则在此处就不能录入"应收余额百分比法"所需要的初始设置，即此处的初始设置与选项中所选择的坏账处理方式相对应。

2. 坏账准备期初余额被确认后，只要进行了坏账准备的日常业务处理就不允许再修改，下一年度使用本系统时，可以修改提取比率。

3. 如果在系统选项中默认坏账处理方式为直接转销，则不用进行坏账准备设置。

五、设置账龄区间

1. 在应收款管理系统中，执行"设置"→"初始设置"→"账期内账龄区间设置"命令，打开"账期内账龄区间设置"窗口。

2. 在"总天数"栏录入"10"并回车，再在"总天数"栏录入"30"后回车。以此方法继续录入其他的总天数。如图 2-84 所示。

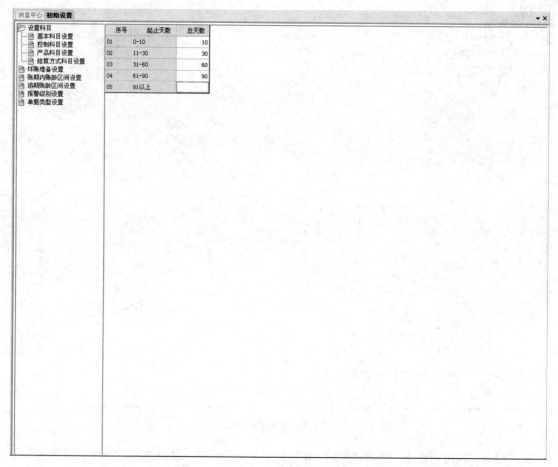

图 2-84　账龄区间设置

3. 使用同样方法录入"逾期账龄区间设置"。

4. 单击"退出"按钮。

六、设置报警级别

1. 在应收款管理系统中，单击"设置"→"初始设置"，打开"初始设置"窗口。

2. 在"初始设置"窗口中，单击"报警级别设置"，在"总比率"栏录入"10"，在"级别名称"栏录入"A"并回车。以此方法继续录入其他的总比率和级别，如图 2-85 所示。

3. 单击"退出"按钮。

七、设置开户银行

1. 在企业应用平台中，执行"基础设置"→"基础档案"→"收付结算"→"本单位开户银行"命令,进入"本单位开户银行"窗口。

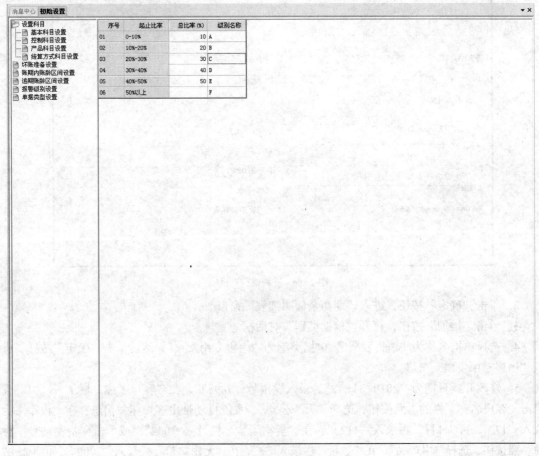

图 2-85　报警级别设置

2. 单击"增加"按钮,打开"增加本单位开户银行"对话框。

3. 在"增加本单位开户银行"对话框的"编码"栏录入"1",在"银行账号"栏录入"312000123456",在币种栏选择"人民币",在"开户银行"栏录入"工行绍兴支行解放大道办事处",在"所属银行编号"栏中选择"01"(中国工商银行),如图 2-86 所示。

4. 单击"保存"按钮,再单击"退出"按钮退出。

提示

　　如果不设置开户银行,在填制销售发票时不能保存。

八、录入期初销售发票

1. 在应收款管理系统中,执行"设置"→"期初余额"命令,进入"期初余额-查询"窗口。

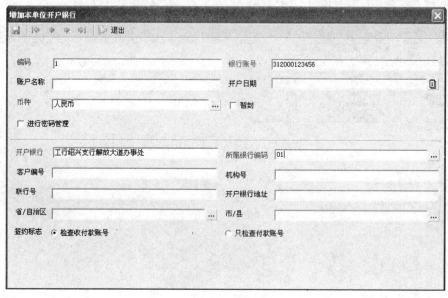

图 2-86　开户银行设置

2. 单击"确定"按钮，进入"期初余额明细表"窗口。

3. 单击"增加"按钮，打开"单据类别"对话框。

4. 选择单据名称为"销售发票"，单据类型为"销售专用发票"，然后单击"确定"按钮，进入"销售专用发票"窗口。

5. 修改开票日期为"2010-11-12"，录入发票号"78987"，在"客户名称"栏录入"01"或单击"客户名称"栏的参照按钮，选择"天一公司"，系统自动带出客户相关信息；在"税率"栏录入"17"，在"科目"栏录入"1122"，在"货物编号"栏录入"004"，或单击"货物编号"栏的参照按钮，选择"甲产品"，在"数量"栏录入"3"，在"无税单价"栏录入"2000"。如图 2-87所示。

6. 单击"保存"按钮。以此方法继续录入第 2 张和第 3 张销售专用发票。

提示

1. 在初次使用应收款系统时，应将启用应收款系统时未处理完的所有开户的应收账款、预收账款、应收票据等数据录入到本系统。当进入第 2 年度时，系统自动将上年度未处理完的单据转为下一年度的期初余额。在下一年度的第 1 会计期间里，可以进行期初余额的调整。

2. 如果退出了录入期初余额的单据，在"期初余额明细表"窗口中并没有看到新录入的期初余额，单击"刷新"按钮，就可以列示所有的期初余额内容。

3. 如果并未设置允许修改销售专用发票的编号，则在填制销售发票时不允许修改销售专用发票的编号，其他单据编号也一样，系统默认的状态为不允许修改。

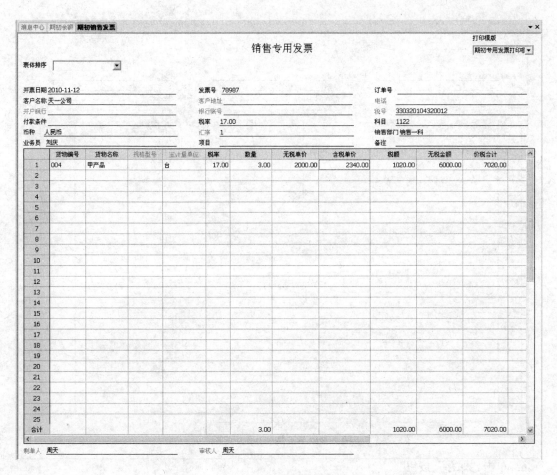

图 2-87　录入期初销售发票

九、录入期初其他应收单

1. 在应收款管理系统中，执行"设置"→"期初余额"命令，打开"期初余额-查询"窗口。

2. 单击"确定"按钮，打开"期初余额明细表"窗口，然后单击"增加"按钮，打开"单据类别"窗口。

3. 单击"单据名称"栏的下三角按钮，选择"应收单"，如图 2-88 所示。

4. 单击"确定"按钮，打开"应收单"窗口。

5. 修改单据日期为"2010-11-22"，在"客户名称"栏录入"07"，或单击"客户"栏的参照按钮，选择"广福公司"，系统自动带出相关信息，在"本币金额"栏录入"500"，在"摘要"栏录入"代垫运费"，如图 2-89 所示。

图 2-88　期初余额查询

图 2-89　录入期初其他应收单

6. 单击"保存"按钮。

提示

1. 在录入应收单时只需录入表格上半部分的内容，表格下半部分的内容由系统自动生成。

2. 应收单中的会计科目必须录入正确，否则将无法与总账进行对账。

十、录入预收款单

1. 在"期初余额明细表"中，单击"增加"按钮，打开"单据类别"窗口。

2. 单击"单据名称"栏的下三角按钮，选择"预收款"，如图 2-90 所示。

3. 单击"确定"按钮，打开"收款单"窗口。

4. 修改日期为"2010-11-26"，在"客户"栏录入"06 宏阳公司"，在"结算方式"栏录入"3 现金支票"，在"金额"栏录入"30000"，

图 2-90　选择单据类别

在"摘要"栏流入"预收账款"。在收款单下半部分中的"科目"栏录入"2203",或单击"科目"栏的参照按钮,选择"2203 预收账款",如图 2-91 所示。

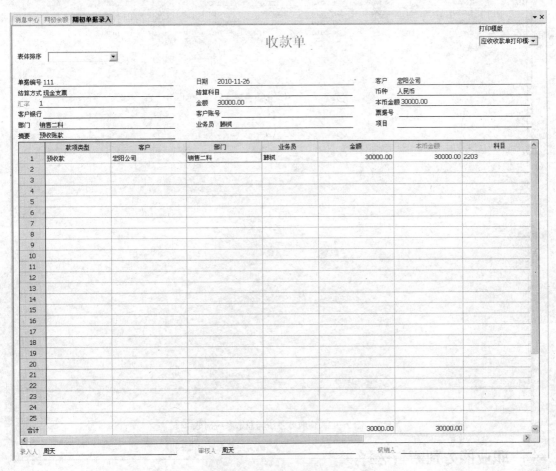

图 2-91　录入期初预收款

5. 单击"保存"按钮,单击"退出"按钮退出。

十一、应收款系统与总账系统对账

1. 在"期初余额明细表"窗口中,单击"对账"按钮,打开"期初对账"窗口,如图 2-92 所示。

2. 单击"退出"按钮退出。

提示

　1. 当完成全部应收款期初余额录入后,应通过对账功能将应收系统期初余额与总账系统期初余额进行核对。

　2. 应收系统与总账系统进行对账,必须要在总账与应收系统同时启用后才可以进行。

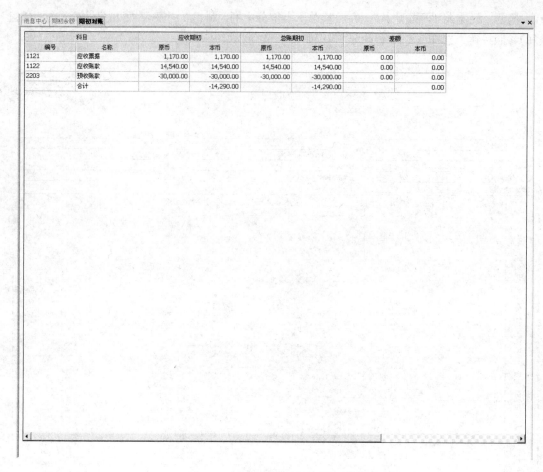

图 2-92　应收款系统与总账系统对账

 职业能力判断与选择

一、单项选择题

1. 在应收账款核算系统初始化中，需要录入每笔（　　）往来业务单据。

A. 未核销的　　　　　B. 已发生的　　　　　C. 将要发生的　　　　D. 所有的

2. 坏账计提方法应该在进入系统时在基础设置处预先进行设置，主要有销售收入百分比法、应收账款百分比法和（　　）。

A. 销售支出百分比法　　　　　　　　B. 应付账款百分比法

C. 账龄分析法　　　　　　　　　　　D. 直接转销法

3. 在应收账款系统中，用以分析反映坏账的金额以及往来单位发生的坏账损失所占坏账损失总额的比例的是（　　）。

A. 账龄分析　　　　B. 周转分析　　　　C. 欠款分析　　　　D. 坏账分析

二、判断题

1. 销售管理和应收款管理系统中的基础信息是共享的。（　　）

2. 应收账款的核销方式的选择会影响到账龄分析的精确性。（　　）

学习任务 | 任务六 应付款管理系统初始化

任务引例

初始设置的作用是建立应付管理的基础数据，确定使用哪些单据（单据模板）处理应付业务、确定需要进行账龄管理的账龄区间以及确定凭证科目。有了这些功能，用户可以选择使用自己定义的单据类型，进行业务的处理、统计、分析、制单，使应付业务管理更符合用户的需要。

知识准备与业务操作

一、设置账套参数

在运行应付款管理系统前，应在"选项"中设置运行所需要的账套参数，以便系统根据所设定的选项进行相应的处理。

（一）应付款核销方式

系统提供了两种应付款核销方式：按单据和按产品。

1. 按单据核销，系统将满足条件的未结算全部以结算的产品列出，选择要结算的单据，根据所选择的单据进行核销。

2. 按产品核销，系统将满足条件的未核销发票、应付单按产品列出，选择要结算的产品，根据所选择的记录进行核销。

提示

1. 如果企业付款时，没有指定支付某个具体存货，则可以采用按单据核销。对于单位价值较高的存货，企业可以采用按产品核销，即付款指定到具体存货上。一般企业，按单据核销即可。

2. 选择不同的核销方式，将影响到账龄分析的精确性。一般而言，选择按单据核销或按产品核销能够进行更精确的账龄分析。

（二）单据审核日期

系统提供两种确认单据审核日期的依据，即单据日期和业务日期。

1. 单据日期。在单据处理功能中进行单据审核时，自动将单据的审核日期（即入账日期）记为该单据的单据日期。

2. 业务日期。在单据处理功能中进行单据审核时，自动将单据的审核日期（即入账日期）记为当前业务日期（即登录日期）。

提示

1. 因为单据审核后记账，故单据审核日期依据单据日期还是业务日期，决定业务总账、业务明细账、余额表等的查询期间取值。

2. 在账套使用过程中，可以随时将选项按单据日期改成按业务日期。

3. 在账套使用过程中，若需要将选项按业务日期改成按单据日期，则需要判断当前未审核单据中有无单据日期在已结账月份的单据。若有，则不允许修改；否则才允许修改。

（三）受控科目制单方式

明细到供应商，是指一个供应商的多笔业务合并生成一张凭证时，如果核算这多笔业务的控制科目相同，系统将自动将其合并成一条分录。

明细到单据，是指将一个供应商的多笔业务合并成一张凭证时，系统会将每一笔业务形成一条分录。

（四）非受控科目制单方式

明细到供应商，是指一个供应商的多笔业务合并生成一张凭证时，如果核算这多笔业务的非受控科目相同，且其所带辅助核算项目也相同，则系统自动将其合并成一条分录，这种方式的使用可以在总账系统中根据供应商来查询其详细信息。

明细到单据，是指一个供应商的多笔业务合并生成一张凭证时，系统会将每一笔业务形成一条分录。

二、初始设置

（一）设置科目

设置科目是指根据用户定义的科目，再依据不同的业务类型，生成凭证自动带出科目，包括基本科目设置、控制科目设置、产品科目设置和结算方式科目设置等。

（二）账龄区间设置

为了对应付账款进行账龄分析，评估供应商信誉，并按一定的比例估计坏账损失，应首先在此设置账龄区间。

（三）报警级别设置

通过对报警级别的设置，将供应商按照欠款余额与其授信额度的比例分为不同的类型，以便于掌握各个客户的信用情况。

（四）单据类型设置

系统提供了发票和应付单两大类型的单据，用来核算与客户之间的往来业务。

三、期初余额录入

录入期初余额是指企业已形成的但又尚未结算的应付款项的录入，即录入尚未结算的采购发票、代垫费用、预付款等应付、预付单据。它是初次使用本系统必须进行的工作，以达到实现手工业务的延续的目的。但是，如果在应用"应付款管理系统"之前，企业已经使用了"采购管理系统"，则期初尚未结算的采购发票由"采购管理系统"自动传递至此，"应付款管理系统"不能也无须录入期初余额（两系统同时使用不在此例）。

（一）录入期初销售发票

由于启用了应付款管理系统，在录入期初余额时，即包括期初金额，还包括该项业务产生时所形成的原始交易票据内容，这样核算过程就更加清晰明了。本项目的期初余额的录入中包含代垫运杂费项目金额，代垫运杂费项目在期初应付单中录入。

（二）录入期初应付单

期初应付单录入的金额主要是指企业向客户收取的除货款之外的项目金额，如代垫的运杂费。

（三）录入期初预收款

预收款是企业收到客户预先支付的货款，企业将来以商品或劳务作为偿还。

（四）期初对账

当完成全部应付款期初余额录入后，应通过对账功能将应付系统与总账系统期初余额进行核对。与总账系统对账，必须在总账系统与应付款系统同时启动后才可以进行。对账的目的是保证总账系统中应付账款、应付票据、预收账款等账户的期初余额与应付款系统中录入的应付账款、应付票据、预收账款等账户的期初余额相符，有利于其后业务处理数据的正确性和连续性等。

 ## 任务实施——应付款系统初始化

工作实例

一、系统参数设置

应付款核销方式为"按单据"，单据审核日期依据为"业务日期"，应付款核算类型为"详细核算"，受控科目制单依据为"明细到供应商"，非受控科目制单方式为"汇总方式"；启用供应商权限，并且按信用方式根据单据提前 7 天自动报警。

二、基本科目

应付科目：应付账款 2202

预付科目：预付账款 1123

采购科目：在途物资 1402

采购税金科目：应交税费-应交增值税（进项税额）22210101

银行承兑科目：应付票据 2201

商业承兑科目：应付票据 2201

现金折扣科目：财务费用 6603

票据利息科目：财务费用 6603

票据费用科目：财务费用 6603

三、结算方式科目

现金结算科目：库存现金 1001

现金支票结算方式科目：银行存款-工行存款 100201

转账支票结算方式科目：银行存款-工行存款 100201

银行汇票结算方式科目：银行存款-工行存款 100201

信汇结算方式科目：银行存款-工行存款 100201

电汇结算方式科目：银行存款-工行存款 100201

四、预期账龄区间

总天数分别为 30 天、60 天、90 天和 120 天

五、报警级别

A 级时的总比率为 10%，B 级时的总比率为 20%，C 级时的报警级别为 30%，D 级时的报警级别为 40%，E 级时的报警级别为 50%，总比率在 50% 以上为 F 级。

六、期初余额（存货税率均为 17%，开票日期均为 2010 年）

单据名称	方向	开票日期	票号	供应商名称	采购部门	科目编码	货物名称	数量	无税单据	价税合计
采购专用发票	正	11.15	33987	浙江春华	供应部	2202	A 材料	30	1100	38610
采购专用发票	正	11.18	34567	同和公司	供应部	2202	B 材料	200	100	23400
采购专用发票	正	11.23	32321	顺发公司	供应部	2201	A 材料	22	1000	25740
预付款单	正	11.23	111	春华公司	供应部	1123				20000

操作步骤

一、设置系统参数

1. 在用友企业应用平台中，打开"业务工作"选项卡，执行"财务会计"→"应付款管理"→"设置"→"选项"命令，打开"账套参数设置"对话框。

2. 执行"编辑"命令，打开"权限与预警"选项卡。选中"启用供应商权限"前的复选框，单据报警选择"信用方式"，提前天数选择"7"，如图 2-93 所示。

3. 按照要求设置好其他参数，单击"确定"按钮。

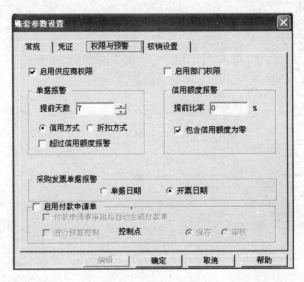

图 2-93　信用方式设置

　　1. 在进入应付款系统之前应在建立账套后启用应付款系统，或者在企业应用平台中启用应付款系统，应付款系统的启用必须大于或等于账套的启用期间。

　　2. 关于应付账款核算模型，在系统启用时或者还没有进行任何业务处理的情况下才允许从简单核算改为详细核算，从详细核算改为简单核算可以随时进行。

二、设置基本会计科目

1. 在应付款管理系统中，执行"设置"→"初始设置"命令，打开"初始设置"对话框。

2. 执行"设置科目"→"基本科目设置"命令，录入或选择应付科目"2202"及其他的基本科目，如图 2-94 所示。

3. 单击"退出"按钮。

　　1. 在基本科目设置中设置的应付科目、预付科目应在总账系统中设置其辅助核算为"供应商往来"，并且其受控系统为"应付系统"，否则在这里不能被选中。

　　2. 只有在这里设置了基本科目，在生成凭证时才能直接生成凭证中的会计科目，否则凭证中将没有会计科目，需要手工录入。

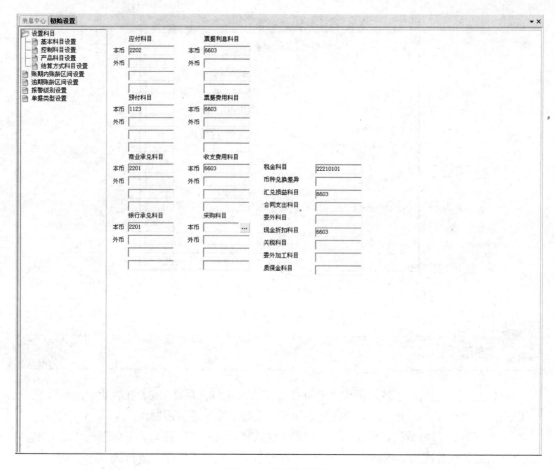

图 2-94　基本科目设置

三、设置结算科目

1. 在应付款管理系统中，执行"设置"→"初始设置"→"结算方式科目设置"命令，进入"结算方式科目设置"窗口。

2. 单击"结算方式"栏，在下拉列表中选择"现金"，单击币种栏，选择"人民币"，在"科目"栏录入或选择"1001"并回车。以此方法继续录入其他结算方式科目，如图 2-95 所示。

3. 单击"退出"按钮。

提示

　　结算方式科目设置是针对已经设置的结算方式设置相应的结算科目。即在付款或收款时只要告诉系统结算时使用的结算方式就可以由系统自动生成这种结算方式所使用的会计科目。

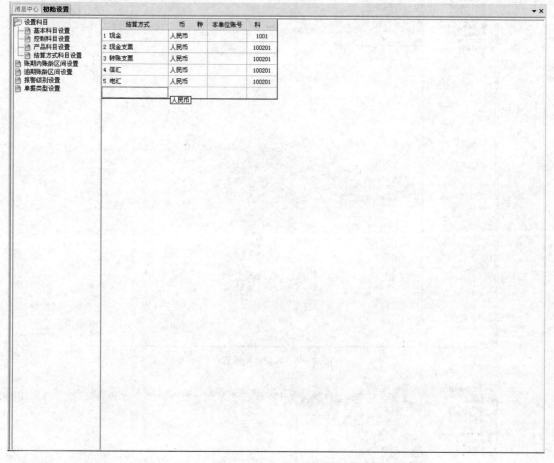

图 2-95　结算方式科目设置

四、设置账龄区间

1. 在应付款管理系统中，执行"设置"→"初始设置"→"账期内账龄区间设置"命令，打开"账期内账龄区间设置"窗口。

2. 在"总天数"栏录入"30"并回车，再在"总天数"栏录入"60"后回车。以此方法继续录入其他的总天数。如图 2-96 所示。

3. 同样方法录入"逾期账龄区间设置"。

4. 单击"退出"按钮。

五、设置报警级别

1. 在应付款管理系统中，单击"设置"→"初始设置"，打开"初始设置"窗口。

2. 在"初始设置"窗口中，单击"报警级别设置"，在"总比率"栏录入"10"，在"级别名称"栏录入"A"并回车。以此方法继续录入其他的总比率和级别，如图 2-97 所示。

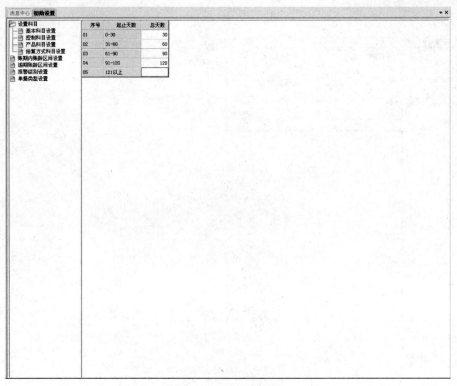

图 2-96　账龄区间设置

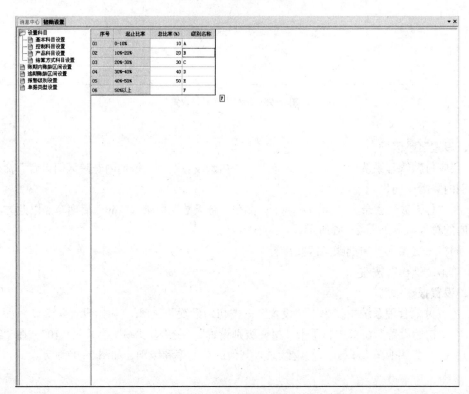

图 2-97　报警级别设置

3. 单击"退出"按钮。

六、录入期初采购发票

1. 在应付款管理系统中，执行"设置"→"期初余额"命令，进入"期初余额-查询"窗口。

2. 单击"确定"按钮，进入"期初余额明细表"窗口。

3. 单击"增加"按钮，打开"单据类别"对话框。

4. 选择单据名称为"采购发票"，单据类型为"采购专用发票"，然后单击"确定"按钮，进入"采购专用发票"窗口。

5. 修改开票日期为"2010-11-15"，录入发票号"33987"，在"供应商名称"栏录入"01"或单击"供应商名称"栏的参照按钮，选择"春华公司"，系统自动带出客户相关信息；在"税率"栏录入"17"，在"科目"栏录入"2202"，在"存货编号"栏录入"001"，或单击"存货编号"栏的参照按钮，选择"A材料"，在"数量"栏录入"30"，在"原币单价"栏录入"1100"。如图2-98所示。

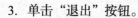

	存货编码	存货名称	规格型号	主计量	税率	数量	原币单价	原币金额	原币税额	原币价税合计
1	001	A材料		千克	17.000000	30.00	1100.00	33000.00	5610.00	38610.00
2										
合计						30.00		33000.00	5610.00	38610.00

图2-98 期初采购专用发票录入

6. 单击"保存"按钮。以此方法继续录入第2张和第3张采购专用发票。

提示

1. 在初次设置应付款系统时，应将启用应付款系统时未处理完的所有供应商的应付账款、预付账款、应付票据等数据录入到本系统。当进入第二年度时，系统自动将上年度未处理完的单据转为下一年度的期初余额。

2. 如果退出了录入期初余额的单据，在"期初余额明细表"窗口中并没有看到新录入的期初余额，应单击"刷新"按钮，就可以列示所有的期初余额内容。

3. 在日常业务中，可对期初发票、应付单、预付款、票据等进行后续的核销、转账处理。

七、录入预付款单

1. 在"期初余额明细表"中，单击"增加"按钮，打开"单据类别"窗口。

2. 单击"单据名称"栏的下三角按钮，选择"预付款"，如图 2-99 所示。

3. 单击"确定"按钮，打开"付款单"窗口。

4. 修改日期为"2010-11-23"，在"供应商"栏录入"01 春华公司"，在"结算方式"栏录入"6 转账支票"，在"金额"栏录入"20000"，在"摘要"栏录入"预付账款"。在付款单下半部分中的"科目"栏

图 2-99 选择单据类别

录入"1123"，或单击"科目"栏的参照按钮，选择"1123 预付账款"，如图 2-100 所示。

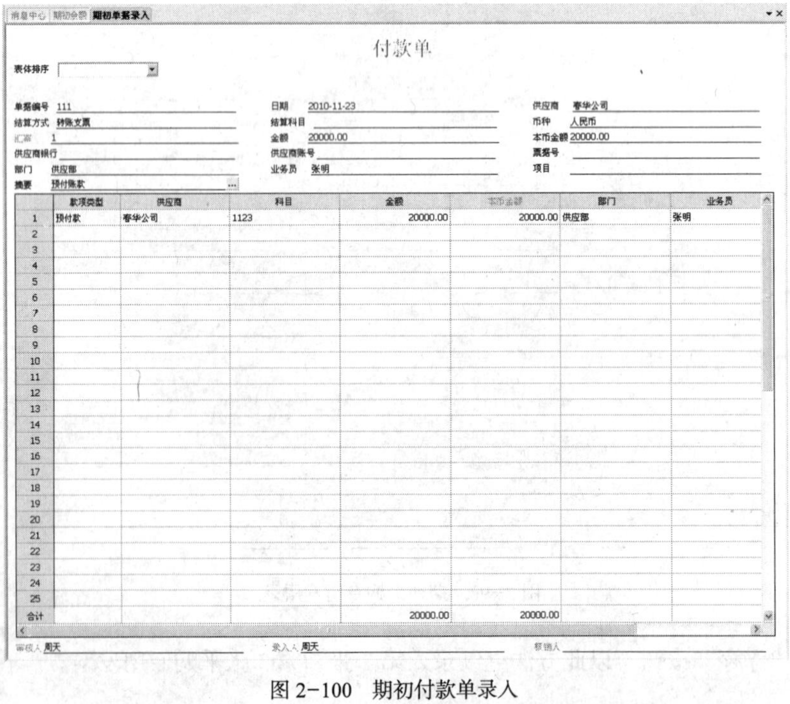

图 2-100 期初付款单录入

5. 单击"保存"按钮,单击"退出"按钮退出。

提示

录入预付款的单据类型仍然是"付款单",但是款项类型为"预付款"。

八、应付款系统与总账系统对账

1. 在"期初余额明细表"窗口中,单击"对账"按钮,打开"期初对账"窗口,如图 2-101 所示。

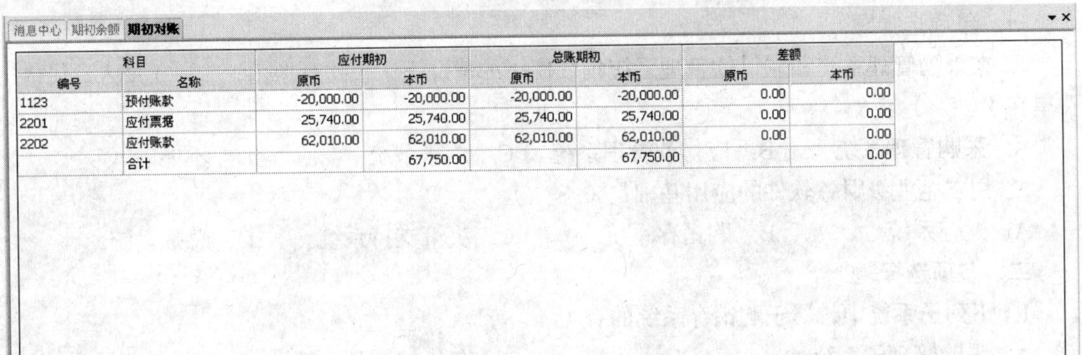

科目		应付期初		总账期初		差额	
编号	名称	原币	本币	原币	本币	原币	本币
1123	预付账款	-20,000.00	-20,000.00	-20,000.00	-20,000.00	0.00	0.00
2201	应付票据	25,740.00	25,740.00	25,740.00	25,740.00	0.00	0.00
2202	应付账款	62,010.00	62,010.00	62,010.00	62,010.00	0.00	0.00
	合计		67,750.00		67,750.00		0.00

图 2-101 应付款系统与总账系统期初对账

2. 单击"退出"按钮退出。

提示

　　1. 当完成全部应付款期初余额后，应通过对账功能将应付系统期初余额与总账系统期初余额进行核对。
　　2. 应付款系统与总账系统对账，必须要在总账与应付系统同时启用的情况下才能进行。

职业能力判断与选择

一、单项选择题

1. 在采购管理系统和应付款管理系统集成使用的情况下，采购发票由（　　）录入，代垫运费单在（　　）录入。

A. 采购管理系统　　　B. 应付款管理系统　　　C. 总账系统　　　D. 不能录入

2. 用友企业级财务软件的应用基础是（　　）。

A. 财务系统　　　B. 购销存系统　　　C. 决策支持系统　　　D. 总账系统

二、多项选择题

1. 下列子系统中，属于购销存系统的有（　　）。

A. 采购管理子系统　　　　　　　　　B. 存货核算子系统

C. 应付款管理子系统　　　　　　　　D. 总账系统

项目小结

　　企业门户为各个子系统提供了一个公共的交流平台。通过企业门户中的"基础信息"设置，可以完成各种项目的分类以及档案的设置、会计科目、结算方式等内容的设置。总账系统是整个电算化软件的核心系统。在正式启用总账子系统之前，需要根据本单位的业务需要进行总账系统的初始化工作。初始设置的模块主要包括系统参数的设置、期初余额的录入等内容。薪资核算系统的初始设置主要包括部门、人员类别、工资项目、公式、个人工资、个人所得税设置、银行代发设置、各种表样的定义等。因此在使用薪资管理系统前，应当规划设置部门的规范、人员编码的编排方式、人员类别的划分形式，整理好设置的工资项目及核算方法，并准备好人员的档案数据、工资数据等基本信息。固定资产管理系统的初始设置包括系统启用、卡片项目定义、卡片样式定义、折旧方法定义、资产类别设置、部门设置、使用状况设置、增减方式设置、原始卡片录入等。企业应收账款和应付账款的核算与管理，主要是通过应收款系统和应付款系统完成的。对于购销业务比较少的企业，用户可以只采用一个总账系统来完成企业的账务处理工作；而对于客户和供应商往来核算比较多的企业，用户就可以应用应收款系统和应付款系统来加强管理。两系统在应用之前，需要进行初始化设置，主要包括系统参数的设置、相关科目的设置、报警级别的设置以及期初余额的录入等。

一、基础档案设置

1. 部门职员档案设置

部门编码	部门名称	职员编码	姓名	人 员 类 别	银行账号	业务员
1	行政中心					
101	人事部	101001	赵鑫	行政人员	62222002011	是
		101002	李宓	行政人员	62222002012	是
		101003	王祥	行政人员	62222002013	是
102	财务部	102001	博阳	行政人员	62222002014	是
		102002	李霞	行政人员	62222002015	是
		102003	赵鸿	行政人员	62222002016	是
2	生产中心					
201	一车间	201001	沈冲	生产人员	62222002017	是
		201002	朱琪	生产人员	62222002018	是
		201003	胡琏	生产人员	62222002019	是
202	二车间	202001	陈瑾	生产人员	62222002020	是
		202002	张莉	生产人员	62222002021	是
		202003	陈振	生产人员	62222002022	是
3	销售中心					
301	销售一部	301001	叶梅	销售人员	62222002023	是
		301002	姚姗姗	销售人员	62222002024	是
302	销售二部	302001	寿梅丽	销售人员	62222002025	是
		302002	胡雯雯	销售人员	62222002026	是

2. 客商信息

① 地区分类

1	华东地区	4	西北地区
101	浙江	401	新疆
102	其他地区	402	其他地区
2	华南地区	5	西南地区
201	广东	501	重庆
202	其他地区	502	其他地区
3	东北地区	6	华中地区
301	黑龙江	601	湖南
302	其他地区	602	其他地区

② 供应商分类

1	原料供应商	2	成品供应商

③ 客户分类

1	长期客户	2	一般客户	3	临时客户

④ 供应商档案

编号	名　称	简称	分类码	地区码	所属行业
001	天闪纺织有限公司	天闪纺织	1	101	商业
002	立海纺织有限公司	立海纺织	2	201	商业
003	黄鹂制衣有限公司	黄鹂制衣	4	401	商业

⑤ 客户档案

编号	名称	简称	分类码	地区码	所属行业
001	浙江光栅集团	浙江光栅	1	101	商业
002	广东鸿蓝集团	广东鸿蓝	1	201	商业
003	新疆莽一有限公司	新疆莽一	1	401	商业

3. 财务信息

① 会计科目及期初余额

科目编码	科　目	账页格式/辅助核算	方　向	金　额
1001	库存现金		借	50 000
1002	银行存款		借	13 813 000
100201	工商银行存款		借	13 745 000
100202	中国银行存款	外币核算（10 000 美元）	借	68 000
1012	其他货币资金		借	200 000
101201	存出投资款		借	200 000
1101	交易性金融资产		借	3 350 000
110101	A 股票		借	3 350 000
11010101	成本		借	2 200 000
11010102	公允价值变动		借	1 150 000
110102	B 股票		借	0
11010201	成本		借	0
11010202	公允价值变动		借	0
1121	应收票据	客户往来	借	2 460 000
1122	应收账款	客户往来	借	3 991 000
1123	预付账款	供应商往来	借	1 000 000

续表

科目编码	科　目	账页格式/辅助核算	方　向	金　额
1221	其他应收款		借	50 000
122101	应收个人款	个人往来	借	50 000
122199	其他		借	0
1231	坏账准备		贷	200 000
1402	在途物资		借	0
140201	A材料	数量核算（吨）	借	0
140202	B材料	数量核算（吨）	借	0
140203	C材料	数量核算（吨）	借	0
140204	D材料	数量核算（吨）	借	0
1403	原材料		借	1 800 000
140301	A材料	数量核算（吨）	借	500 000
140302	B材料	数量核算（吨）	借	300 000
140303	C材料	数量核算（吨）	借	400 000
140304	D材料	数量核算（吨）	借	600 000
1405	库存商品		借	20 000 000
140501	甲产品	数量核算（件）	借	14 000 000
140502	乙产品	数量核算（件）	借	6 000 000
1411	周转材料		借	30 000
141101	低值易耗品		借	10 000
14110101	低1#	数量核算（件）	借	10 000
141102	包装物	金额式	借	20 000
14110201	包1#	数量核算（件）	借	20 000
1511	长期股权投资		借	2 500 000
151101	成本		借	1 500 000
151102	损益调整		借	900 000
151103	其他权益变动		借	100 000
1521	投资性房地产		借	10 000 000
152101	成本		借	8 000 000
152102	公允价值变动		借	2 000 000
1601	固定资产		借	10 000 000
1602	累计折旧		贷	2 000 000
1603	固定资产减值准备		贷	0
1604	在建工程		借	15 000 000
1605	工程物资		借	0
1701	无形资产		借	7 000 000

续表

科目编码	科目	账页格式/辅助核算	方向	金额
1702	累计摊销		贷	1 000 000
1901	待处理财产损益		借	0
190101	待处理流动资产损益		借	0
190102	待处理固定资产损益		借	0
2001	短期借款		贷	3 000 000
2201	应付票据	供应商往来	贷	2 000 000
2202	应付账款	供应商往来	贷	9 548 000
2203	预收账款	客户往来	贷	0
2211	应付职工薪酬		贷	0
221101	职工工资		贷	0
221102	职工福利		贷	0
221103	非货币性福利		贷	0
2221	应交税费		贷	528 000
222101	应交增值税		贷	0
22210101	销项税额		贷	0
22210102	进项税额		贷	0
22210103	已交税金		贷	0
22210104	转出多交增值税		贷	0
22210105	转出未交增值税		贷	0
222102	未交增值税		贷	410 000
222103	应交所得税		贷	0
222104	应交城市维护建设税		贷	33 600
222105	应交教育费附加		贷	14 400
222106	应交营业税		贷	20 000
222107	应交消费税		贷	50 000
222108	应交个人所得税		贷	0
2241	其他应付款		贷	366 000
2501	长期借款		贷	6 000 000
2502	应付债券		贷	0
250201	面值		贷	0
250202	利息调整		贷	0
4001	股本		贷	50 000 000
4002	资本公积		贷	17 972 000
4101	盈余公积		贷	1 000 000
410101	法定盈余公积		贷	1 000 000
410102	任意盈余公积		贷	0
4103	本年利润		贷	1 100 000
4104	利润分配		贷	500 000

续表

科目编码	科　目	账页格式/辅助核算	方　向	金　额
410401	未分配利润		贷	500 000
410402	提取法定盈余公积		贷	0
410403	提取任意盈余公积		贷	0
410404	应付现金股利		贷	0
4201	库存股		借	0
5001	生产成本		借	3 970 000
500101	甲产品		借	3 970 000
50010101	直接材料		借	2 646 666.67
50010102	直接人工		借	882 222.22
50010103	制造费用		借	441 111.11
500102	乙产品		借	0
50010201	直接材料		借	0
50010202	直接人工		借	0
50010203	制造费用		借	0
5101	制造费用		借	0
510101	办公费		借	0
510102	工资		借	0
510103	福利费		借	0
510104	折旧费		借	0
510105	材料费		借	0
510199	其他		借	0
6001	主营业务收入	数量核算（件）	贷	0
600101	甲产品	数量核算（件）	贷	0
600102	乙产品	数量核算（件）	贷	0
6051	其他业务收入		贷	0
6101	公允价值变动损益		贷	0
6111	投资收益		贷	0
6301	营业外收入		贷	0
6401	主营业务成本		借	0
640101	甲产品	数量核算（件）	借	0
640102	乙产品	数量核算（件）	借	0
6402	其他业务成本		借	0
6403	营业税金及附加		借	0
640301	营业税		借	0
640302	消费税		借	0
640303	城市维护建设税		借	0
640304	教育费附加		借	0
6601	销售费用		借	0
660101	工资		借	0

续表

科目编码	科 目	账页格式/辅助核算	方 向	金 额
660102	福利费		借	0
660103	折旧费		借	0
660104	广告费		借	0
660199	其他		借	0
6602	管理费用		借	0
660201	差旅费		借	0
660202	办公费		借	0
660203	工资		借	0
660204	福利费		借	0
660205	折旧费		借	0
660206	材料费		借	0
660207	无形资产摊销		借	0
660299	其他		借	0
6603	财务费用		借	0
6701	资产减值损失		借	0
6711	营业外支出		借	0
6801	所得税费用		借	0
6901	以前年度损益调整		借	0

指定"库存现金"为"现金总账科目",指定"银行存款"为"银行总账科目"

② 凭证类别

类 别 名 称	限 制 类 型	限 制 科 目
收款凭证	借方必有	1001, 1002
付款凭证	贷方必有	1001, 1002
转账凭证	凭证必无	1001, 1002

③ 结算方式

结算方式编码	结算方式名称	是否票据管理
1	现金结算	否
2	支票结算	否
201	现金支票	是
202	转账支票	是
3	电汇	否
4	汇票	否
401	商业承兑汇票	否
402	银行承兑汇票	否
5	其他	否

④ 外币设置

外币币种：美元，汇率是 6.8

4．存货信息

① 存货分类

1	原料	2	库存商品
3	劳务		

② 计量单位

01	自然单位（无换算）	101	吨
		102	件
		103	次

③ 存货档案

编　码	名　　称	所属分类	计量单位	税　率	存货属性
001	A 材料	1	吨	17	外购、生产耗用
002	B 材料	1	吨	17	外购、生产耗用
003	C 材料	1	吨	17	外购、生产耗用
004	D 材料	1	吨	17	外购、生产耗用
005	甲产品	2	件	17	外购、自制、销售
006	乙产品	2	件	17	外购、自制、销售
007	运输费	3	次	7	外购、销售、应税劳务

二、总账系统初始化

1．总账系统参数设置

不允许修改、作废他人填制的凭证；凭证审核控制到操作员；出纳凭证必须经由出纳签字；制单序时控制，实现支票控制。

2．期初余额（见上表）

3．"原材料"期初余额构成

科目编码	科目名称	方　　向	金　　额	数　　量
1201001	A 材料	借	500 000	1 000
1201002	B 材料	借	300 000	3 000
1201003	C 材料	借	400 000	2 000
1201004	D 材料	借	600 000	5 000

4．"库存商品"期初余额构成

科目编码	科目名称	方　　向	金　　额	数　　量
140501	甲产品	借	14 000 000	800
140502	乙产品	借	6 000 000	3 000

5．"应收票据"期初余额构成

2011-12-25，浙江光栅集团购买乙产品，价税合计 2 457 000 元，代垫运费 3 000 元，付票据一张，票号 56189。

6．"应收账款"期初余额构成

2011-11-21，广东鸿蓝集团购买甲产品，价税合计 1 989 000 元，货款未付，发票号 56190。

2011-12-11，新疆莽一有限公司购买乙产品，价税合计 1 989 000 元，货款未付，发票号 56191。

2011-12-11，为广东鸿蓝集团代垫运费 13 000 元，票号 41006。

7．"预付账款"期初余额构成

2011-12-24，以现金支票预付天闪纺织有限公司货款 1 000 000 元。

8．"其他应收款-应收个人款"期初余额构成

2011-12-16 销售一部叶梅出差借差旅费 50 000 元，票号 33032。

9．"应付账款"期初余额构成

2011-12-13 向立海纺织有限公司购买 A 材料一批，价税合计 9 547 200 元，立海公司代垫运费 800 元，款项未付，发票号 71201。

10．"应付票据"期初余额构成

2011-12-15，向黄鹏制衣有限公司购买 B 材料一批，价税合计 1 989 000 元，代垫运费 11 000 元，付票据一张，票号 71208。

三、固定资产系统初始化

1．系统参数设置

固定资产账套的启用月份为"2012 年 1 月"，固定资产采用"平均年限法（一）"计提折旧，折旧汇总分配周期为一个月；当（月初已计提月份=可使用月份-1）时将剩余折旧全部提足。固定资产编码方式为"2-1-1-2"；固定资产编码方式采用自动编码方式，编码方式为"类别编码+序号"；序号长度为 5。要求固定资产系统与总账进行对账；固定资产对账科目为"1601 固定资产"；累计折旧对账科目为"1602 累计折旧"；对账不平衡的情况下不允许固定资产月末结账。

2．固定资产选项设置

设置与财务系统的接口

固定资产默认入账科目：1601

累计折旧默认入账科目：1602

固定资产减值准备默认入账科目：1603

业务发生后立即制单

3．部门对应折旧科目

部 门 名 称	贷 方 科 目
行政中心	管理费用-折旧费
生产中心	制造费用-折旧费
销售中心	销售费用-折旧费

4．固定资产类别

类别编码	类别名称	使用年限	净残值率	计提属性	折旧方法	卡片样式
01	房屋及建筑物	30	2%	正常计提	平均年限法（一）	通用样式
02	机器设备	10	5%	正常计提	平均年限法（一）	通用样式
03	电子设备	8	5%	正常计提	平均年限1	通用样式
04	交通工具	10	5%	正常计提	工作量法	通用样式

5．固定资产增减方式

增加方式	对应入账科目	减少方式	对应入账科目
直接购入	银行存款-工商银行存款	出售	固定资产清理
投资者投入	股本	盘亏	待处理财产损溢-待处理固定资产损溢
盘盈	待处理财产损溢-待处理固定资产损溢	投资转出	固定资产清理
捐赠	营业外收入	捐赠转出	固定资产清理
在建工程转入	在建工程	报废	固定资产清理

6．固定资产原始卡片

卡片编号	00001	00002	00003	00004	00005
固定资产编号	0100001	0100002	0300001	0200001	0400001
固定资产名称	行政办公楼	生产车间	电脑设备	机床	商务别克车
类别编码	01	01	03	02	04
部门名称	行政中心	生产中心	行政中心	生产中心	销售中心
增加方式	在建工程转入	在建工程转入	直接购入	直接购入	直接购入
使用状况	在用	在用	在用	在用	在用
使用年限	30 年	30 年	8 年	10 年	10 年
折旧方法	平均年限法（一）	平均年限法（一）	平均年限法（一）	平均年限法（一）	工作量法
开始使用日期	2002-9-1	2002-9-1	2009-1-1	2008-5-1	2006-7-1
币种	人民币	人民币	人民币	人民币	人民币
原值	5 000 000	2 000 000	50 000	2 600 000	350 000
净残值率	2%	2%	5%	5%	5%
累计折旧	612 500	239 556	17 878	924 733	205 333
对应折旧科目	管理费用-折旧费	制造费用-折旧费	管理费用-折旧费	制造费用-折旧费	销售费用-折旧费

注：商务别克车的总里程数是 80 万公里，已经使用里程数 47 万公里，中心下属部门折旧费平均分摊。

四、薪资管理系统初始化

1. 系统参数设置

工资类别单个，工资核算本位币为人民币，不核算计件工资，自动代扣所得税，不进行扣零设置。

扣税设置：按应发合计计算个人所得税，免征额为 3 500 元，附加费用 1 300 元。

2. 工资项目

工资项目名称	类 型	长 度	小 数	增 减 项
基本工资	数字	8	2	增项
岗位津贴	数字	8	2	增项
工龄补贴	数字	8	2	增项
交通补贴	数字	8	2	增项
绩效奖金	数字	10	2	增项
事假扣款	数字	8	2	减项
住房公积金	数字	8	2	减项
事假天数	数字	8	0	其他
病假扣款	数字	8	2	减项
病假天数	数字	8	0	其他
工龄	数字	8	0	其他

3. 银行名称

银行名称为"中国工商银行"，个人账号长度 11 位，录入时自动带入的账号长度为 8 位。

4. 人员档案

批量引入

5. 计算公式

① 工龄补贴：基本工资×10%×工龄系数。工龄系数如下：工龄在 10 年以上，系数为 1.5，工龄在 3～10 年，系数为 1.3；工龄在 1～3 年，系数为 1；工龄 1 年以内，系数为 0.9。

② 病假扣款金额按照日平均工资与病假天数之积计算。其中日平均工资按每月 22 天计算。

事假扣款按照日工资、事假天数、事假系数之积计算。其中工龄在 10 年以上，系数为 0.5；工龄在 3～10 年，系数为 0.8；工龄在 1～3 年，系数为 1；工龄 1 年以内，系数为 1.2。

③ 行政中心人员和生产中心人员的交通补助为 100 元，销售中心人员的交通补助为 400 元。

④ 住房公积金按照基本工资、岗位津贴、工龄补贴、交通补贴、绩效奖金之和的 8%计提。

五、应收款管理系统初始化

1. 系统参数设置

应收款核销方式为"按单据"，单据审核日期依据为"单据日期"，坏账处理方式为"应收余额百分比法"，代垫费用类型为"其他应收单"，应收款核算类型为"详细核算"，受控科目制单依据为"明细到客户"，非受控科目制单方式为"汇总方式"；启用客户权限，并且按信用方式根据单据提前 7 天自动报警；启用"自动计算现金折扣"以及"核销生成凭证"。

2．基本科目

应收科目：应收账款 1122

预收科目：预收账款 2203

应交增值税科目：应交税费-应交增值税（销项税额）22210102

银行承兑科目：应收票据 1121

商业承兑科目：应收票据 1121

现金折扣科目：财务费用 6603

票据利息科目：财务费用 6603

票据费用科目：财务费用 6603

收支费用科目：销售费用 6601

3．结算方式科目

现金结算科目：库存现金 1001

现金支票结算方式科目：银行存款-工商银行存款 100201

转账支票结算方式科目：银行存款-工商银行存款 100201

银行汇票结算方式科目：银行存款-工商银行存款 100201

信汇结算方式科目：银行存款-工商银行存款 100201

电汇结算方式科目：银行存款-工商银行存款 100201

4．坏账准备

提取比率为 0.5%，坏账准备期初余额为 0，坏账准备科目为"1231 坏账准备"，坏账准备对方科目为资产减值损失。

5．账龄区间

账期内账龄区间设置总天数为 10 天、30 天、60 天、90 天。

预期账龄区间设置总天数分别为 30 天、60 天、90 天和 120 天。

6．报警级别

A 级时的总比率为 10%，B 级时的总比率为 20%，C 级时的报警级别为 30%，D 级时的报警级别为 40%，E 级时的报警级别为 50%，总比率在 50%以上为 F 级。

7．本单位开户银行

本单位开户银行为中国工商银行绍兴分行。账号为"622201154839"。

8．期初余额（存货税率均为 17%，开票日期均为 2011 年）

单据名称	方向	开票日期	票号	客户名称	销售部门	科目编码	货物名称	数量	无税单据	价税合计
销售专用发票	正	11.21	56190	广东鸿蓝	销售一部	1122	甲产品	34	50 000	1 989 000
销售专用发票	正	12.11	56191	新疆莽一	销售二部	1122	乙产品	170	10 000	1 989 000
其他应收单	正	12.11	41006	广东鸿蓝	销售一部	1122	运费	1		13 000
销售专用发票	正	12.25	56189	浙江光栅	销售二部	1121	乙产品	150	16 400（含税单价）	2 460 000

六、应付款管理系统初始化

1．系统参数设置

应付款核销方式为"按单据"，单据审核日期依据为"业务日期"，应付款核算类型为"详细核算"，受控科目制单依据为"明细到供应商"，非受控科目制单方式为"汇总方式"；启用供应商权限，并且按信用方式根据单据提前 7 天自动报警。

2．基本科目

应付科目：应付账款 2202

预付科目：预付账款 1123

采购科目：在途物资 1402

采购税金科目：应交税费−应交增值税（进项税额）22210101

银行承兑科目：应付票据 2201

商业承兑科目：应付票据 2201

现金折扣科目：财务费用 6603

票据利息科目：财务费用 6603

票据费用科目：财务费用 6603

3．结算方式科目

现金结算科目：库存现金 1001

现金支票结算方式科目：银行存款−工商银行存款 100201

转账支票结算方式科目：银行存款−工商银行存款 100201

银行汇票结算方式科目：银行存款−工商银行存款 100201

信汇结算方式科目：银行存款−工商银行存款 100201

电汇结算方式科目：银行存款−工商银行存款 100201

4．预期账龄区间

总天数分别为 30 天、60 天、90 天和 120 天。

5．报警级别

A 级时的总比率为 10%，B 级时的总比率为 20%，C 级时的报警级别为 30%，D 级时的报警级别为 40%，E 级时的报警级别为 50%，总比率在 50%以上为 F 级。

6．期初余额（存货税率均为 17%，开票日期均为 2011 年）

单据名称	方向	开票日期	票号	供应商名称	采购部门	科目编码	货物名称	数量	无税单据	价税合计
采购专用发票	正	12.13	71201	立海纺织	一车间	2202	A 材料	16 320	500	9 547 200
其他应付单	正	12.13	71202	立海纺织	一车间	2202	运费	1	800	800
银行承兑汇票	正	12.15	71208	黄鹂制衣	一车间	2201	B 材料	17 000	100	20 000
其他应付单	正	12.15	71208	黄鹂制衣	一车间	2201	运费	1	11 000	11 000
预付款单	正	12.24	71218	天闪纺织	一车间	1123	备注：结算方式为现金支票			1 000 000

项目综合评价

项目评价记录表

姓　名：＿＿＿＿＿＿　　　　班　级：＿＿＿＿＿＿　　　　评价时间：＿＿＿＿＿＿

评价指标		评价标准	所占比例	分值
学习过程 ∑70	学习任务 ∑50	知识掌握程度	20%	
		学习方法的运用	5%	
		学习的态度	5%	
		职业能力训练成绩	20%	
	综合实训 ∑20	总账系统初始化	5%	
		薪资、固定资产管理系统初始化	5%	
		应收、应付账款管理系统初始化	5%	
		知识迁移与转化	3%	
		自我学习与管理能力	2%	
小组合作 ∑20	工作计划	计划设置及实施	5%	
	过程实施	配合及解决问题的方法	5%	
	合作交流	小组成员间的交流与合作	5%	
	资源利用	资源使用及组织	5%	
能力素质 ∑10	职业能力	总账系统初始化	5%	
		薪资、固定资产管理系统初始化		
		应收、应付账款管理系统初始化		
	职业素质	有敬业精神和团队合作能力	5%	
综合得分				
教师评语		签名： 　　年　月　日		
学生意见		签名： 　　年　月　日		

项目三
各系统日常业务处理

知识目标

1. 掌握总账系统凭证的日常处理以及账表的查询；
2. 掌握固定资产管理系统资产变动以及折旧计提的操作；
3. 掌握薪资管理系统工资变动、工资分摊的操作；
4. 掌握应收款管理系统单据处理、票据管理的应用、坏账管理以及转账操作；
5. 掌握应付款管理系统单据处理、票据管理的应用以及转账操作；
6. 理解各个系统的日常业务操作流程并得出相应处理规律。

能力目标

1. 会利用财务软件熟练进行企业工资、固定资产、往来款项等业务的日常业务处理；
2. 能根据实际工作需要熟练进行各类账表的查询和输出。

学习
任务 **任务一** 总账系统业务处理

任务引例

总账系统是电算化会计系统运行的基础，也是会计业务处理的核心。总账系统的任务就是利用建立的会计科目体系，输入和处理各种记账凭证，完成记账、结账及对账的工作，输出各种总分类账，日记账、明细账和有关辅助账。

知识准备与业务操作

记账凭证是总账系统日常业务工作的起点，也是日常工作中最频繁、最基本的工作。记账凭证处理的主要功能包括凭证录入、凭证修改、凭证查询、凭证审核和记账等。

一、填制记账凭证

填制记账凭证是将记账凭证的格式显示在屏幕上，财务人员通过键盘输入会计凭证。在输入过程中系统会对会计科目的正确性、日期的合法性、凭证编号的重复性等内容进行检查；凭证输入完成后存盘时对金额进行检查；如果正确，则将凭证保存在凭证文件中。否则不予保存，并提示错误，等待财会人员修改凭证。一张完整的记账凭证均应包括以下内容。

1. 凭证日期。即填制会计凭证的日期，这是记账凭证最基本的要素之一。凭证日期用于标识经济业务发生的时间。凭证日期必须是公立日期，凭证日期应该随凭证号递增而递增。输入日期不能为结账月份的日期（即已结账的月份不允许输入凭证）。

2. 凭证类别。即凭证属于何种类型。记账凭证类型是在系统初始化时设定的，在此只能按照初始设定选择凭证类型。一般由操作员直接录入凭证类别代码，或输入凭证类型名称，也可以使用系统提供的引导功能录入。

3. 凭证号。凭证号是记账凭证的标识，按会计制度的规定，不同类型的凭证每月分别从"1"开始连续编号，不能有重号、漏号。比如设置凭证类别为"收款凭证"、"付款凭证"和"转账凭证"三类，则"收"、"付"、"转"三类凭证分别从"收1"、"付1"、"转1"开始进行自动的续时编号。凭证输入模块能够检查出每一类型的凭证的最后一张凭证号，自动加"1"后生成当前凭证号。

在总账系统中，凭证类别或类别代码一般由操作员输入，而顺序编号则由软件系统自动按递增规则产生。要注意的是，如果某一张凭证作了删除处理，但并没有在物理上真正删除这张凭证，那么这一凭证仍然占用某一凭证编号。只有对这一凭证进行了物理删除时，其凭证编号才被释放。多数会计软件考虑到维护会计数据的安全性与完整性，不允许用户随意删除记账凭证。

4. 摘要。摘要是对记账凭证所反映会计业务的文字说明。在手工处理中，一般在一张凭证上面编制一个完整的摘要。而在电算化系统中，摘要是一行为单位编制的，即凭证中的每一行都要有一个相对独立的摘要。这是由于系统在执行自动记账时要将凭证中的摘要内容复制到相应账簿作为账簿中的摘要内容。如果凭证中的某一行摘要内容为空，则相应账簿中这一记录的摘要内容为空，从而将影响账簿的可读性。一张凭证中各行摘要的内容可以相同，也可以不同。

5. 会计科目。会计科目是经济业务分类的主要依据，凭证输入模块提供科目代码设置的一系列的控制措施。首先是存在性检查，即检查凭证中科目代码是否存在。财务人员在输入记账凭证时，输入一科目代码，如果"科目文件"没有该科目代码存在，则会出现"科目不合法"的提示；其次是明细科目的检查，即检查凭证中科目代码是否为最底级科目代码。输入记账凭证时，只能输入最底级科目，不能输入父级科目。如果输入会计科目不是最底级会计科目，则系统提示"不是末级科目"；三与凭证类型是否相符的检查，即检查输入的借方科目或贷方科目与凭证类型是否相符。特定的凭证类型有是要求凭证中必须出现某些科目，如收款凭证中，借方科目必须出现"现金"或"银行存款"科目；若不满足上述条件，屏幕显示提示信息"不满足×××条件"。

6. 金额。金额输入可分为直接输入和计算产生两种情况。所谓直接输入是指在屏幕制定位置键入会计业务的发生额；而计算产生则可以按键盘上的"="键自动计算最后一行的金额。需要注意的是，分录的借方或贷方金额不能为零，但可以为红字，红字以"-"键录入，如果方向不符，可按空格键改变金额方向。

7. 合计。指一张凭证上的借方金额合计和贷方金额合计，在合计栏里可以看出借贷是否平衡。任何一张凭证都必须满足"有借必有贷，借贷必相等"的原则。因此，对每一张凭证在保存之前，必须自动进行借贷平衡检查。若不平衡，系统会提示用户修改并拒绝接受，直到修改平衡后才准予保存凭证。

8. 附件张数。指凭证所附的原始凭证张数，根据实际原始凭证数填入即可。

提示

1. 在合并状态下不能录入、修改凭证，必须先切换到展开状态再操作。Ctrl+A 可以切换合并、展开状态。

2. 如果在"选项"中，设置了"制单权限控制到科目"选项，那么在制单时不能使用无权限的科目进行制单。

3. 在录入辅助明细时，对于同一个往来单位来说，名称要前后一致，比如不能有时用"用友公司"，有时又用"用友集团公司"，像这样名称前后不一致，系统则将其当成两个单位。

4. 项目核算的科目必须先在项目定义中设置相应的项目大类，才能在制单中使用。

5. 科目所属项目大类中必须已定义了项目，且此处只能输入项目，不能输入项目分类。

二、辅助核算和管理数据的输入

在科目设置时，为了满足辅助核算和管理的需要，必须给一些科目设置"性质"，如"银行账"、

"外币"、"数量"、"单位往来"、"项目"、"个人往来"、"部门"等。在设计凭证输入模块时，就要求在凭证输入过程中，凡是涉及这些科目的分录，在输入完会计科目后，系统自动根据该科目的性质提示并要求财会人员输入不同辅助核算和管理的数据。

1．科目性质为"外币"

如果科目性质为"外币"，则系统应该提示财会人员输入外币金额和汇率。如果财会人员在初始化设置的是固定汇率，则系统自动取当月月初汇率作为当前汇率，并且不允许财会人员修改；如果财会人员在初始化设置中设置了选用当日汇率，则系统取出当月月初汇率，并允许修改。财会人员输入外币金额和汇率并选择发生额方向后，系统自动按外币金额乘以汇率计算出人民币金额，填入相应栏目中。

2．科目性质是"银行账"

如果科目性质为"银行账"，则系统应该提示财会人员输入票据日期、结算方式、结算号，并保存起来，以便对账时使用。

3．科目性质为"数量"

如果科目性质为"数量"，则系统应该提示财会人员输入数量和单价。财会人员输入数量和单价并选择发生额方向后，系统自动按数量乘以单价计算出金额，填入相应栏目中。

4．科目性质为"客户往来"或"供应商往来"

如果科目性质为"客户往来"或"供应商往来"，则系统应该要求财会人员输入往来单位代码和业务姓名，或根据往来单位通信录文件显示往来单位代码、名称等，供财会人员选择往来单位代码，同时输入该笔业务的经手人姓名，并将结果保存起来。

5．科目性质为"部门"

如果科目性质为"部门"，则系统应该要求财会人员输入部门代码，或根据部门代码文件显示部门代码对照表供财会人员选择，并将结果保存起来，以便将该笔经济业务归集到某个部门。

6．科目性质为"个人往来"

如果科目性质为"个人往来"，则系统应该要求财会人员输入部门和往来个人，或根据部门代码文件、个人往来文件显示部门及部门中个人名单，供财会人员选择部门和人，并将结果保存起来，以便将该笔业务归集到某部门某人身上。

7．科目性质为"项目"

如果科目性质为"项目"则系统应该要求财会人员输入项目代码，或根据项目文件显示项目代码、名称等内容，供财会人员选择，并将结果保存起来，以便将该笔业务归集到某个项目上。

三、记账凭证录入查询与修改

1．记账凭证查询

记账凭证一旦输入后，即可在需要时进行查询。对凭证进行简单查询时，一般有如下几个查询条件。

（1）日期。指需要查询凭证的日期，填入内容包括年月日和截止年月日。

（2）凭证字号。指需要查询的凭证的类型和范围。

（3）科目代码。指需要查询的科目代码。一般允许用户输入一个会计科目或某一科目范围。

（4）金额。指需查询的金额范围，用户可以根据需要，输入一个金额或一个金额范围。

当然，以上查询条件也可以组合起来进行综合查询。

2. 记账凭证修改

手工会计处理方式下对于记账凭证的修改有划线更正法、红字冲销法、补充登记法等。电算化方式下对于不同类型的凭证错误必须采取不同的修改或更正方式。

（1）凭证的"无痕迹"修改。所谓无痕迹修改，即不留下任何曾经修改的线索和痕迹。总账子系统中，有两种情况下的错误可以无痕迹修改：一是凭证输入后，还未审核或审核未通过的凭证；二是尽管已通过审核但还未记账的凭证。第一种情况可以通过凭证修改模块直接修改；第二种情况可以先取消审核（必须是审核人自己取消审核），再通过凭证修改模块进行修改。

（2）凭证的"有痕迹"修改。所谓有痕迹修改，即留下修改的痕迹和线索。若发现已记账的凭证有错误，对此类凭证的修改要求留下审计线索。总账子系统是通过保留错误凭证和更正凭证的方式留下修改痕迹的。对已记账凭证的错误只允许采用"红字冲销法"进行修改。

提示

在系统编号时，凭证一旦保存，其凭证类别、凭证编号将不能再修改；在手工编号时，凭证一旦保存，其凭证类别不能再修改、凭证编号可修改。

四、记账凭证审核

审核模块的功能是完成对录入的记账凭证的正确性、合法性、有效性的审核。

只有输入准确无误的记账凭证，才能保证以后处理结果的正确性。但在凭证的输入过程中，有的错误可以检测出来，如借贷不平衡、输入不存在的科目代码等。但像"串户"、科目用错及金额同时增减的错误无法发现。对记账凭证进行审核的目的主要有两个：一是发现凭证在输入过程中无法发现的错误；二是为记账提供一个标记。只有经过审核凭证的凭证才能记账。

一般会计软件的凭证审核模块提供了静态屏幕审核法。所谓静态屏幕审核法是指计算机自动依次将未审核的凭证显示在屏幕上，审核人员通过目测等方式对已输入的凭证进行检查，若审核人员认为错误或有异议的凭证，应交给填制人员修改后，再复核；若审核人员认为没有错误可按签章键，审核人员的姓名便被记在凭证上，表示已审核通过。

提示

1. 无论是审核签字还是取消审核，审核人和制单人不能是同一个人。
2. 凭证一经审核，就不能修改、删除，只有取消审核后才可以。
3. 取消审核只能由审核人自己完成。

五、出纳签字

对于涉及现金、银行存款的收入与支出的凭证，还需要进行出纳签字。在实际操作时，须在初始设置时给出纳员指定可签字的科目，一般为"现金"和"银行存款"。出纳员对有现金科目和银行存款科目的凭证进行查询，并通过出纳签字功能对制单人填制的带有现金、银行存款科目的凭证进行检查核对，待核对无误后予以签字确认。

提示

1. 凭证合并状态可以进行出纳签字，但不能填补结算方式和票号。
2. 已签字的凭证，不能被修改、删除，只能取消签字才能进行。
3. 取消签字只能由出纳人自己进行。
4. 企业可根据实际需要决定是否要对出纳凭证进行出纳签字管理，若不需要此功能，可在"选项"中取消"出纳凭证必须经由出纳签字"的设置。

六、记账

在手工条件下记账工作是指要登记总账、明细账和日记账等，工作量非常大，需要若干财会人员花费很多时间才能完成。在电算化条件下，财会人员只要使用记账模块，记账工作便由计算机自动、准确、高速完成。记账凭证经审核签字后，即可用来登记总账和明细账、日记账、部门账、往来账、项目账以及备查账等。记账工作可以在编制一张凭证后进行，也可以在编制一天的凭证后记一次账，即可一天记数次账，也可以多天记一次账。

 任务实施——总账系统日常业务处理

工作实例

绍兴华翔股份有限公司 2011 年 1 月各项经济业务如下所示。

1. 1月1日，从银行提取现金 5 000 元备用，现金支票票号 XJ19600。
2. 1月2日，生产部领用 A 材料 30 千克，用于生产甲产品。
3. 1月2日，生产部领用 B 材料 20 千克，用于生产乙产品。
4. 1月4日，收到联营单位的投资款 100 000 元，存入银行，转账支票号 ZZ69101。
5. 1月6日，以现金支票购买财务部办公用品 3 000 元，支票号 XJ19601。
6. 1月12日，收到张明偿还借款 1 000 元。
7. 1月18日，以转账支票 30 000 元购入一项专利技术，转账支票号 ZZ69102。
8. 1月20日，销售一科支付产品展销洽谈会展费 3 000 元，开出现金支票 1 张，支票号 XJ19603。

操作步骤

一、填制凭证

1. 在企业应用平台中，单击"重注册"，以"002 王乐"的身份进入企业应用平台。
2. 在"业务工作"选项卡中，执行"总账"→"凭证"→"填制凭证"命令，进入"填制凭证"窗口，如图 3-1 所示。

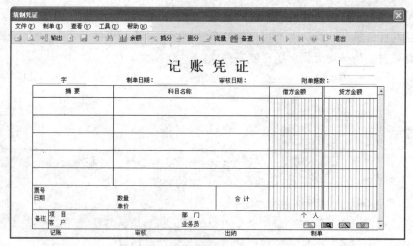

图 3-1 凭证填制窗口

3. 单击"增加"按钮或者按 F5 键。

4. 单击凭证类别的参照按钮，选择"付款凭证"。

5. 修改凭证日期为"2011.01.08"。

6. 在摘要栏录入"从银行提取现金备用"。

7. 按回车键，或用鼠标单击"科目名称"栏，单击科目名称栏的参照按钮（或按 F2 键），选择"资产"类科目"1001 库存现金"，或者直接在科目名称栏输入"1001"。

8. 按回车键，或用鼠标单击"借方金额"栏，录入借方金额"5 000"。

9. 按回车键（复制上一行的摘要），再按回车键，或用鼠标单击"科目名称"栏（第二行），单击科目名称栏的参照按钮（或按 F2 键），选择"资产"类科目"100201 工行存款"，或者直接在科目名称栏输入"100201"，在跳出的辅助项核算框内依次输入结算方式"2"和结算票号"XJ19600"，如图 3-2 所示。

图 3-2 辅助项窗口

10. 按确定键，用鼠标单击"贷方金额"栏，录入贷方金额"5 000"，或直接按"="键，如图 3-3 所示。

11. 单击"保存"按钮，系统弹出"凭证已成功保存！"信息提示框，单击"确定"按钮返回。按照同样的方法填制其他业务的凭证。

提示

1. 凭证填制完成后，在未审核前可直接修改。

2. 凭证日期应满足总账选项中的"制单序时控制"，如果默认系统的选项，则不允许凭证日期逆序。

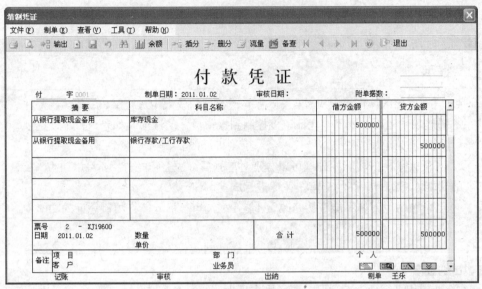

图 3-3　填制凭证

二、审核凭证

1. 重新注册，更换操作员"001 周天"进入企业应用平台。

2. 执行"凭证"→"审核凭证"命令，打开"凭证审核"对话框。

3. 单击"确定"按钮，进入"凭证审核"列表窗口。

4. 单击"确定"按钮，打开待审核的 1 号付款凭证。

5. 单击"审核"按钮，在审核人处签上审核人"周天"的姓名，如图 3-4 所示。待第 1 张凭证审核好后，系统自动翻页到第 2 张待审核的凭证，再单击"审核"按钮，直到将已经填制好的凭证全部审核签字。

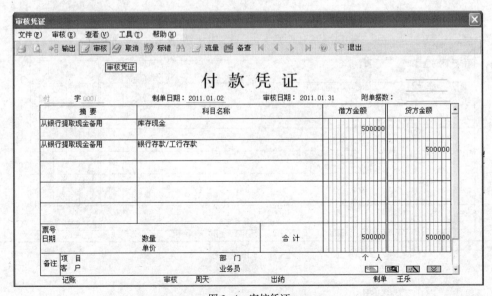

图 3-4　审核凭证

6. 单击"退出"按钮退出。

提示

1. 凭证审核的操作权限应首先在"系统管理"的权限中进行赋权，其次还要注意总账系统的选项中是否设置了"凭证审核控制到操作员"的选项，如果设置了该选项，则应继续设置审核的明细权限。

2. 在凭证审核的功能中处理可以分别对单张凭证进行审核外，还可以执行"成批审核"的功能，对符合条件的待审核凭证进行成批审核。

3. 已审核的凭证将不能直接修改，只能在取消审核后才能在填制凭证的功能中进行修改。

三、出纳签字

1. 在企业应用平台中重新注册，更换操作员为"003 李小红"。

2. 执行"凭证"→"出纳签字"命令，打开"出纳签字"对话框。

3. 单击"确定"按钮，进入"出纳签字"列表窗口。

4. 单击"确定"按钮，打开待签字的 1 号付款凭证。

5. 单击"签字"按钮，在"出纳"处签上出纳人的姓名"李小红"，如图 3-5 所示。单击"下张"按钮，再单击"签字"按钮，直到将已经填制的所有收付凭证进行出纳签字。

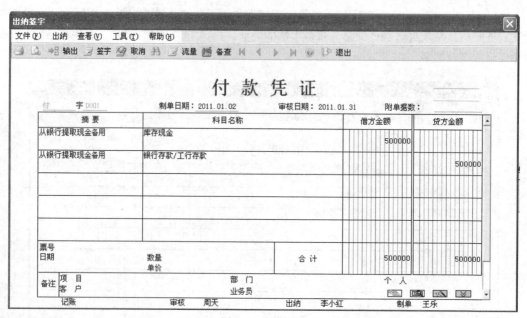

图 3-5　出纳签字

6. 单击"退出"按钮退出。

提示

1. 出纳签字的操作既可以在"凭证审核"后进行，也可以在"凭证审核"前进行。

2. 要进行出纳签字的操作需满足两个条件。首先，在总账系统的"选项"中已经设置了"出纳凭证必须经由出纳签字"，其次是在会计科目中进行过正确的"指定科目"操作。

四、记账

1. 由操作员"002 王乐"执行"凭证"→"记账"命令，打开"记账-选择本次记账范围"对话框，选择"2011.01 月份凭证"，记账范围为"全选"。

2. 单击"记账"按钮，打开"期初试算平衡表"窗口。

3. 单击"确定"按钮，系统自动进行记账，记账完成后，系统弹出"记账完毕!"信息提示框，如图 3-6 所示。

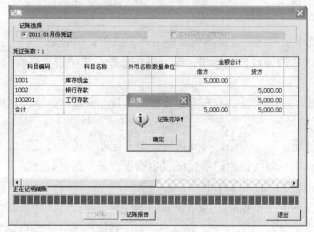

图 3-6　记账

4. 单击"确定"按钮。

提示

1. 如果期初余额试算不平衡不允许记账，如果有未审核的凭证不允许记账，上月未结账本月不能记账。

2. 如果不输入记账范围，系统默认为所有凭证。

3. 记账后不能整理断号。

4. 已记账的凭证不能在"填制凭证"功能中查询。

5. 已记账的凭证可通过"红字冲销"的方式进行凭证的有痕迹修改。

职业能力判断与选择

一、单项选择题

1. 在总账系统中设置转账分录时无须定义下列哪一项（　　）。

A. 凭证号　　　　　　B. 借贷方向　　　　　C. 凭证类别　　　　　D. 摘要

2. 通常，（　　）科目需要由出纳签字。

A. 现金、银行存款　　B. 应收、应付　　　　C. 负债类　　　　　　D. 资产类

3. 使用总账系统填制凭证时，如果要求输入对应的票据日期、结算方式和票号，以便进行（　　）辅助核算。

A. 数量账　　　　　　B. 往来账　　　　　　C. 待核银行账　　　　D. 外币核算

4. 在总账系统中，删除凭证的必要条件是（　　）。

A. 未审核　　　　　　B. 未记账　　　　　　C. 已打上作废标记　　D. 未结账

5. 下列各项操作功能中，不属于账务处理的操作功能是（　　）。

A. 编制记账凭证　　　　　　　　　　　　　B. 审核记账凭证

C. 打印科目余额表　　　　　　　　　　　　D. 定义固定资产折旧计算方法

二、多项选择题

1. 关于总账系统中出错记账凭证的修改，下列说法中正确的是（　　）。

A. 外部系统传过来的凭证发生错误，既可以在总账系统中进行修改，也可以在生成该凭证的系统中进行修改

B. 已经记账的凭证发生错误，不允许直接修改，只能采取"红字冲销法"或"补充更正法"进行更正

C. 已通过审核的凭证发生错误，只要该凭证尚未记账，可通过凭证编辑功能直接修改

D. 已经输入但尚未审核的机内记账凭证发生错误，可以通过凭证编辑功能直接修改

2. 总账系统中记账凭证的来源有（　　）。

A. 根据审核无误的原始单据人工编制录入　　B. 从其他业务系统自动传递转入

C. 从会计报表系统导入　　　　　　　　　　D. 系统根据设定的自动转账分录自动生成

3. 总账系统中包括的功能模块有（　　）。

A. 凭证管理　　　　　B. 账簿管理　　　　　C. 工资管理　　　　　D. 期末处理

4. 在电算化账务处理程序下，以下哪些工作与手工操作方式下的规范基本相同？（　　）

A. 填制凭证的依据　　　　　　　　　　　　B. 日常数据的保存形式

C. 多栏式明细账的登记方式　　　　　　　　D. 期末结账的时间

5. 以下哪些工作基本上由软件系统自动完成？（　　）

A. 日常记账凭证填制　　　　　　　　　　　B. 期末结账

C. 补充登记法更正错账　　　　　　　　　　D. 根据记账凭证生成科目汇总表

三、判断题

1. 在填制记账凭证时所使用的会计科目必须是末级会计科目，金额可以为零，红字用"-"号表示。（　　）

2. 凭证输入时，系统应检查每张凭证其借方发生额合计是否等于贷方发生额合计，若不等，也允许保存。（　　）

3. 一张凭证中可填写的行数是没有限制的，可以是简单分录，也可以是复合分录，但每一张凭证应该只记录一笔经济业务。（　　　）

4. 只有审核后的凭证才能执行记账操作。（　　　）

5. 电算化条件下，填制凭证时不同行的摘要可以相同也可以不同，当然可为空。（　　　）

学习任务 任务二　固定资产系统业务处理

任务引例

某单位新购入了一部电脑，2012 年 3 月 3 日开始使用，录入系统时是 2012 年 3 月 15 日，则该卡片是通过"原始卡片"录入还是"资产增加"录入。

知识准备与业务操作

一、固定资产卡片管理

卡片管理是对固定资产系统中所有卡片进行综合管理的功能操作。通过卡片管理可完成卡片修改、卡片删除、卡片打印、显示快捷信息、联查卡片图片、查看单张卡片信息、查看卡片汇总信息、卡片拆分、撤销减少、变动清单等。

（一）卡片修改

当用户在使用过程中发现卡片录入有错误，或需要修改卡片内容时，可通过卡片修改功能实现。注意，修改前的内容不可恢复，所以修改时请注意。具体操作方法是从卡片管理列表中双击调出该卡片，单击"修改"即可。

需要特别注意的问题有以下 4 点。

1. 如果修改的内容是原值或累计折旧数值，且该资产已制作了记账凭证，只有删除该凭证才能修改卡片。

2. 原始卡片的原值、使用部门、工作总量、使用状况、累计折旧、净残值（率）、折旧方法、使用年限、资产类别在没有做变动单或评估单情况下，录入当月可修改；如果做过变动单，只有删除变动单才能修改。

3. 通过"资产增加"录入系统的卡片如果没有制作凭证和变动单、评估单情况下，录入当月可修改。如果做过变动单，只有删除变动单才能修改。如果已制作凭证，要修改原值或累计折旧必须删除凭证后，才能修改。

4. 原值、使用部门、使用状况、累计折旧、净残值（率）、折旧方法、使用年限、资产类别各项目在做过一次月末结账后，只能通过变动单或评估单调整，不能通过卡片修改功能改变。

（二）卡片删除

卡片删除功能是指把卡片资料彻底从系统内清除，不是资产清理或减少。具体操作方法为从卡片管理列表中选择要删除的固定资产卡片，单击"删除"按钮，即可删除该卡片。

该功能只有在下列两种情况有效。

1. 卡片录入当月若发现卡片录入有错误，想删除该卡片，可通过"卡片删除"功能实现，删除后如果该卡片不是最后一张，卡片编号保留空号。

2. 通过"资产减少"功能减少的资产的资料，会计档案管理要求必须保留一定的时间，所以本系统在账套"选项"中设定删除的年限，对减少的资产的卡片只有在超过了该年限后，才能通过"卡片删除"将原始资料从系统彻底清除，在设定的年限内不允许删除。

需要特别注意的问题如下所示。

1. 不是本月录入的卡片，不能删除。

2. 已制作过凭证的卡片删除时，必须先删除相应凭证，然后才能删除卡片。

3. 卡片做过一次月末结账后不能删除。做过变动单或评估单的卡片删除时，提示先删除相关的变动单或评估单。

二、固定资产的增加与减少

（一）资产增加

资产增加即新增加固定资产卡片，在系统日常使用过程中，可能会购进或通过其他方式增加企业资产，该部分资产通过"资产增加"操作录入系统。当固定资产开始使用日期的会计期间与录入会计期间相同时，才能通过"资产增加"录入。例如，某单位新购入了一部电脑，2012 年 3 月 3 日开始使用，录入系统时是 2012 年 3 月 15 日，则该卡片需通过资产增加录入。因为是资产增加，该资产需要入账，所以可执行制单功能，单击制单按钮图标制作该资产的记账凭证。

需要特别注意的问题如下所示。

1. 原值录入的一定要是卡片录入月月初的价值，否则将会出现计算错误。

2. 如果录入的累计折旧、累计工作量不是零，说明是旧资产，该累计折旧或累计工作量是在进入本企业前的值。

3. 已计提月份必须严格按照该资产在其他单位已经计提或估计已计提的月份数，不包括使用期间停用等不计提折旧的月份，否则不能正确计算折旧。

4. 允许在卡片的规格型号中输入或粘贴如"直径符号"等工程符号。

5. 若启用了设备管理系统，则可以单击"导入"按钮从设备管理系统中导入卡片。

（二）资产减少

资产在使用过程中，总会由于各种原因，如毁损、出售、盘亏等，退出企业，该部分操作称为"资产减少"。本系统提供资产减少的批量操作，为同时清理一批资产提供方便。

减少资产有两种方法。

如果要减少的资产较少或没有共同点，则通过输入资产编号或卡片号，然后单击"增加"，将资产添加到资产减少表中。

如果要减少的资产较多并且有共同点，则通过单击"条件"，屏幕显示的界面与卡片管理中自定义查询的条件查询界面一样。输入一些查询条件，将符合该条件集合的资产挑选出来进行减少操作。

需要特别注意的问题如下。

1. 所输入的资产的清理信息可以通过该资产的附属页签"减少信息"查看。

2. 若当前账套设置了计提折旧，则需在计提折旧后才可执行资产减少。

三、固定资产折旧的计提

自动计提折旧是固定资产系统的主要功能之一。系统每期计提折旧一次，根据录入系统的资料自动计算每项资产的折旧，并自动生成折旧分配表，然后制作记账凭证，将本期的折旧费用自动登账。执行此功能后，系统将自动计提各个资产当期的折旧额，并将当期的折旧额自动累加到累计折旧项目。

需要特别注意的问题如下。

1. 本系统在一个期间内可以多次计提折旧，每次计提折旧后，只是将计提的折旧累加到月初的累计折旧，不会重复累计。

2. 如果上次计提折旧已制单把数据传递到账务系统，则必须删除该凭证才能重新计提折旧。

3. 计提折旧后又对账套进行了影响折旧计算或分配的操作，必须重新计提折旧，否则系统不允许结账。

4. 如果自定义的折旧方法月折旧率或月折旧额出现负数，自动中止计提。

四、批量制单

在完成任何一笔需制单的业务的同时，可以通过双击"选择"制作记账凭证传输到账务系统，也可以在当时不制单（选项中制单时间的设置必须为不立即制单），而在某一时间（比如月底）利用本系统提供的另一功能——批量制单完成制单工作。批量功能可同时将一批制单业务连续制作凭证传输到账务系统，避免了多次制单的烦琐。凡是业务发生当时没有制单的，该业务自动排列在批量制单表中，表中列示应制单而没有制单的业务发生的日期、类型、原始单据号，默认的借贷方科目和金额以及选择标志。

需要特别注意的问题如下所示。

1. 如该单据在其他系统已制单或发生其他情况不应制单，可将选择标志选中后单击"删除"按钮，将该应制单业务从表中删除。

2. 如果在选项中选择了"月末结账前一定要完成制单登账业务"，则只要本表中有记录，该月就不能结账。

3. 当生成凭证时取到的固定资产、累计折旧或减值准备的默认科目为部门辅助核算科目时，该科目的分录会按有值的部门进行拆分。

五、固定资产变动

因为资产发生原值变动、部门转移、使用状况调整、折旧方法调整、累计折旧调整、净残值（率）调整、工作总量调整、使用年限调整、类别调整、计提减值准备、转回减值准备、资产评估，需要制作变动单。

（一）原值增加

资产在使用过程中，除发生下列情况外，价值不得任意变动。

1. 根据国家规定对固定资产重新估价；
2. 增加补充设备或改良设备；
3. 将固定资产的一部分拆除；
4. 根据实际价值调整原来的暂估价值；
5. 发现原记固定资产价值有误的；
6. 本系统原值发生变动通过"原值变动"功能实现。原值变动包括原值增加和原值减少两部分。

需要特别注意的问题如下所示。

1. 变动单不能修改，只有当月可删除重做，所以请仔细检查后再保存。
2. 当月录入的新增卡片不能执行本功能。
3. 若"本变动单当期生效"选项被选中，则该变动单在本月计提折旧时生效；反之，则该变动单在下月计提折旧时生效。

（二）部门转移

资产在使用过程中，因内部调配而发生的部门变动，通过"部门转移"功能实现。

需要特别注意的问题如下所示。

1. 当月原始录入或新增的资产不允许做此种变动业务。
2. 当月录入的新增卡片不能执行本功能。
3. 进行部门转移变动的资产在变动当月就按变动后的部门计提折旧。

（三）使用状况调整

资产在使用过程中，使用状况发生的变化，通过"使用状况变动"功能实现。

需要特别注意的问题如下所示。

1. 变动单不能修改，只有当月可删除重做，所以请仔细检查后再保存。
2. 当月录入的新增卡片不能执行本功能。
3. 进行使用状况变动的资产在变动的次月才按变动后的使用状况计提折旧。

（四）折旧方法调整

资产在使用过程中，资产计提折旧所采用的折旧方法的调整通过"折旧方法调整"功能实现。

需要特别注意的问题如下所示。

1. 变动单不能修改，只有在当月可删除重做，所以请仔细检查后再保存。
2. 所属类别是总提折旧的资产调整后的折旧方法不能是"不提折旧"。
3. 所属类别是总不提折旧的资产折旧方法不能调整。
4. 进行折旧方法调整的资产在调整当月就按调整后的折旧方法计提折旧。

（五）累计折旧调整

资产在使用过程中，由于补提折旧或多提折旧需要调整已经计提的累计折旧，通过"累计折旧调整"功能实现。

需要特别注意的问题如下所示。

1. 变动单不能修改，只有在当月可删除重做，所以请仔细检查后再保存。

2. 原值调整后的累计折旧必须保证大于等于净残值。

3. 本月录入累计折旧调整变动单后，系统将清空该资产本月已计提的折旧，需要重新计提折旧。

4. 若选项中的"累计折旧调整当期生效"选项被选中，则该变动单在本月计提折旧时生效；反之，则该变动单在下月计提折旧时生效。

（六）使用年限调整

资产在使用过程中，资产的使用年限的调整通过"使用年限调整"功能实现。

需要特别注意的问题如下所示。

1. 变动单不能修改，只有在当月可删除重做，所以请仔细检查后再保存。

2. 进行使用年限调整的资产在调整的当月就按调整后的使用年限计提折旧。

（七）工作量调整

使用工作量法计提折旧的资产在使用过程中发生的工作总量的变动通过工作总量调整功能实现。

需要特别注意的问题如下所示。

1. 变动单不能修改，只有在当月可删除重做，所以请仔细检查后再保存。

2. 调整后的工作总量不能小于累计用量。

3. 进行工作总量调整的资产在调整当月就按调整后的工作总量计提折旧。

（八）净残值（率）调整

资产在使用过程中，修改原来预计的净残值或净残值率通过"净残值（率）调整"功能实现。

需要特别注意的问题如下所示。

1. 变动单不能修改，只有在当月可删除重做，所以请仔细检查后再保存。

2. 调整后净残值必须小于净值。

3. 若选项中的"净残值（率）调整当期生效"选项被选中，则该变动单在本月计提折旧时生效；反之，则该变动单在下月计提折旧时生效。

（九）类别调整

资产在使用过程中，有可能因为企业调整资产分类或其他原因调整该资产所属类别，该操作通过"资产类别调整"功能实现。

需要特别注意的问题如下所示。

1. 变动单不能修改，只有在当月可删除重做，所以请仔细检查后再保存。

2. 调整后的类别和调整前的类别的计提属性必须相同。

3. 进行类别调整的资产在调整当月就按调整后的类别计提折旧。

任务实施——固定资产系统日常业务处理

工作实例

一、修改固定资产卡片

2011 年 1 月 15 日，将卡片编号为"00003"的固定资产（A 生产线）的使用状况由"在用"修改为"大修理停用"。

二、新增固定资产

2011 年 1 月 15 日，直接购入并交付销售一科一台电脑使用，预计使用年限为 5 年，原值为 12 000 元，净残值率为 3%，采用"平均年限法（一）"计提折旧。

三、计提本月固定资产折旧

四、减少固定资产

2011 年 1 月 22 日，将财务部使用的电脑"00005"号固定资产捐赠给希望工程。

五、固定资产变动

2011 年 1 月 31 日，根据企业需要，将卡片编号为"00004"号的固定资产（B 生产线）的折旧方法由"平均年限法（一）"更改为"工作量法"。工作总量为 60 000 小时，累计工作量为 10 000 小时。

操作步骤

一、修改固定资产卡片

1. 执行"卡片"→"变动单"→"使用状况调整"命令。

2. 打开"固定资产变动单"窗口，录入卡片编号、变动后使用状况及变动原因等栏目，单击"保存"按钮，如图 3-7 所示。

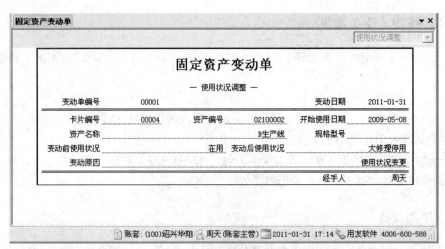

图 3-7 修改固定资产卡片

二、新增固定资产

1. 执行"卡片"→"资产增加"命令，打开"固定资产类别档案"窗口，双击"022 办公设备"如图 3-8 所示。

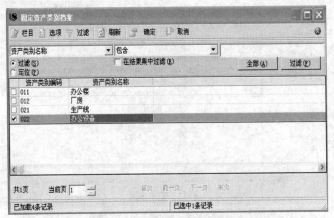

图 3-8　选择固定资产类别

2. 单击"确定"按钮，进入"固定资产卡片[新增资产：00006 号卡片]"窗口，在"固定资产名称"、"使用部门"、"增加方式"、"使用状况"、"使用年限（月）"、"原值"、"净残值率"、"折旧方法"等栏目录入相应资料，如图 3-9 所示。

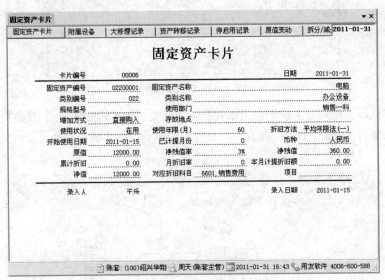

图 3-9　新增固定资产卡片

三、计提本月固定资产折旧

1. 执行"处理"→"计提本月折旧"命令，系统弹出"是否要查看折旧清单？"信息提示框，如图 3-10 所示。

2. 单击"是"按钮，系统提示"本操作将计提本月折旧，并花费一定时间，是否继续？"，如图 3-10 所示，单击"是"按钮，打开"折旧清单"窗口，如图 3-11 所示。

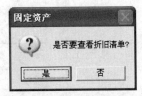

图 3-10　计提折旧

3. 单击"退出"按钮，打开"折旧分配表"窗口，如图 3-12 所示。

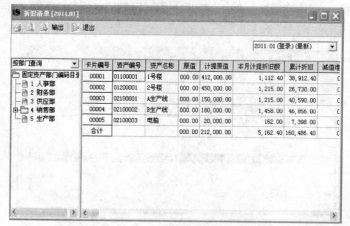

图 3-11　折旧清单

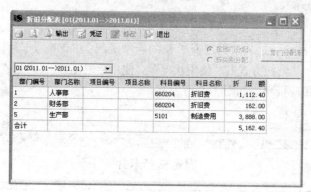

图 3-12　折旧分配表

4. 单击"凭证"按钮，生成 1 张记账凭证。凭证类别为"转账凭证"，贷方科目选择"累计折旧"。设置完整后，单击"保存"按钮，凭证左上角出现"已生成"字样，表示凭证已传递到总账系统，如图 3-13 所示。

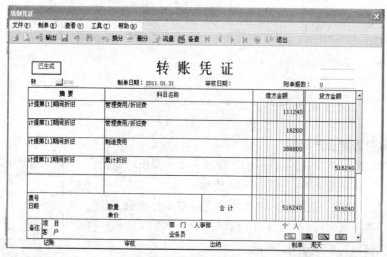

图 3-13　生成凭证

四、减少固定资产

1. 执行“卡片”→“资产减少”命令。

2. 在“卡片编号”和“资产编号”中选择要减少的资产，然后单击“增加”按钮，将资产添加到资产减少表中。

3. 在表内输入资产减少的信息：减少日期、减少方式、清理原因等，如果当时清理输入和费用还不知道，可以以后在该卡片的附表“清理信息”中输入，如图 3-14 所示。

资产减少
卡片编号 00005
资产编号 02100003
条件
增加
确定
删除
取消
卡片编号 资产编号 资产名称 原值 净值 减少日期 减少方式 清理收入
00005 02100003 电脑 20000.00 12602.00 2011-01-31 捐赠转出

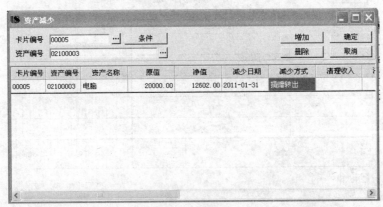

图 3-14 资产减少

4. 单击“确定”按钮，系统提示“所选卡片已经减少成功”，即完成该资产的减少，如图 3-15 所示。

固定资产
所选卡片已经减少成功!
确定

图 3-15 资产减少成功提示

五、批量制单

1. 执行“处理”→“批量制单”命令，打开“批量制单_制单选择”对话框，单击“全选”按钮，或双击“选择”栏，选中要制单的业务，单击“制单设置”选项卡，查看制单科目设置，如图 3-16 所示。

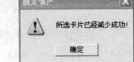

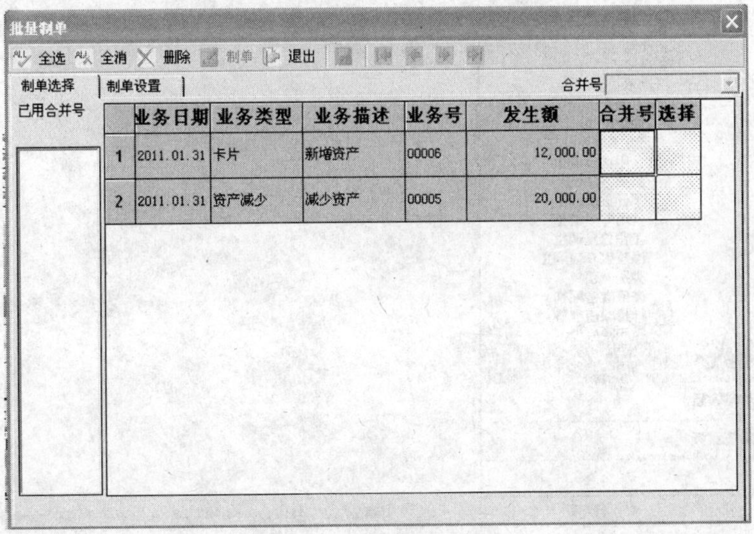

批量制单
全选
全消
删除
制单
退出
制单选择
制单设置
合并号
已用合并号
业务日期 业务类型 业务描述 业务号 发生额 合并号 选择
1 2011.01.31 卡片 新增资产 00006 12,000.00
2 2011.01.31 资产减少 减少资产 00005 20,000.00

图 3-16 选择批量制单业务

2. 单击"制单"按钮，修改凭证类别为"付款凭证"，分别在相应栏目录入资料，单击"保存"按钮，如图 3-17 所示。

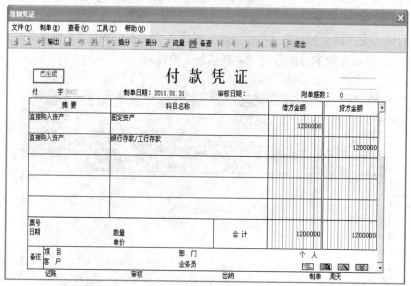

图 3-17　生成凭证

六、固定资产变动

1. 执行"卡片"→"变动单"→"折旧方法调整"命令，如图 3-18 所示。

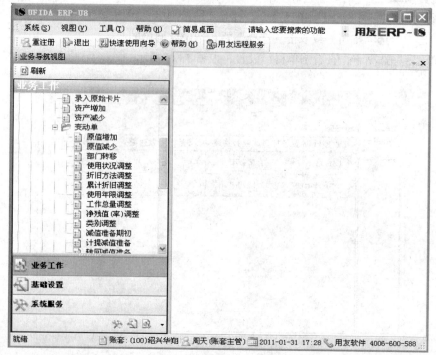

图 3-18　固定资产变动菜单

2. 打开"固定资产变动单"窗口，录入卡片编号、变动后使用状况及变动原因等栏目，单击"保存"按钮，如图 3-19 所示。

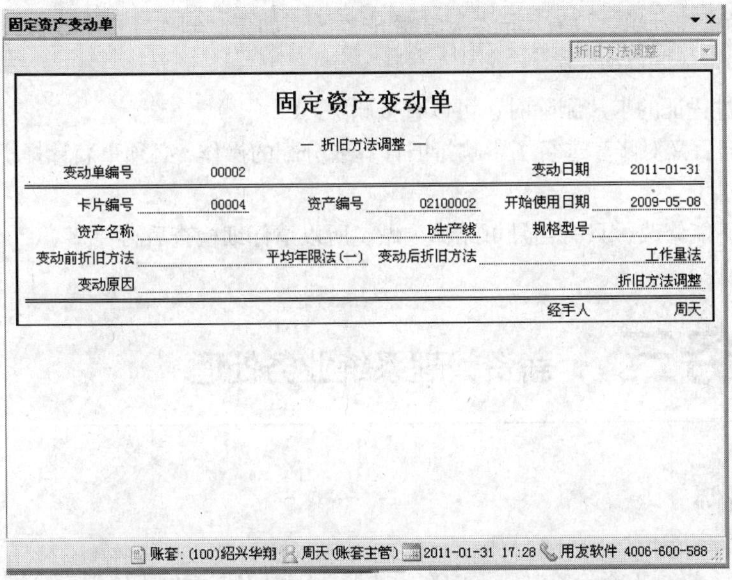

图 3-19　折旧方法调整

职业能力判断与选择

一、单项选择题

1. 固定资产可以对资产卡片进行（　　）调整。

A. 累计折旧　　　　B. 使用年限　　　　C. 折旧方法　　　　D. 原值

2. 固定资产核算系统启用之后的日常处理主要包括（　　）。

A. 增减变动处理与记提折旧　　　　　　B. 凭证的输入、审核与记帐

C. 记提折旧与成本核算　　　　　　　　D. 设备采购与应付款管理

3. 在固定资产核算系统中，能够确定固定资产是否记提折旧的数据项是（　　）。

A. 资产名称　　　B. 资产原值　　　C. 折旧方法　　　D. 使用状态

4. 固定资产核算系统记提折旧时是在卡片文件中（　　）进行计算折旧额的。

A. 逐个部门　　　B. 逐个资产　　　C. 逐类资产　　　D. 逐个用途

二、多项选择题

1. 发生的固定资产折旧费，按其不同使用部门应记入的有关账户是（　　）。

A. 生产成本　　　B. 管理费用　　　C. 制造费用　　　D. 产品销售费用

三、判断题

1. 如果固定资产管理系统与总账系统相连，那么总账系统必须在固定资产系统总账后方可进行结账工作。（　　）

2. 电算化后，根据固定资产卡片中有关信息和规定选用折旧方法，可自动计算折旧，而不需要人工计算和填列。（　　）

3. 如果修改的内容是原值或累计折旧数值，且该资产已制作了记账凭证，只有删除该凭证才能修改卡片。（　　）

4. 通过"资产增加"录入系统的卡片如果没有制作凭证和变动单、评估单情况下，录入当月可修改。如果做过变动单，只有删除变动单才能修改。如果已制作凭证，要修改原值或累计折旧必须删除凭证后，才能修改。（　　）

5. 已制作过凭证的卡片删除时，可以直接删除。（　　）

6. 计提折旧后又对账套进行了影响折旧计算或分配的操作，必须重新计提折旧，否则系统不允许结账。（　　）

7. 变动单不能修改，只有当月可删除重做，所以请仔细检查后再保存。（　　）

学习任务 | **任务三** 薪资管理系统业务处理

任务引例

某企业月末在进行工资分摊时，不同部门的职工需要根据应付工资总额分别计提"职工福利费"和"工会经费"，"职工福利费"的计提比率为14%，"工会经费"的计提比率为2%。根据上述要求，如何对"职工工资"、"职工福利费"和"职工经费"进行设置？

知识准备与业务操作

一、工资变动

用于日常工资数据的调整变动以及工资项目增减等。比如平常水电费扣发、事病假扣发、奖金录入等。首次进入本功能前，需先进行工资项目设置，然后再录入数据。人力资源产品向设立了对应关系的工资项目传递工资数据。

需要特别注意的问题是，若在选项中修改了"税率表"或重新选择了"收入额合计项"则在退出选项设置后，需要到本功能中执行重新计算功能，否则系统将保留修改个人所得税前的数据状态。

二、工资分摊

财会部门根据工资费用分配表，将工资费用根据用途进行分配，并编制转账会计凭证，传递到总账系统供登账处理之用。单击"业务处理"中的"工资分摊"功能菜单，即可进入该功能。工资分摊中能查询到无权限的部门工资数据，这里只受功能权限控制，不受数据权限控制。

任务实施——薪资管理系统日常业务处理

工作实例

一、2011 年 1 月有关的工资数据表如下。

人员编码	人员姓名	基本工资	职务补贴	福利补贴	奖金	缺勤天数
001	陈燃	5 000	2 000	200	800	
002	周天	4 300	1 500	200	800	
003	王乐	3 800	1 000	200	800	3
004	李红	4 300	900	200	800	
005	张明	3 500	900	200	1 000	
006	刘庆	3 500	900	200	1 200	
007	韩枫	3 500	1 000	200	1 200	
008	杨文忠	4 000		200	1 100	
009	严锐	3 200		200	1 000	2

二、工资分摊的类型及计提标准

工资分摊的类型为"应付工资"和"应付福利费"。

按工资总额的 14% 计提福利费。

三、分摊构成设置

计提类型	部门名称	人员类别	项目	借方科目	贷方科目
应付工资	人事部、财务部	企业管理人员	应发合计	管理费用/工资	应付职工薪酬/工资
	供应部、销售部	经营人员	应发合计	销售费用	
	生产部	车间管理人员	应发合计	制造费用	
	生产部	生产工人	应发合计	制造费用	
应付福利费	人事部、财务部	企业管理人员	应发合计	管理费用/工资	应付职工薪酬/福利费
	供应部、销售部	经营人员	应发合计	销售费用	
	生产部	车间管理人员	应发合计	制造费用	
	生产部	生产工人	应发合计	制造费用	

操作步骤

一、录入工资数据

1. 执行"业务处理"→"工资变动"命令，进入"工资变动"窗口，根据资料录入相关人员有关工资项目数据，如图 3-20 所示。

2. 关闭"工资变动"，系统会提示"数据发生变动后请进行工资计算和汇总，否则工资数据可能不正确！是否进行工资计算和汇总？"，选择"是"，如图 3-21 所示。

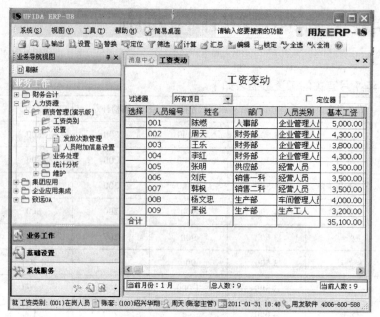

图 3-20　工资变动

图 3-21　重算工资提示

二、工资分摊设置

1. 执行"业务处理"→"工资分摊"命令，打开"工资分摊"对话框，如图 3-22 所示。

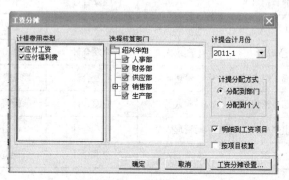

图 3-22　工资分摊设置

　　2. 单击"工资分摊设置"按钮，打开"分摊类型设置"对话框，并单击"增加"按钮，打开"分摊计提比例设置"对话框。在"计提类型名称"栏中录入"应付工资"，"分摊计提比例"选中 100%，如图 3-23 所示。

　　3. 单击"下一步"按钮，打开"分摊构成设置"对话框。在"分摊构成设置"对话框中，分别选择分摊构成的各个项目内容，如图 3-24 所示。

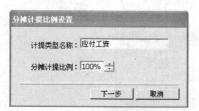

图 3-23　设置计提比例

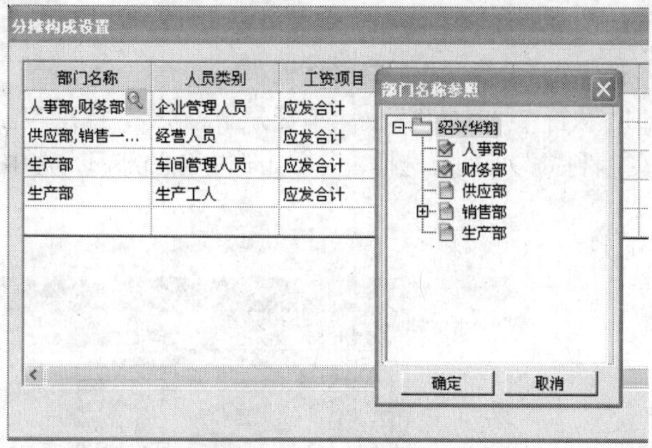

图 3-24　分摊设置构成

4. 设置完成后，如图 3-25 所示。

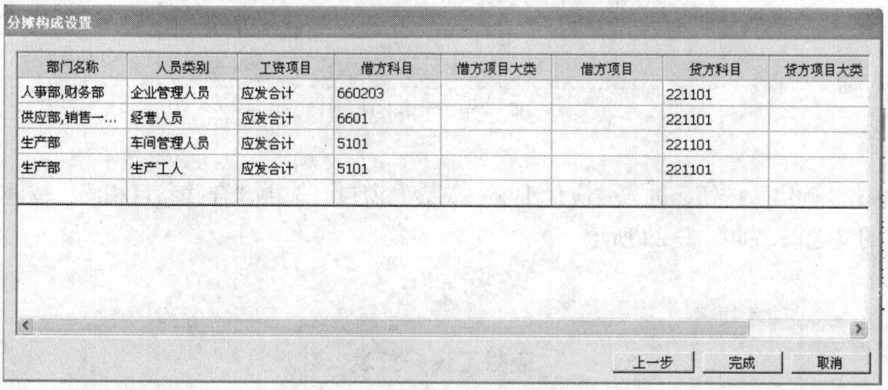

部门名称	人员类别	工资项目	借方科目	借方项目大类	借方项目	贷方科目	贷方项目大类
人事部,财务部	企业管理人员	应发合计	660203			221101	
供应部,销售一…	经营人员	应发合计	6601			221101	
生产部	车间管理人员	应发合计	5101			221101	
生产部	生产工人	应发合计	5101			221101	

图 3-25　完成分摊构成

5. 最后单击"完成"按钮，返回到"分摊类型设置"对话框。单击"增加"按钮，在"计提类型名称"栏中录入"应付福利费"，"分摊计提比例"选中 14%，如图 3-26 所示。

6. 单击"下一步"按钮，打开"分摊构成设置"对话框，在"分摊构成设置"对话框中分别选择分摊构成的各个项目内容，如图 3-27 所示。

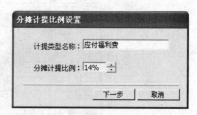

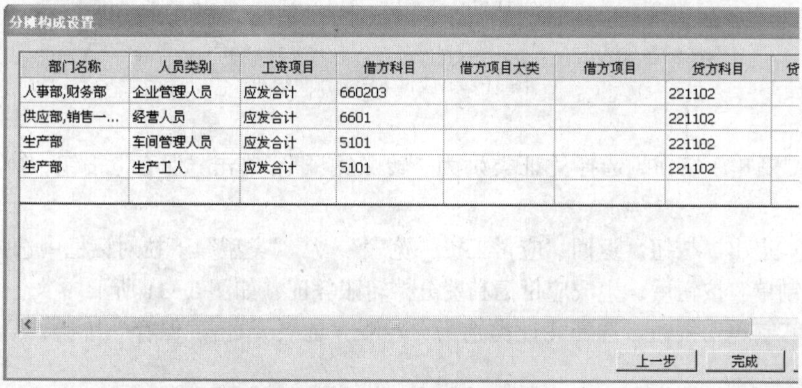

图 3-26　福利费计提设置

部门名称	人员类别	工资项目	借方科目	借方项目大类	借方项目	贷方科目	贷
人事部,财务部	企业管理人员	应发合计	660203			221102	
供应部,销售一…	经营人员	应发合计	6601			221102	
生产部	车间管理人员	应发合计	5101			221102	
生产部	生产工人	应发合计	5101			221102	

图 3-27　福利费分摊构成设置

7. 单击"完成"按钮，完成设置。

三、工资分摊并生成转账凭证

1. 执行"业务处理"→"工资分摊"命令，打开"工资分摊"对话框。分别选中"应付工资"、"应付福利费"前的复选框，并单击选中各个部门，选中"明细到工资项目"复选框，如图 3-28 所示。

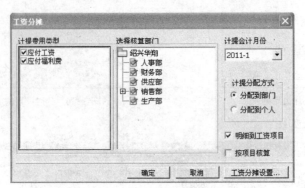

图 3-28　工资分摊

2. 单击"确定"按钮，进入"应付工资一览表"窗口，选中"合并科目相同、辅助项相同的分录"前的复选框，如图 3-29 所示。

工资分摊明细

应付工资一览表

☑ 合并科目相同、辅助项相同的分录

类型 应付工资　　　　　　　　　　　　　　　计提会计月份 1月

部门名称	人员类别	应发合计		
		分配金额	借方科目	贷方科目
人事部	企业管理人员	7400.00	660203	221101
财务部		17000.00	660203	221101
供应部		4800.00	6601	221101
销售一科	经营人员	4800.00	6601	221101
销售二科		4900.00	6601	221101
生产部	车间管理人员	4260.00	5101	221101
	生产工人	3460.00	5101	221101

图 3-29　应付工资分摊明细

3. 单击"制单"按钮，选择凭证类别为"转账凭证"，单击"保存"按钮，结果如图 3-30 所示。

4. 单击"退出"按钮，返回"应付工资一览表"，从"类型"下拉对话框中选中"应付福利费"，单击"制单"按钮后，生成应付福利费分摊转账凭证，如图 3-31 所示。

5. 单击"制单"按钮，选择凭证类别为"转账凭证"，单击"保存"按钮，结果如图 3-32 所示。

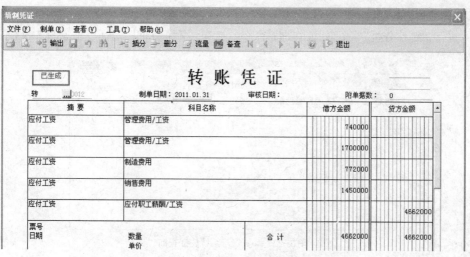

图 3-30　生成工资分摊凭证

图 3-31　应付福利费分摊明细

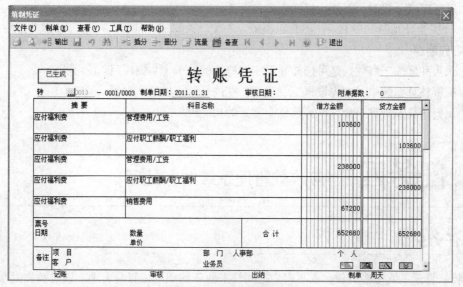

图 3-32　生成应付福利费凭证

四、凭证查询与修改

1. 执行"统计分析"→"凭证查询"命令，打开"凭证查询"对话框，如图 3-33 所示。

图 3-33　薪资管理系统凭证查询

2. 在"凭证查询"窗口中，可以对已生成的"业务类型"进行"冲销"和"删除"操作。

职业能力判断与选择

一、单项选择题

1. 工资管理系统中的日常管理不包括（　　）。

A. 工资数据处理　　　B. 工资报表管理　　　C. 个人所得税计算　　　D. 设置工资核算公式

2. 工资管理系统中，自动转账凭证的编制在（　　）后才能进行。

A. 当月工资业务处理完毕　　　　　　　　B. 月末结转后

C. 工资数据进行汇总后　　　　　　　　　D. 编完工资表后

3. 职工工资中的变动项目是指每月都会发生变化的工资项目，如（　　）。

A. 基本工资　　　B. 交通补贴　　　C. 加班工资　　　D. 职务工资

二、多项选择题

1. 进行工资分摊时，需要选择的内容包括（　　）。

A. 计提会计月份　　　B. 计提费用类型　　　C. 选择核算部门　　　D. 计提分配方式

三、判断题

1. 录入和修改工资数据是可选择显示需要修改的若干个工资项目。（　　）

2. 工资核算系统中，应先设置工资项目，在进行计算机公式设置。（　　）

3. 工资核算及管理是会计核算软件中常见的功能模块之一。（　　）

学习任务　任务四　应收款管理系统业务处理

任务引例

应收款管理系统主要实现企业与客户之间往来业务款项的核算与管理，通过销售发票、其他应收单、收款单等单据的录入，对企业的往来账款进行综合管理，及时、准确地提供客户的往来账款余额资料，提供各种分析报表，如账龄分析表，周转分析、欠款分析、坏账分析、回款分析情况分析等，通过各种分析报表，以进行资金的调配、提高资金的利用效率。

知识准备与业务操作

一、应收单据处理

销售发票与应收单是应收款管理系统日常核算的原始单据。

（一）应收单据录入

应收单据处理指用户进行单据录入和单据管理的工作。通过单据录入，单据管理可记录各种应收业务单据的内容，查阅各种应收业务单据，完成应收业务管理的日常工作。

1．录入销售发票

销售发票是企业本期给客户开具的增值税专用发票、普通发票及零售日报等原始销售票据。在录入销售发票时，企业应根据销售业务内容、性质确定单据名称、单据类型及方向，并在表体中详细录入该项业务的销售情况。

2．录入应收单

应收单是记录企业非销售业务所形成的应收款情况的单据。应收单的实质是一张凭证，表头的信息相当于凭证中的一条分录，单据头中的科目由系统从用户在初始设置时所设置的应收科目中取得；表体中的一条记录也相当于凭证中的一条分录，单据头的金额合计与单据体中的金额合计应相等。

提示

如果同时使用应收款管理系统和销售管理系统，则发票和代垫费用产生的应收单据由销售系统录入，在本系统可以对这些单据进行审核、弃审、查询、核销、制单等功能。此时，在本系统需要录入的单据仅限于应收单。如果没有使用销售系统，则各类发票和应收单均应在本系统录入。

（二）应收单据审核

应收单据界面中显示的单据包括全部已审核、未审核的应收单据，也包括从销售管理系统传入的单据。应收单只有经过审核后才可以生成相应的凭证。应收单的审核可以单张审核，也可以批量审核。做过后续处理进入核销、制单和转账等处理的单据在应收单据审核中不能显示。如果发现已审核的应收单需要进行修改或者其他操作，则需要先将应收单弃审，然后再进行修改。

二、收款单据处理

收款单据处理主要是对结算单据进行管理，包括收款单、付款单（即红字收款单）的录入，以及单张结算单的核销。应收系统的收款单用来记录企业所收到的客户款项，款项性质包括应收款、预收款和其他费用等。应收系统的付款单用来记录发生销售退货时，企业退付给客户的款项。

（一）收款单据录入

1．录入收款单

收款结算是应收款业务日常处理中的一项重要内容，是将已收到的款项作为收款单录入到应收款管理系统。收到客户款项时，可能有 3 种用途：一是客户结算所欠货款；二是客户提前支付的预付款；三是用于支付其他费用。在应收款管理系统中，系统用款项类型来区别不同的用途。

2．待付款的处理

如果收到客户的一笔款项，但该款项中包括为另外一个单位代付的货款。在应收款管理系统中有两种处理方式：一是将代付的款项单独录入 1 张收款单，将付款单位直接记录为另外一个单位，金额为代付金额。二是将付款单位仍然记录为该单位，但通过在表体输入代付客户的功能处理待付款业务。

3．录入付款单

付款单用来记录发生销售退货事，企业开出的退付给客户款项。改付款单可与应收、预收性质的收款单、红字应收单、红字发票进行核销。

4．预收款的录入

在销售业务发生之前，如果预收了客户的款项，也要在"收款单据录入"中处理。

（二）收款单据审核

在"结算单"界面中，系统提供手工审核、自动批审核的功能。结算单列表界面中显示的单据包括全部已审核、未审核的收（付）单，可以进行结算单的增加、修改和删除等操作。

提示

收付款单记录按单据表体的明细记录显示，但是选择标志框是一张单据一个选择标志框。在销售系统中现结形成的收付款单不在该列表中显示。

三、核销处理

单据核销指用户日常进行的收款核销应收款的工作。在不启用应收款系统的情况下，此项工作通过总账系统"客户往来两清"来完成。单据核销的作用是解决收回客商款项核销该客商应收款的处理，建立收款与应收款的核销记录，监督应收款及时核销，加强往来款项的管理。

核销的方式分为两种，即手工核销方式和自动核销方式。手工核销是指由用户根据查询条件手工确定收款单与应收单的对应关系进行核销；自动核销是系统根据输入的过滤条件进行自动核销，并显示自动核销进度条，核销完成后，系统提交"自动核销报告"，显示已核销的情况和未核销的原因。手工核销体现往来款项核销的灵活性，自动核销体现往来款项核销的效率性。

提示

1. 核销方式按单据时，被核销单据列表按单据显示记录，若此时有产品栏目，则只显示该单据的第一个产品信息；核销方式按产品时，被核销单据列表明细到产品显示记录，产品栏目中显示每条记录对应的产品信息。

2. 没有审核过的或者原币余额为 0 的单据记录均不显示在收付款单、被核销单据列表中。收付款单表体中款项类型为其他费用、财务费用和手续费的记录不在收付款单列表中显示。

四、票据管理

票据管理主要是对商业承兑汇票和银行承兑汇票进行日常业务处理，应收款系统票据管理能完成票据的收入、结算、贴现、背书、转出和计息等工作。

增加票据是将企业本期收到的与商业汇票有关的金额、票号、对应客户等资料通过票据管理功能录入到系统中，作为收款单保存并进行审核；票据的结算是指票据到期持票收款；票据贴现是指持票人因急需资金，将未到期的汇票贴给银行一定利息后收取剩余票款，可通过"票据管理"中"贴现"功能完成相应操作；票据背书可在"票据管理"的"背书"功能中，录入有关"被背书单位"等内容后就可以对当前的票据进行背书处理；票据计息是针对带息票据只需输入"计息日期"，系统自动计算带息票据的利息。

五、转账处理

转账处理包括应收冲应收、预收冲应收、应收冲应付以及红票对冲。

（一）应收冲应收

应收冲应收是指将一家客户的应收款转到另一家客户中，通过应收冲应收功能将应收账款在客户之间进行转入、转出，实现应收业务的调整，解决应收款业务在不同客户间入错户或合并户问题。

（二）预收冲应收

预收冲应收是指客户的预收款与该客户应收欠款之间的核销业务。

（三）应收冲应付

应收冲应付是指用客户的应收账款来冲抵供应商的应付款项。系统通过应收冲应付功能将应收款业务的客户和供应商之间进行转账，实现应收业务的调整，解决应收债权与应付债务的冲抵。

（四）红票对冲

红票对冲是将客户的红字应收单据与蓝字应收单据、收款单与付款单中间进行冲抵的操作。

六、坏账处理

坏账处理指系统提供的计提应收坏账准备处理、坏账发生后的处理、坏账收回后的处理等功能。坏账处理的作用是系统自动计提应收款的坏账处理，当坏账发生时即可进行坏账核销，当被核销坏账又收回时，即可进行相应处理。

（一）坏账的计提

企业应在期末分析各项应收款项的可收回性，并预计可能产生的坏账损失，对预计可能发生的坏账计提坏账准备。系统提供的计提坏账的方法主要有销售收入百分比法、应收账款百分比法和账龄分析法。在进行坏账处理之前，需首先在应收款系统选项处设置坏账处理方式，然后在初始设合资中设置坏账准备参数。

（二）坏账发生

坏账发生指系统提供用户确定某些应收款为坏账的工作。通过本功能用户即可选定发生坏账的应收业务单据，确定一定期间内应收款发生的坏账，便于及时用坏账准备进行冲销，避免应收款长期呆滞的现象。

（三）坏账收回

坏账收回指系统提供的对应收款已确定为坏账后又被收回的业务处理功能。通过本功能可以对一定期间发生的应收坏账收回业务进行处理，反映应收账款的真实情况，便于对应收款的管理。

七、制单处理

制单即生成凭证，并将凭证传递到总账，在总账系统进行凭证的审核和记账。系统对销售发票、应收单、结算单等业务提供了实时制单的功能；除此之外，系统提供了一个统一制单的平台，可以在此快速、成批地生成凭证，并可依据规则进行合并制单等处理。

提示

1. 本系统的控制科目可在其他系统进行制单，在其他系统制单则会造成应收款管理系统与总账系统对账不平。

2. 制单日期系统默认为当前业务日期。制单日期应大于等于所选的单据的最大日期，但小于当前业务日期。

3. 一张原始单据制单后，将不能再次制单。

任务实施 1——单据处理业务

工作实例

绍兴华翔股份有限公司 2011 年 1 月与各往来客户相关业务如下。

1. 2011 年 1 月 6 日，向宏阳公司销售甲产品 50 台，无税单价为 3 600 元，增值税税率为 17%（销售专用发票号码：5678988），现金折扣条件为 5/10，2/20，n/30。

2. 2011 年 1 月 10 日，向上海立胜公司销售乙产品 10 台，无税单价为 1 000 元，增值税税率为 17%（销售专用发票号码：5678901）。

3. 2011 年 1 月 10 日，向上海立胜公司销售甲产品 20 台，无税单价为 4 000 元，增值税税率为 17%（销售专用发票号码：56789003）。

4. 2011 年 1 月 11 日，向天一公司销售乙产品 15 台，无税单价为 1 200 元，增值税税率为 17%（销售专用发票号码：5678902），以现金代垫运费 2 000 元。

5. 2011 年 1 月 18 日，接银行通知，收到上海立胜公司以信汇方式支付销售乙产品 10 台的货税款。

6. 2011 年 1 月 19 日，收到宏阳公司交来转账支票 1 张，支付前购买甲产品 50 台的价税合计款，支票号 ZZ67104。

操作步骤

一、填制第 1 笔业务销售专用发票

1. 在应收款管理系统中，执行"应收单据处理"→"应收单据录入"命令，打开"单据类别"窗口。

2. 确认"单据名称"栏为"销售发票"，"单据类型"栏为"销售专用发票"后，单击"确定"按钮，打开"销售发票"窗口。

3. 修改开票日期为"2011-01-06"，录入发票号"5678988"，在"客户简称"栏录入"06"，或单击"客户简称"栏的参照按钮，选择"宏阳公司"，在"付款条件"处选择"001"，在"存货编码"栏录入"004"，或单击"存货名称"栏的参照按钮，选择"甲产品"，在"数量"栏录入"50"，在"无税单价"栏录入"3600"，如图 3-34 所示。

4. 单击"保存"按钮，保存已经填制好的销售专用发票。

销售专用发票

打印模版
销售专用发票打印模 ▼

表体排序

发票号 5678988	开票日期 2011-01-06	业务类型
销售类型 经销	订单号	发货单号
客户简称 宏阳公司	销售部门 销售二科	业务员 韩枫
付款条件 5/10,2/20,n/30	客户地址	联系电话
开户银行	账号	税号 120456486329565
币种 人民币	汇率 1	税率 17.00
备注		

	仓库名称	存货编码	存货名称	规格型号	主计量	数量	报价	含税单价	无税单价	无税
1		004	甲产品		台	50.00	0.00	4212.00	3600.00	
2										
3										
4										
5										
6										
7										
8										
9										
10										
11										
12										
13										
14										
15										
16										
17										
18										
19										
20										
21										
合计						50.00				

| 单位名称 绍兴华翔股份有限公司 | 本单位税号 | 本单位开户银行 工行绍兴支行解放大道办事处 |
| 制单人 王乐 | 复核人 王乐 | 银行账号 312000123456 |

图 3-34　销售专用发票

按照同样的方法填制第 2、3、4 笔业务的销售专用发票。

二、填制第 3 笔业务应收单

1. 执行"应收单据处理"→"应收单据录入"命令，打开"单据类别"窗口。单击"单据名称"栏的下三角按钮，选择"应收单"，单击"确定"按钮，打开"应收单"窗口。

2. 修改单据日期为"2011-01-10"，在客户栏录入"01"，或单击客户栏的参照按钮，选择"天一公司"，在"本币金额"栏录入"2000"，在"摘要"栏录入"代垫运费"，在下半部分的"科目"栏录入"1001"，或单击"科目"栏的参照按钮，选择"1001 库存现金"，如图 3-35 所示。

3. 单击"保存"按钮，保存应收单并退出。

三、审核应收单

1. 在应收款管理系统中，执行"应收单据处理"→"应收单据审核"命令，打开"单据类别"窗口。

2. 单击"确定"按钮，打开"应收单据列表"窗口，如图 3-36 所示。

3. 在"应收单据列表"窗口中，单击"全选"按钮。

4. 单击"审核"按钮，系统提示"本次审核成功单据 5 张"。

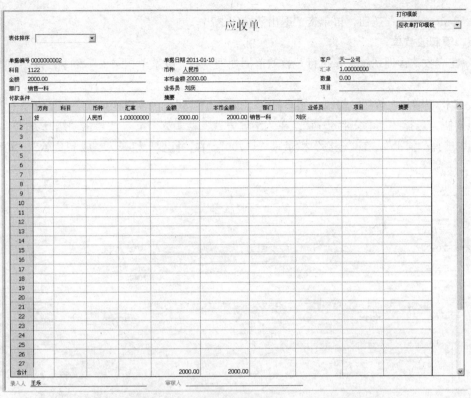

图 3-35　应收单

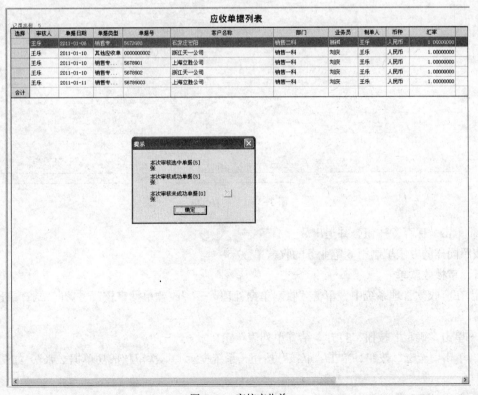

图 3-36　审核应收单

5. 单击"确定"按钮，再单击"退出"按钮退出。

四、填制收款单

1. 在应收款管理系统中，执行"收款单据处理"→"收款单据录入"命令，打开"收款单"窗口。

2. 单击"增加"按钮。修改开票日期为"2011-01-18"，在客户栏录入"04"或单击"客户"栏参照按钮，选择"上海立胜公司"，在"结算方式"栏录入"4"，或单击"结算方式"栏下三角按钮，选择"信汇"，在"金额"栏录入"11700"，在"摘要"栏录入"收到货款"，如图3-37所示。

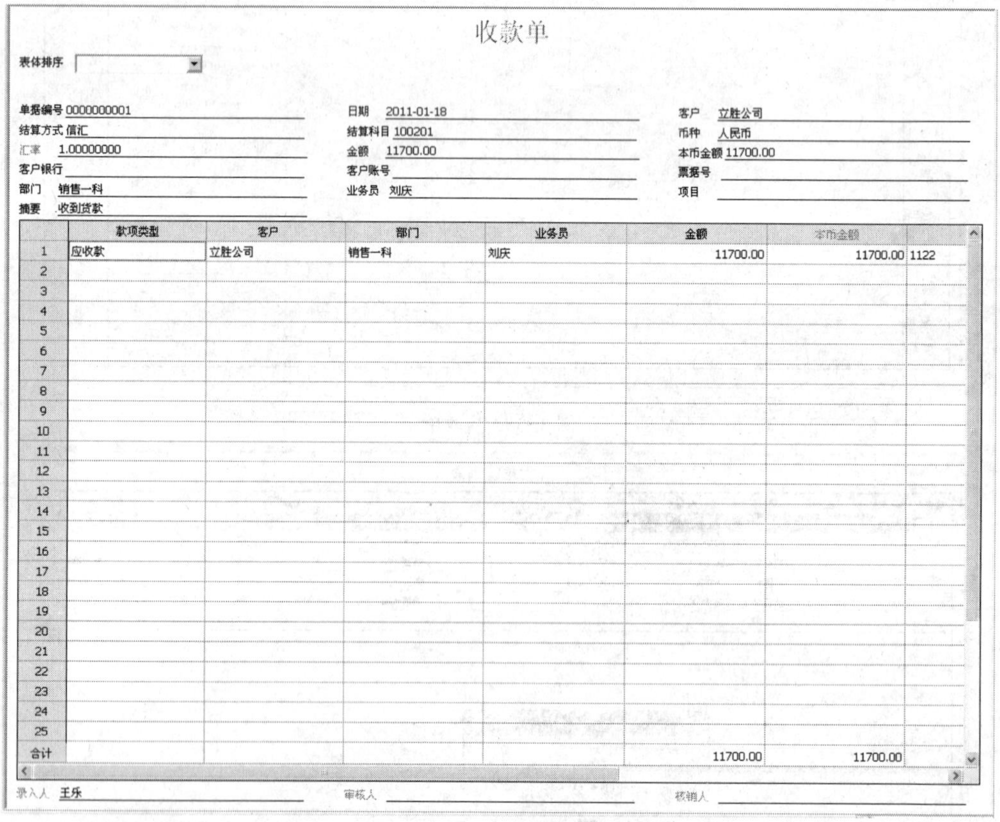

图3-37　填制收款单

3. 单击"保存"按钮，并退出。

按照同样的方法填制第6笔业务的收款单。

五、审核收款单

1. 在应收款管理系统中，单击"收款单据处理"→"收款单据审核"，打开"结算单过滤条件"窗口。

2. 单击"确定"按钮，打开"结算单列表"窗口。

3. 单击"全选"按钮，单击"审核"按钮，系统提示"本次审核成功单据2张"，如图3-38所示。

4. 单击"确定"按钮并退出。

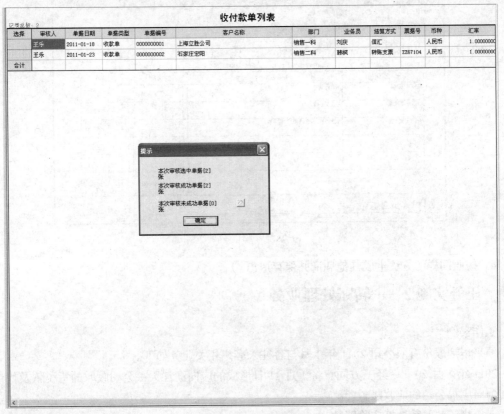

图 3-38 审核收款单

六、制单

1. 在应收款管理系统中，执行"制单处理"命令，打开"制单查询"窗口。

2. 在"制单查询"窗口中，单击"应收单制单"、"发票制单"以及"收付款单制单"，如图 3-39 所示。

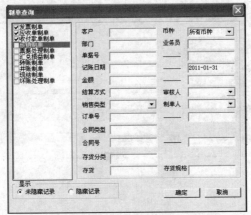

图 3-39 制单查询

3. 单击"确定"按钮，进入"应收制单"窗口，单击"全选"按钮，单击"制单"按钮，生成 1 张转账凭证，单击"保存"按钮，如图 3-40 所示。

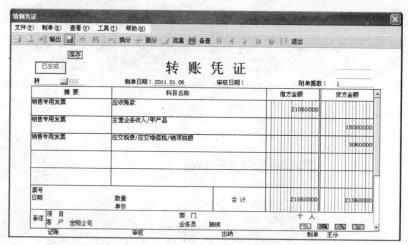

图 3-40 生成凭证

4. 按照同样的方法生成其他凭证并保存退出。

 任务实施 2——转账处理业务

工作实例

绍兴华翔股份有限公司 2011 年 1 月与各往来客户相关业务如下。

2011 年 1 月 20 日，经三方同意将 1 月 11 日形成的应向浙江天一公司收取的货税款及代垫费用转为向广福公司的应收账款。

一、将应收账款冲抵应收账款

1. 在应收款管理系统中，执行"转账"→"应收冲应收"命令，打开"应收冲应收"对话框。

2. 在转出户栏录入"01"，或单击转出户栏的参照按钮，选择"浙江天一公司"，再在"转入户"栏录入"07"，或单击"转入户"栏参照按钮，选择"上海广福公司"，如图 3-41 所示。

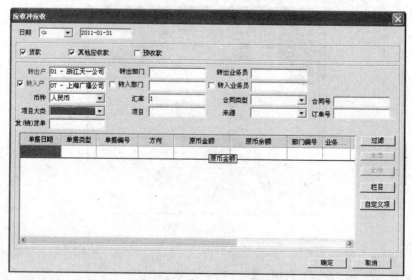

图 3-41 "应收冲应收"对话框

3. 单击"过滤"按钮。在第 1 行并账金额栏录入"608.4"，再在第 3 行"并账金额"栏录入"120"，如图 3-42 所示。

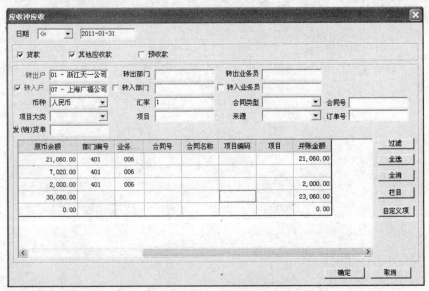

图 3-42 设置并账金额

4. 单击"确定"按钮，出现"是否立即制单"提示，单击"否"按钮，单击"取消"按钮退出。

二、制单

1. 在应收款管理系统中，执行"制单处理"命令，打开"制单查询"窗口。

2. 在"制单查询"窗口中，单击"并账制单"按钮，如图 3-43 所示。

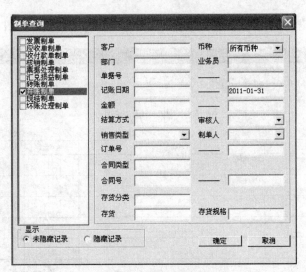

图 3-43 制单查询窗口

3. 单击"确定"按钮，进入"并账制单"窗口，单击"全选"按钮，并单击"凭证类别"栏下的下三角按钮，选择"转账凭证"，如图 3-44 所示。

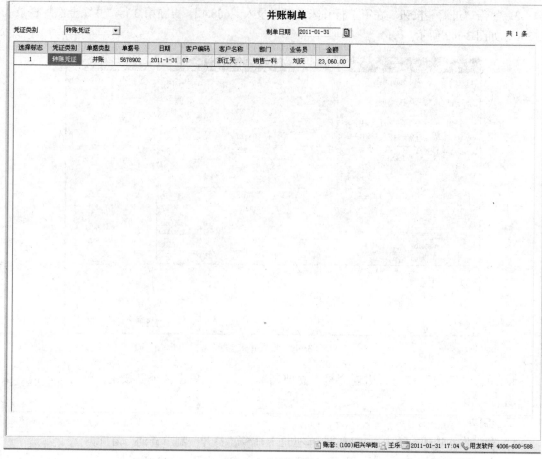

图 3-44　并账制单

4. 单击"制单"按钮，生成 1 张转账凭证，单击"保存"按钮，如图 3-45 所示，并退出。

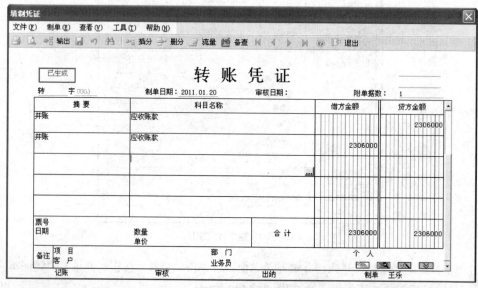

图 3-45　生成凭证

任务实施3——坏账处理业务

工作实例

绍兴华翔股份有限公司2011年1月与各往来客户相关业务如下：

1. 2011年1月22日，将1月20日形成的应向广福公司收取的应收账款转为坏账。

2. 2011年1月26日，收到银行通知（电汇），收回已作为坏账处理的应向广福公司收取的应收账款。

3. 2011年1月31日，计提本月坏账准备。

业务八

一、发生坏账

1. 在应收款管理系统中，执行"坏账处理"→"坏账发生"命令，打开"坏账发生"对话框。

2. 将日期修改为"2011-01-22"，在"客户"栏录入"07"，或单击"客户"栏的参照按钮，选择"广福公司"，如图3-46所示。

3. 单击"确定"按钮，进入"坏账发生单据明细"窗口。

4. 在"本次发生坏账金额"栏第1行录入"21060"，再在第3行录入"2 000"，如图3-47所示。

图3-46 设置坏账信息

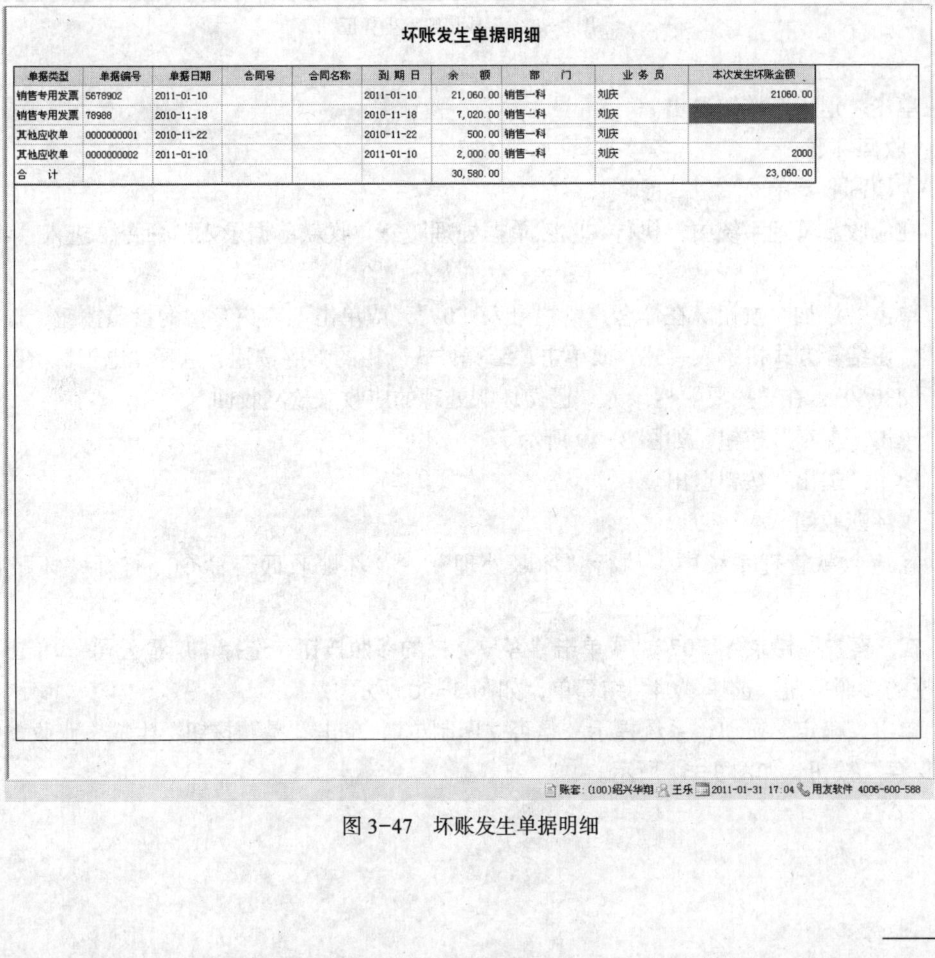

坏账发生单据明细

单据类型	单据编号	单据日期	合同号	合同名称	到期日	余额	部门	业务员	本次发生坏账金额
销售专用发票	5678902	2011-01-10			2011-01-10	21,060.00	销售一科	刘庆	21060.00
销售专用发票	78988	2010-11-18			2010-11-18	7,020.00	销售一科	刘庆	
其他应收单	0000000001	2010-11-22			2010-11-22	500.00	销售一科	刘庆	
其他应收单	0000000002	2011-01-10			2011-01-10	2,000.00	销售一科	刘庆	2000
合计						30,580.00			23,060.00

账套：(100)绍兴华翔　王乐　2011-01-31 17:04　用友软件 4006-600-588

图3-47 坏账发生单据明细

5. 单击"确定"按钮，出现"是否立即制单"提示，单击"确定"按钮，生成发生坏账的记账凭证，修改凭证类别为"转账凭证"，单击"保存"按钮，如图3-48所示。

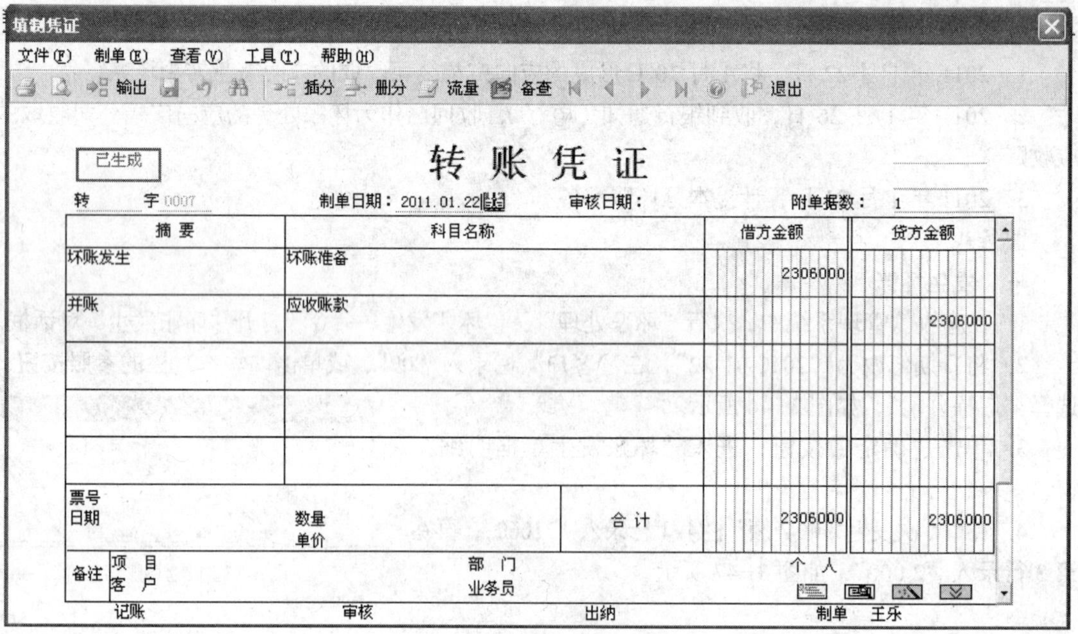

图3-48 生成坏账发生凭证

6. 单击"退出"按钮退出。

二、收回坏账

（一）填制收款单

1. 在应收款管理系统中，执行"收款单据处理"→"收款单据录入"命令，进入"收款单"窗口。

2. 单击"增加"按钮。在"客户"栏录入"07"，或单击"客户"栏的参照按钮，选择"广福公司"，在结算方式栏录入"5"，或单击"结算方式"栏的参照按钮，选择"电汇"，在"金额"栏录入"23060"，在"摘要"栏录入"已做坏账处理的应收账款又收回"。

3. 单击"保存"按钮，如图3-49所示。

4. 单击"退出"按钮退出。

（二）坏账收回

1. 在应收款管理系统中，执行"坏账处理"→"坏账收回"命令，打开"坏账收回"对话框。

2. 在"客户"栏录入"07"，或单击"客户"栏的参照按钮，选择"广福公司"，单击"结算单号"栏的参照按钮，选择"04"结算单，如图3-50所示。

3. 单击"确定"按钮，系统提示"是否立即制单"，单击"是"按钮，生成1张收款凭证，单击"保存"按钮，如图3-51所示。

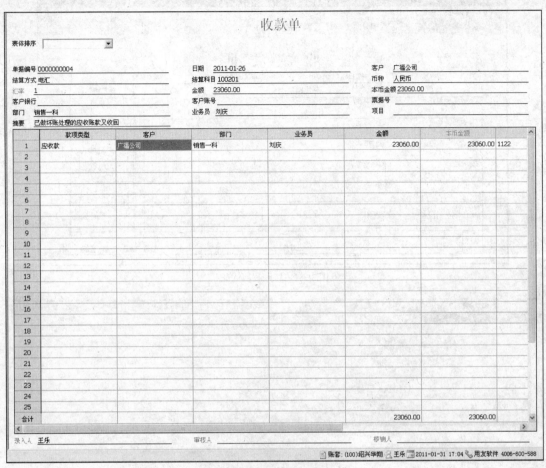

图 3-49　填制收款单

图 3-50　坏账收回

4. 单击"退出"按钮退出。

三、计提坏账

1. 执行"坏账准备"→"计提坏账准备"命令，打开"计提坏账准备"窗口，系统将自动计算本期计提坏账，如图 3-52 所示。

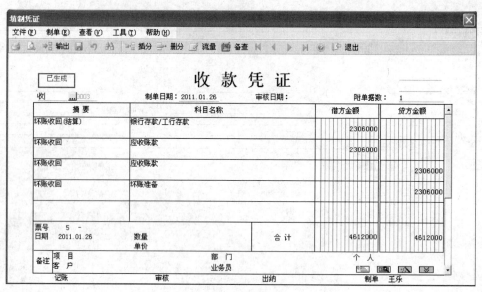

图 3-51　坏账收回凭证

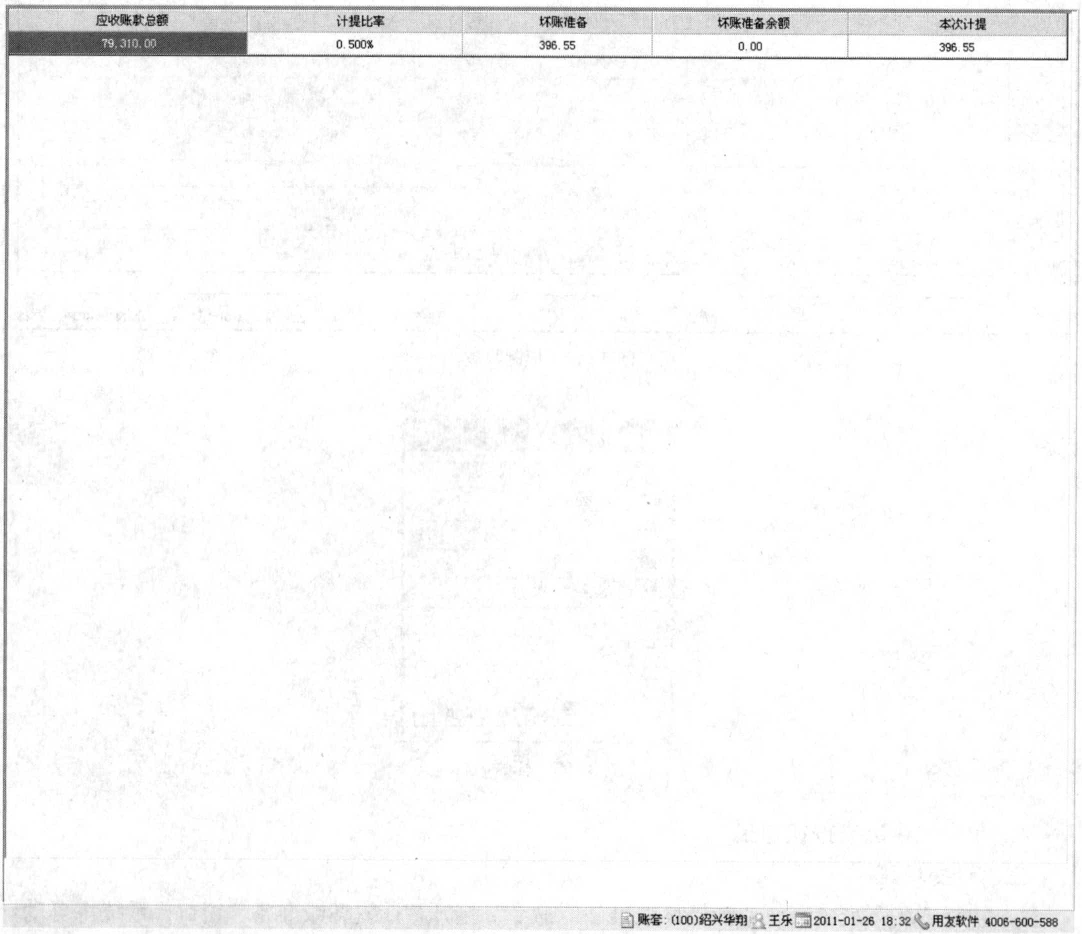

应收账款总额	计提比率	坏账准备	坏账准备余额	本次计提
79,310.00	0.500%	396.55	0.00	396.55

图 3-52　计提坏账设置

2. 单击 "OK" 按钮, 系统弹出 "是否立即制单" 对话框, 如图 3-53 所示。

3. 单击 "是" 按钮, 生成 1 张转账凭证, 单击 "保存" 按钮, 如图 3-54 所示, 并退出。

图 3-53 "是否立即制单" 提示窗口

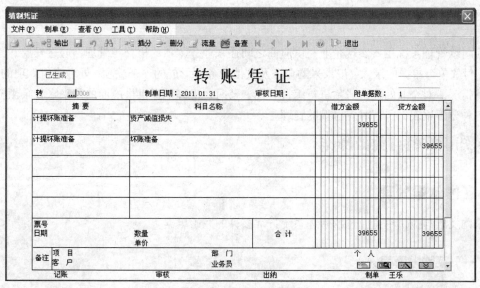

图 3-54 生成凭证

职业能力判断与选择

一、填空题

1. 应收单表头项目必须是_____的受控科目, 且表头科目方向即为用户所选择的单据方向。

2. 坏账的处理包括_____、_____和坏账的_____。

二、单项选择题

1. 应收单据处理是( )系统处理的起点, 允许用户录入销售业务的各类发票, 以及销售业务之外的应收单。

A. 应付款管理　　　　B. 应收款管理　　　　C. 收款单　　　　　　D. 付款单

2. 在客户往来核算业务在应收款管理系统核算的情况下, 由销售业务形成的记账凭证应在( )生成。

A. 总账系统　　　　　B. 销售管理系统　　　C. 应收款管理系统　D. 存货管理系统

三、判断题

1. 在应收款管理系统中设置的控制科目, 必须是在总账系统中已被设置为 "供应商往来" 的会计科目。( )

2. 应收款管理系统与销售管理系统集成使用, 销售发票即可以销售管理系统中录入, 也可以在应收款管理系统中录入。( )

学习
任务 **任务五** 应付款管理系统业务处理

任务引例

应付款管理系统主要实现企业与供应商之间往来业务款项的核算与管理，通过发票、其他应付单、付款单等单据的录入，记录采购业务及其他业务所形成的往来款项，处理应付款项的支付、转账等情况，对企业的往来账款进行综合管理，及时、准确地提供供应商的往来账款余额资料，提供各种分析报表，实现对应付款的管理。

知识准备与业务操作

一、应付单据处理

采购发票与应付单是应付款管理系统日常核算的原始单据。

（一）采购发票录入

采购发票是企业开给供应商的增值税专用发票、普通发票及零售日报等原始采购票据。

（二）应付单据录入

应付单是记录非采购业务所形成的应付款情况的单据。应付单的实质是一张凭证，表头的信息相当于凭证中的一条分录，单据头中的科目由系统从用户在初始设置时所设置的应付科目中取得；表体中的一条记录也相当于凭证中的一条分录，单据头的金额合计与单据体中的金额合计应相等。

（三）应付单据审核

审核是对应付单的确认，应付单只有经过审核后才可以生成相应的凭证。应付单据审核提供对采购发票以及应付单的审核，系统提供手工审核和自动批审的功能。应付单据审核界面中显示的单据包括全部已审核和未审核的应付单据，也包括从采购系统传入的单据。如果发现已审核的应负担需要修改或是要进行其他操作，则需要先将应付单弃审，再进行修改。

> **提示**
>
> 如果同时使用应付款管理系统和采购系统，则发票由采购系统录入，在本系统可以对这些单据进行审核、弃审、查询、核销、制单等功能。此时，在本系统需要录入的单据仅限于应付单。如果没有使用采购系统，则各类发票和应付单均应在本系统录入。

二、付款单据处理

付款结算是应付款业务日常处理中的一项重要内容，是将已付款项作为付款单录入到应付款管理系统，由应付款管理系统对采购发票或应付单进行核销，或将付款金额形成预付款。

（一）付款单据录入

付款单据录入，是将支付供应商款项依据供应商退回的款项，录入到应付款管理系统。包括付款单与收款单（即红字付款单）的录入。在应付款日常管理中，主要是通过对应负担和付款单之间进行核销，加强对应付款的管理。除此之外，还可以将付款作为预付款项进行处理。

（二）付款单据审核

付款单据审核主要完成付款单、收款单（即红字付款单）的自动审核、批量审核功能。只有审核后的单据才允许进行核销、制单等处理。

在"付款单据审核"界面中显示的单据包括全部已审核、未审核的付款单据。余额为0的单据在此不能显示。对这些单据的查询，可在"单据查询"中进行。在付款单据审核列表界面，用户也可进行付款单、收款单的增加、修改、删除等操作。

三、核销处理

核销处理指用户日常进行的付款核销应付款的工作。在不启用应收款系统的情况下，此项工作通过总账系统"供应商往来两清"来完成。单据核销的作用是处理付款核销应付款，建立付款与应付款的核销记录，监督应付款及时核销，加强往来款项的管理。

核销的方式分为两种，即手工核销方式和自动核销方式。手工核销是指由用户手工确定系统内付款与应付款的对应关系，选择进行核销。通过本功能可以根据查询条件选择需要核销的单据，然后手工核销，加强往来款项核销的灵活性；自动核销是指系统自动确定系统内付款与应付款的对应关系，选择进行核销。通过本功能可以根据查询条件选择需要核销的单据，然后系统自动核销，加强往来款项核销的效率性。

提示

结算单记录按单据表体的明细记录显示，但是选择标志框是一张单据一个选择标志框。在采购系统中现付形成的收付款单不在该列表中显示。

四、票据管理

票据管理主要是对商业承兑汇票和银行承兑汇票进行日常业务处理，所有涉及票据的收入、结算、转出和计息等处理都应该在票据管理中进行。

增加票据是在系统中开具一张本期发生的以商业汇票支付的款项，通过"付款单过滤条件"

对话框，录入有关资料，并经过审核后，系统自动生成商业承兑汇票的付款单；票据的结算是指票据到期，持票付款的处理；票据贴现是指由于某种原因导致票据到期而无力支付时，应该将应付票据转入应付款项；票据计息是针对带息票据只需输入"计息日期"，系统自动计算带息票据的利息。

五、转账处理

转账处理包括应付冲应付、预付冲应付、应付冲应收及红票对冲业务处理。

（一）应付冲应付

是指将一家供应商的应付款转到另一家供应商中通过应付冲应付功能将应付账款在供应商之间进行转入、转出，实现应付业务的调整，解决应付款业务在不同供应商间入错户或合并户问题。

（二）预付冲应付

通过预付冲应付处理供应商的预付款、红字预付款与该供应商应付欠款和红字应付款之间的转账核销业务。

（三）应付冲应收

用供应商的应付账款来冲抵供应商的应收账款。系统通过应付冲应收功能将应付款业务的供应商和客户之间进行转账，实现应付业务的调整，解决应收债权与应付债务的冲抵。

（四）红票对冲

红票对冲可以实现供应商的红字应付单据与蓝字应付单据、收款单与付款单之间进行冲抵的操作。

六、制单处理

制单即生成凭证，并将凭证传递到总账，在总账系统进行凭证的审核和记账。应付款系统在采购发票、应付单、结算单等各个业务处理过程中都提供了实时制单的功能；除此之外，系统提供了一个统一制单的平台，可以在此快速、成批地生成凭证，并可依据规则进行合并制单等处理。

 任务实施1——单据处理业务

工作实例

绍兴华翔股份有限公司2011年1月与各往来客户供应商相关业务如下。

1. 2011年1月15日，从浙江春华公司采购A材料10千克，原币单价为1 200元，增值税率为17%（采购专用发票号码：668800）。

2. 2011年1月15日，从同和公司采购B材料20千克，原币单价为110元，增值税率为17%

（采购专用发票号码：668811），运费 200 元（运费发票号码 8908）。

3. 2011 年 1 月 22 日，以转账支票支付向同和公司购买 B 材料的货税款，票号 ZZ67105。

操作步骤

一、填制采购专用发票

1. 在应付款管理系统中，执行“应付单据处理”→“应付单据录入”命令，打开“单据类别”对话框。

2. 单击“确定”按钮，进入“采购专用发票”窗口。

3. 修改开票日期为“2011-01-15”，录入发票号“668800”，在“供应商”栏录入“01”，或单击“供应商”栏的参照按钮，选择“春华公司”，在“存货编码”栏录入“001”，或单击“存货编码”栏的参照按钮，选择“A 材料”， 在“数量”栏录入“10”，在“原币单价”栏录入“1 200”，如图 3-55 所示。

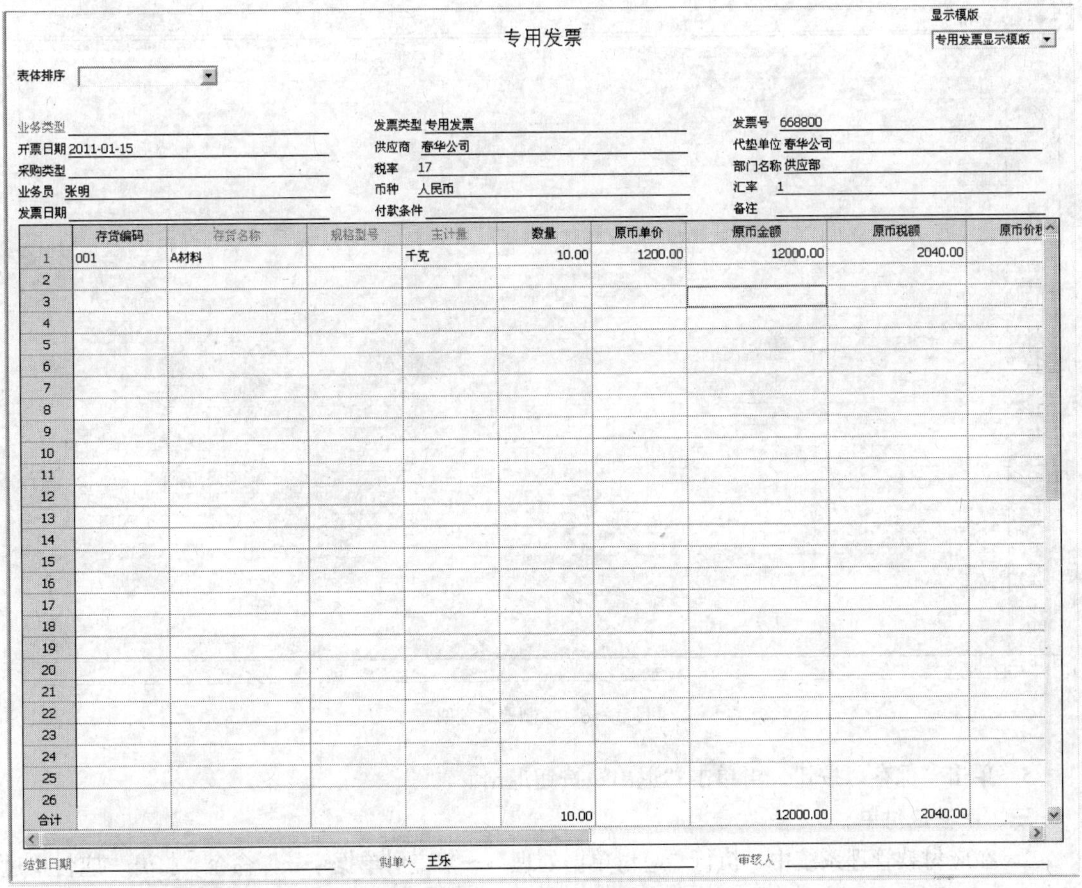
专用发票

显示模版 专用发票显示模版

表体排序

业务类型
开票日期 2011-01-15
采购类型
业务员 张明
发票日期
发票类型 专用发票
供应商 春华公司
税率 17
币种 人民币
付款条件
发票号 668800
代垫单位 春华公司
部门名称 供应部
汇率 1
备注

	存货编码	存货名称	规格型号	主计量	数量	原币单价	原币金额	原币税额	原币价税
1	001	A材料		千克	10.00	1200.00	12000.00	2040.00	
2									
3									
4									
5									
6									
7									
8									
9									
10									
11									
12									
13									
14									
15									
16									
17									
18									
19									
20									
21									
22									
23									
24									
25									
26									
合计					10.00		12000.00	2040.00	

结算日期 制单人 王乐 审核人

图 3-55 填制专用发票

4. 单击“保存”按钮，关闭采购专用发票窗口。

按照同样的方法填制第 2 笔业务的采购专用发票。

二、填制第 2 笔业务普通发票

1. 在应付款管理系统中，执行“应付单据处理”→“应付单据录入”命令，打开“单据类别”

对话框。

2. 单击"单据类型"栏的下三角按钮，选择"采购普通发票"，如图 3-56 所示。

3. 单击"确定"按钮，打开"普通发票"窗口。

4. 修改开票日期为"2011-01-15"，录入发票号"8908"，在"供应商"栏录入"03"，或单击"供应商"栏的参照按钮，选择"同和公司"，在税率栏录入"7"，在"存货编码"栏录入"006"，或单击"存货编码"栏的参照按钮，选择"运输费"，在"原币单价"栏录入"200"，如图 3-56 所示。

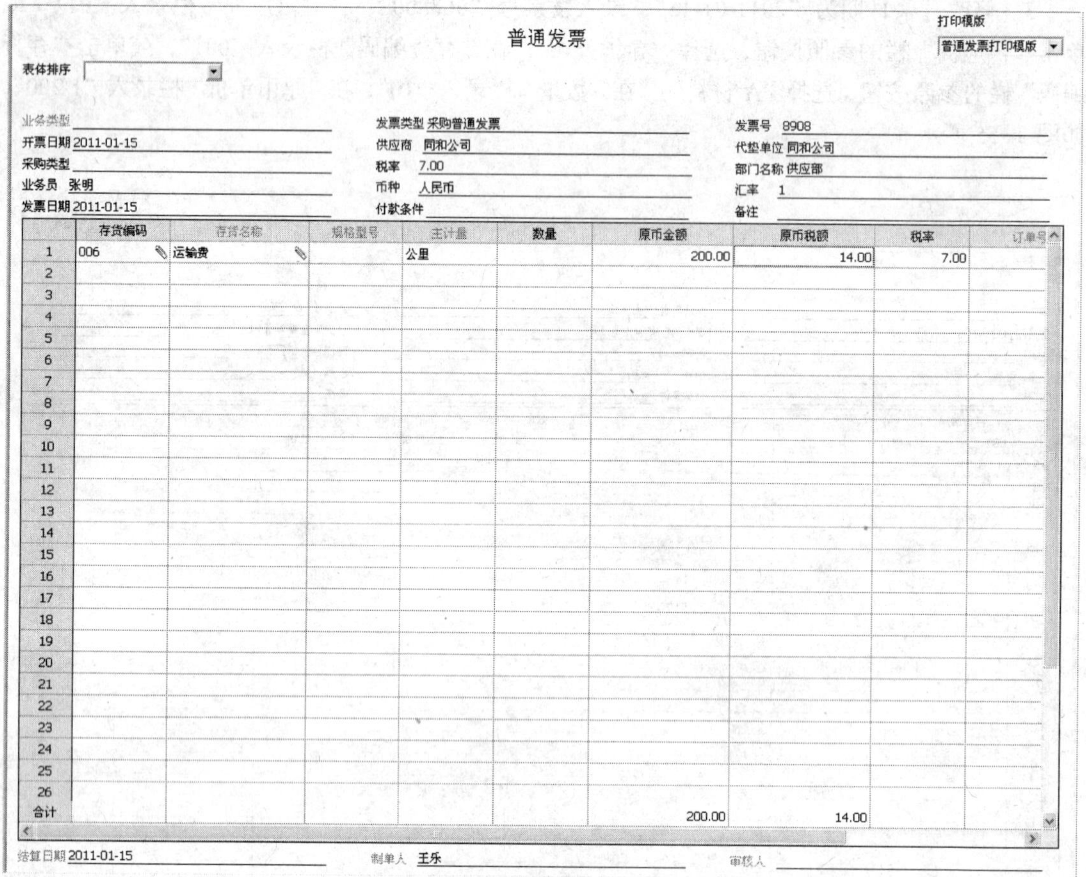

图 3-56 填制普通发票

5. 单击"保存"按钮，再单击"退出"按钮退出。

三、审核应付单

1. 在应付款管理系统中，执行"应付单据处理"→"应付单据审核"命令，打开"应付单过滤条件"窗口。

2. 单击"确定"按钮，打开"应付单据列表"窗口。

3. 在"应付单据列表"窗口中，单击"全选"按钮，如图 3-57 所示。

4. 单击"审核"按钮，系统提示"本次审核成功单据 3 张"，如图 3-58 所示。

5. 单击"确定"按钮，再单击"退出"按钮退出。

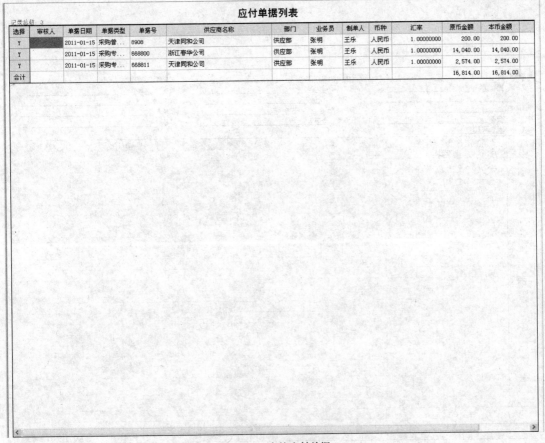

图 3-57　审核应付单据

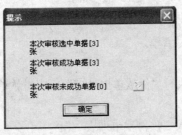

图 3-58　单据审核成功提示窗口

四、填制第 3 笔业务付款单

1. 在应付款管理系统中，执行"付款单据处理"→"付款单据录入"命令，进入"付款单"窗口。

2. 单击"增加"按钮，修改开票日期为"2011-01-22"，在"供应商"栏录入"03"，或单击"供应商"栏的参照按钮，选择"同和公司"，在结算方式栏录入"3"，或单击"结算方式"栏的下三角按钮，选择"转账支票"，在"金额"栏录入"2 774"，在"摘要"栏录入"支付购买钢材的货税款"，如图 3-59 所示。

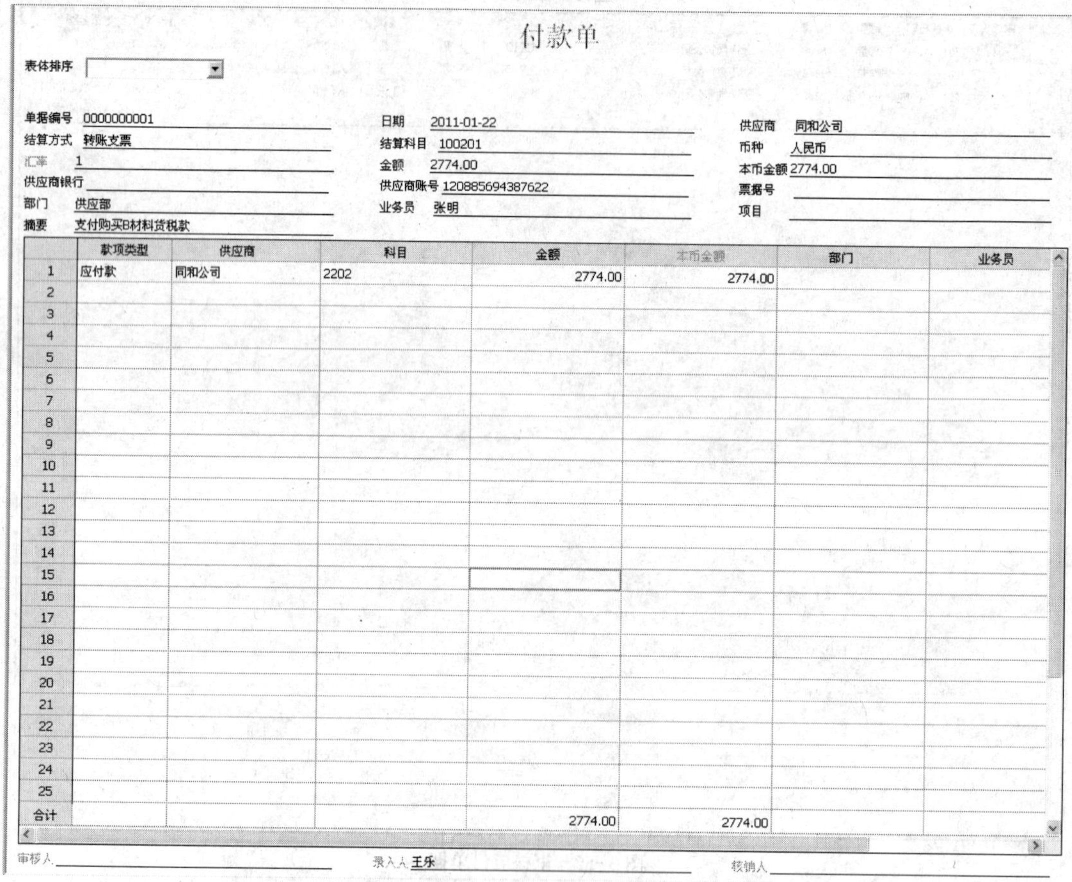

付款单

表体排序					

单据编号 0000000001　　　　　　　日期　2011-01-22　　　　　供应商　同和公司
结算方式 转账支票　　　　　　　　结算科目 100201　　　　　币种　人民币
汇率　1　　　　　　　　　　　金额　2774.00　　　　　本币金额 2774.00
供应商银行　　　　　　　　　供应商账号 120885694387622　　　票据号
部门　供应部　　　　　　　　业务员　张明　　　　　　　项目
摘要　支付购买B材料货税款

	款项类型	供应商	科目	金额	本币金额	部门	业务员
1	应付款	同和公司	2202	2774.00	2774.00		
2							
3							
4							
5							
6							
7							
8							
9							
10							
11							
12							
13							
14							
15							
16							
17							
18							
19							
20							
21							
22							
23							
24							
25							
合计				2774.00	2774.00		

审核人　　　　　　　　　　　录入人 王乐　　　　　　　　　核销人

图 3-59　填制付款单

3. 单击"保存"按钮退出付款单。

五、审核付款单

1. 在应付款管理系统中，执行"付款单据处理"→"付款单据审核"命令，打开"付款单过滤条件"对话框。

2. 单击"确定"按钮，进入"收付款单列表"窗口。

3. 单击"全选"按钮，再单击"审核"按钮，出现"本次审核成功1张"的提示，如图 3-60 所示。

4. 单击"确定"按钮，在"审核人"栏出现审核人的签字，单击"退出"按钮退出。

六、制单

1. 在应付款管理系统中，执行"制单处理"命令，打开"制单查询"窗口。

2. 在"制单查询"窗口中，选择"发票制单"和"收付款单制单"，如图 3-61 所示。

3. 单击"确定"按钮，进入"制单"窗口，单击"全选"按钮。

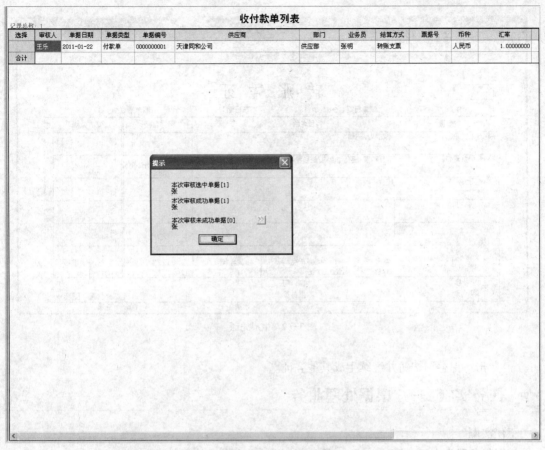

图3-60 审核付款单

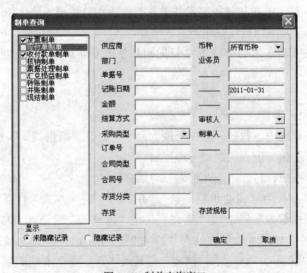

图3-61 制单查询窗口

4. 单击"制单"按钮, 生成1张转账凭证, 如图3-62所示。

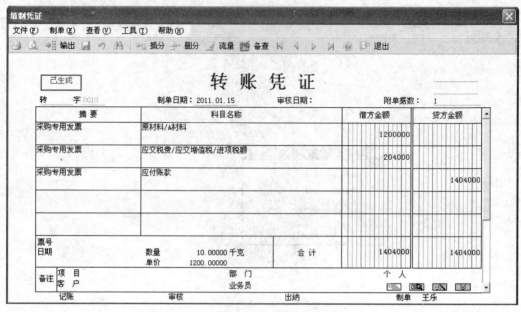

图 3-62　生成凭证

5. 单击"保存"按钮并继续生成其他凭证。

 任务实施 2——票据处理业务

工作实例

绍兴华翔股份有限公司 2011 年 1 月与各往来客户相供应商关业务如下。

1. 2011 年 1 月 3 日，向同和公司签发并承兑的商业承兑汇票 1 张（No.56561），面值 23 400 元，到期日为 2011 年 1 月 23 日。

2. 2011 年 1 月 23 日，将 2011 年 1 月 3 日向同和公司签发并承兑的商业承兑汇票（No.56561）结算。

操作步骤

一、填制商业承兑汇票

1. 在应付款管理系统中，执行"票据管理"命令，打开"票据查询"对话框。

2. 单击"过滤"按钮，进入"票据管理"窗口。

3. 单击"增加"按钮，打开"商业汇票"对话框。

4. 选择"票据类型"为"商业承兑汇票"，并单击"结算方式"栏下三角按钮，选择"商业承兑汇票"，在"票据编号"栏录入"56 121"，在"付款人"栏录入"03"，或单击参照按钮，选择"同和公司"，在"票据面值"栏录入"23 400"，在"出票日期"栏选择"2011-01-03"，在"到期日"栏选择"2011-01-23"，在"摘要"栏录入"签发商业承兑汇票"并保存，如图 3-63 所示。

5. 保存好的商业承兑汇票会自动生成 1 张付款单，如图 3-64 所示。

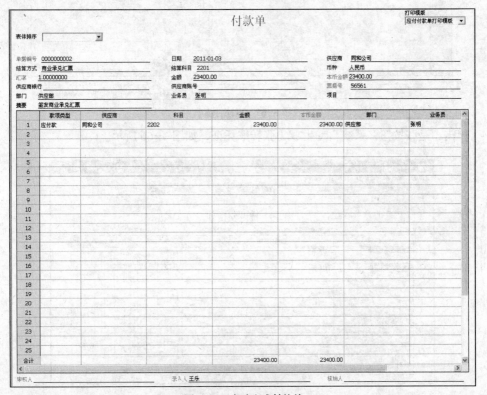

图 3-63　填制商业承兑汇票

图 3-64　自动生成付款单

二、审核付款单

1. 在应付款管理系统中，执行"付款单据处理"→"付款单据审核"命令，打开"付款单过滤条件"对话框。

2. 单击"确定"按钮，进入"收付款单列表"窗口。

3. 双击待审核的付款单（票据号 56561），进入付款单审核窗口，单击"审核"按钮，审核人"栏出现审核人的签字，并弹出"是否立即制单"的对话框，如图 3-65 所示。

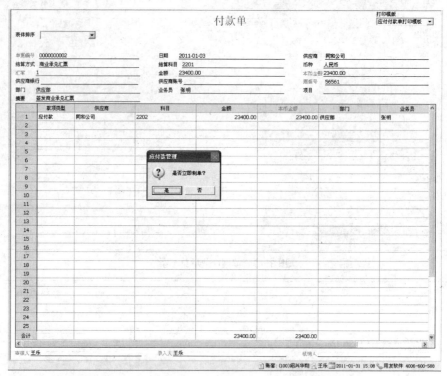

图 3-65　审核付款单

4. 单击"是"按钮，系统自动生成 1 张转账凭证，如图 3-66 所示。

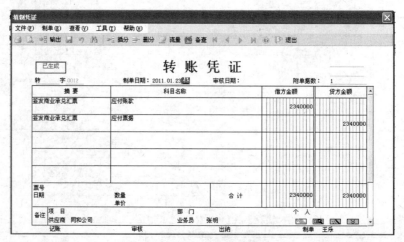

图 3-66　生成凭证

三、商业承兑汇票结算

1. 在应付款管理系统中，执行"票据管理"命令，打开"票据查询"对话框。

2. 单击"过滤"按钮，进入"票据管理"窗口。

3. 双击选中向同和公司签发并承兑的商业承兑汇票（No.56561），单击"结算"按钮，打开"票据结算"对话框。

4. 修改结算日期为"2011-01-23"，录入结算金额"23400"，在结算科目栏录入"100201"，或单击"结算科目"栏的参照按钮，选择"100201 工行存款"，如图3-67所示。

5. 单击"确定"按钮，出现"是否立即制单"提示。

6. 单击"是"按钮，生成结算的记账凭证，修改凭证类别为"付款凭证"，单击"保存"按钮，如图3-68所示。

图3-67 票据结算信息输入

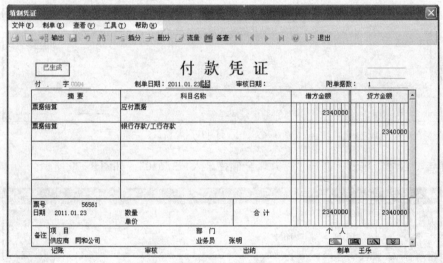

图3-68 生成凭证

7. 单击"退出"按钮退出。

任务实施3——转账处理业务

工作实例

绍兴华翔股份有限公司2011年1月与各往来客户供应商相关业务如下。

1. 2011年1月31日，经三方同意将2010年12月15日形成的应向浙江春华公司支付的货税款38 610元转为顺发公司的应付账款。

2. 2011年1月31日，经双方同意，将向浙江春华公司2011年1月15日购买A材料的货税款与预付款冲抵。

操作步骤

一、应付款冲抵应付款

1. 在应付款管理系统中，执行"转账"→"应付冲应付"命令，打开"应付冲应付"对话框。

2. 在"转出户"栏录入"01",或单击"转出户"栏的参照按钮,选择"浙江春华公司",再在"转入户"栏录入"02",或单击"转入户"栏的参照按钮,选择"南京顺发公司",如图 3-69 所示。

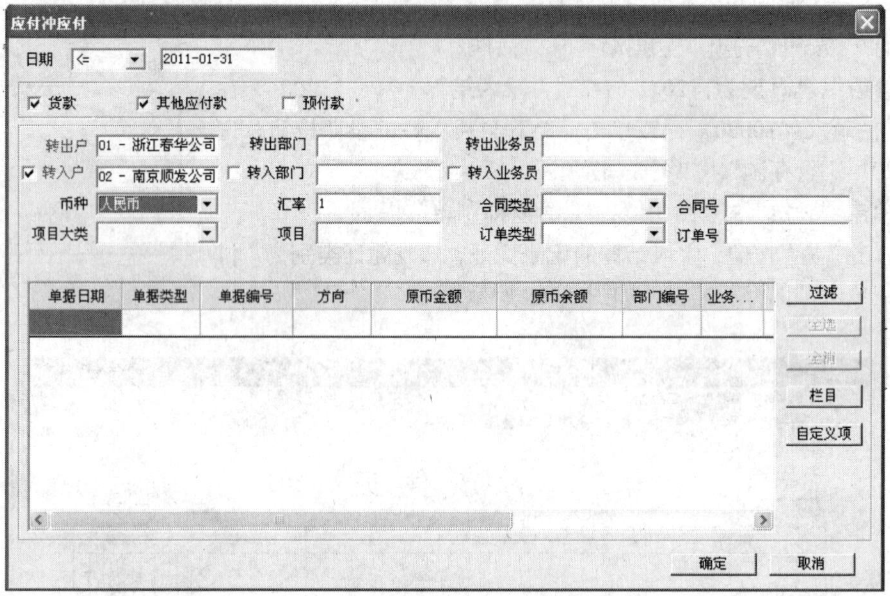

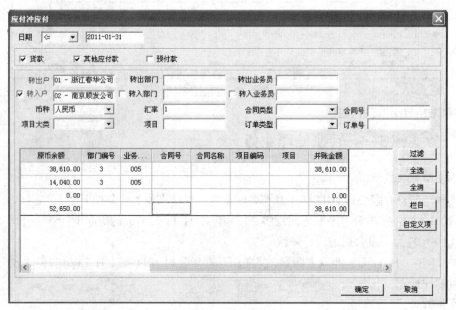

图 3-69 "应付冲应付"窗口

3. 单击"过滤"按钮,在第 1 行并账金额栏录入"38610",如图 3-70 所示。

图 3-70 录入并账金额

4. 单击"确定"按钮,弹出"是否立即制单"信息提示框,单击"是"按钮,系统自动生成 1 张转账凭证,如图 3-71 所示。

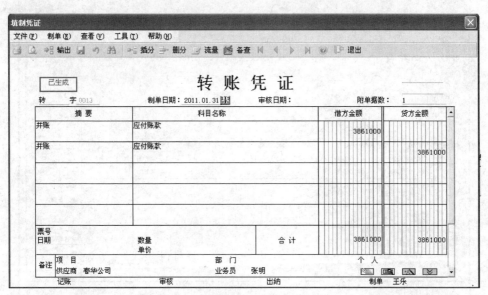

图 3-71　生成凭证

二、预付冲应付

1. 在应付款管理系统中，执行"转账"→"预付冲应付"命令，打开"预付冲应付"窗口。在"供应商"栏录入"01"，或单击"供应商"栏的参照按钮，选择"浙江春华公司"。

2. 单击"过滤"按钮，在"转账金额"栏录入"14040"，如图 3-72 所示。

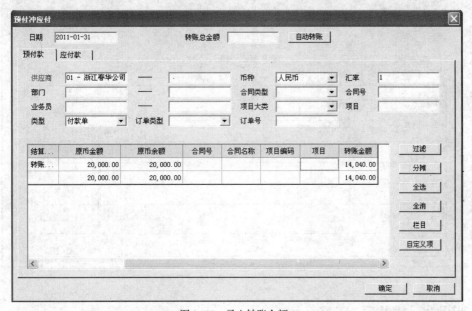

图 3-72　录入转账金额 1

3. 打开"应付款"选项卡，单击"过滤"按钮，在"转账金额"栏录入"14040"，如图 3-73 所示。

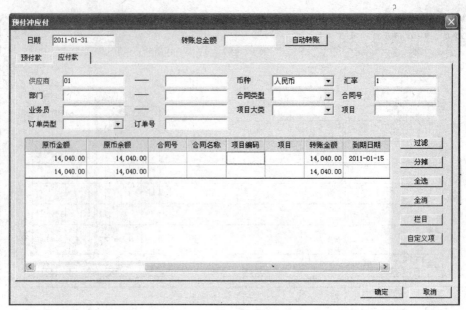

图 3-73　录入转账金额 2

4. 单击"确定"按钮，弹出"是否立即制单"信息提示框，单击"是"按钮，系统将自动生成 1 张转账凭证，如图 3-74 所示。

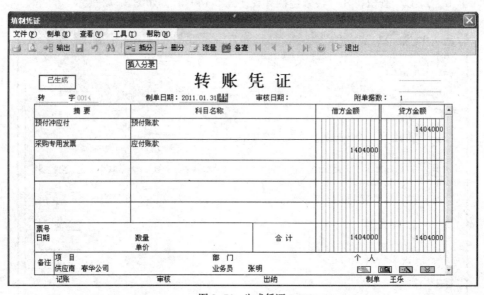

图 3-74　生成凭证

 职业能力判断与选择

一、单项选择题

1. 在供应商往来核算业务在应付款管理系统核算的情况下，由采购业务形成的应付款记账凭证应在（　　）生成。

　　A．总账系统　　　　　　B．采购管理系统　　　C．应付款管理系统　　D．存货管理系统

二、多项选择题

1．当采购管理系统和应付款管理系统同时使用时，应付款管理系统主要负责（　　）。

　　A．录入采购发票　　　B．发票制单　　　　　C．付款结算　　　　　D．采购结算

2．应付款管理系统的查询统计功能主要有（　　）。

　　A．单据查询　　　　　B．业务账表查询　　　C．业务分析　　　　　D．科目账表查询

三、判断题

1．在应付款管理系统中设置的控制科目，必须是在总账系统中已被设置为"供应商往来"的会计科目。（　　）

2．应付款管理系统与采购管理系统集成使用，采购发票即可以在采购管理系统中录入，也可以在应付款管理系统中录入。（　　）

项目小结

　　各系统日常业务处理是会计账簿登记的最直接的依据，是整个业务处理的核心。总账系统日常业务处理主要包括填制凭证、审核凭证、出纳签字、记账等；固定资产系统日常业务处理主要包括资产的新增、资产的减少、固定资产卡片日常管理以及折旧的计提等；薪资管理系统日常业务包括管理所有人员的工资数据、对平时发生的工资变动进行调整、自动计算个人所得税、自动计算并汇总工资数据、自动完成工资分摊、计提、转账业务等；应收款管理系统日常处理包括应收单的录入及审核、收款单的录入及审核、应收票据管理、坏账处理以及相关凭证的生成；应付款管理系统日常业务处理包括应付单的录入及审核、付款单的录入与审核、应付票据的管理以及相关凭证的生成。

项目综合实训

　　中国博阳股份有限公司在 2012 年 1 月发生如下经济业务。

　　（1）1 月 1 日，公司向浙江光栅集团销售产品甲产品 800 件，单价 18 750 元，价税合计 17 550 000 元，光栅集团立即开出现金支票（票号 XJ1201）一张支付货款 750 000 元，余款暂欠。（销售专用发票号码：zyx12601）

　　（2）1 月 2 日，公司购入的 1 台机器设备（甲产品加工机床，使用年限 10 年，残值率 5%，平均年限法 1）经安装调试，验收合格交付二车间使用。该设备发生的买价、税费及安装成本等共计 125 000 元，结转该项工程的实际成本。

　　（3）1 月 2 日，公司开出 9 548 000 元的转账支票 1 张，票号 zz201202，偿还立海纺织有限公司的购料款。

　　（4）1 月 3 日，公司从天闪纺织有限公司购进 A 材料 1 批，发票载明：价款 80 000 元、增值税进项税额 13 600 元，发票号 71202，运杂费 400 元，材料已验收入库。结清上月预付该批材料货款 100 000 元的同时，收到对方退回的余款存入银行。

　　（5）1 月 3 日，公司开出 46 800 元的转账支票 1 张，票号 zz201203，用于向天闪纺织有限公司购买 A、B 两种材料。其中，A 材料 200 吨、单价 50 元，B 材料 300 吨，单价 100 元，增值税进项税额 6 800 元。公司以现金支付上述 A、B 两种材料的运费 500 元。（运费按材料重量比例在

A、B 两种材料之间进行分配）A、B 两种材料已运达公司并验收入库。

（6）1 月 5 日，行政中心赵鑫预借差旅费 12 000 元。

（7）1 月 6 日，公司新成立一个部门为投资中心（部门编号 4），由人事部员工李宓调任该中心负责人。

（8）1 月 7 日，公司开出转账支票 1 张，票号 zz201207，购买办公用品 240 元，劳保用品 560 元，交车间使用。

（9）1 月 8 日，将 1 月 1 日形成的应向浙江光栅集团收取的应收账款转为坏账。

（10）1 月 9 日，公司收到广东鸿蓝集团的转账支票 1 张，票号 zz1209，系归还 2011 年 1 月 11 日所欠的货款。

（11）1 月 9 日，经三方同意将上年 1 月 11 日形成的应向新疆莽一有限公司收取的货税款中的 150 万元转为向鸿蓝集团的应收账款。

（12）1 月 10 日，从立海纺织有限公司购入 d 材料 100 吨，无税单价 128 元，验收入库时，发现短缺 3 吨，系运输部门责任，运输部门同意赔款，款项未付。

（13）1 月 10 日，财务部赵鸿从银行提取现金 20 000 元（现金支票号 xj1210）。

（14）1 月 11 日，收到投资方投入的资金 100 000 元。

（15）1 月 12 日，销售中心叶梅出差回来，报销差旅费 23 615 元，交回剩余现金。

（16）1 月 13 日，财务部的电脑发生故障，报送修理。

（17）1 月 14 日，用转账支票（zz201214）购入电脑 3 台，交付各中心 1 台，电脑每台 5 000 元，采用平均年限法 1，可使用 8 年，净残值率 5%。

（18）1 月 15 日，销售二部向新疆莽一有限公司销售乙产品 100 个，单价 5 000 元（销售专用发票号 zyx12615），双方同意办理银行承兑汇票（票据号 hp1215），期限 1 个月。

（19）1 月 16 日，财务部电脑维修完毕，投入使用，开出现金支票（票据号 xj1216）支付维修费 400 元。

（20）1 月 17 日，从天闪纺织有限公司购入 c 材料 500 吨，无税单价 200 元，款项未付。

（21）1 月 18 日，公司开出转账支票 1 张（支票号 zz1210），用以支付销售中心下销售一部的产品推广费 30 000 元。

（22）1 月 19 日，收到运输部门开来的转账支票 1 张，支票号 zz1219，系 1 月 10 日发生损失的赔款。

（23）1 月 20 日，销售乙产品给博雅艾公司（公司全称：黑龙江博雅艾有限责任公司，一般客户，地区为黑龙江，所属行业是商业）50 件，无税单价 5 000 元，收到承兑汇票 1 张。

（24）1 月 21 日，收到投资者投入的价值 50 万元商务宝马车 1 辆（商务宝马车，交付行政中心使用，交通工具，工作量法，残值率 5%，总工作量 75 万公里）。

（25）1 月 22 日，获得财政补贴款 200 000 元。

（26）1 月 23 日，投资中心以银行存款购入罗平锌电股票 20 万股，购入股价为 7 元，支付手续费 3 000 元。

（27）1 月 24 日，人事部从人才市场招聘员工 1 名（姓名：罗兴平，性别：男，归入投资中心，暂无银行账号）。

（28）1 月 25 日，以电汇（dh201225）15 万元，预付给黄鹏制衣有限公司。

（29）1 月 27 日，财务部以电汇方式支付 1 月 17 日发生的货款。

（30）1月28日，收到银行通知（电汇），收回已作为坏账处理的应向浙江光栅集团收取的应收账款。

（31）1月31日，罗平锌电股价为7.5元。

（32）1月31日，据行政中心人事部核算，本月公司员工部分工资项目如下。

人员姓名	基本工资	岗位津贴	绩效奖金	病假天数	事假天数	工龄
赵鑫	1 800	2 000	3 000			20
李宓	1 200	800	400		2	5
王祥	1 200	850	400	1		7
博阳	1 500	1 500	1 200			15
李霞	1 100	800	400	1		3
赵鸿	1 100	800	400			4
沈冲	1 450	1 700	1 200		3	8
朱琪	1 000	1 200	1 000			2
胡珲	1 000	1 200	1 000		1	1
陈瑾	1 550	1 700	1 200	2		10
张莉	1 050	1 250	1 050			2
陈振	1 100	1 150	950	1		2
叶梅	1 300	1 200	2 500		4	5
姚姗姗	800	700	1 600		1	2
寿梅丽	1 300	1 200	2 500			5
胡雯雯	800	700	1 550			2

注：公司按工资总额14%提取职工福利费；按工资总额2%提取工会经费；按工资总额1.5%提取教育经费；按应发合计总额的1.5%，按应发合计的10%提取住房公积金。

（33）1月31日，据统计，公司本月共发出A材料52 000元，其中，生产甲产品耗料30 000元、生产乙产品耗料18 000元、生产中心一般耗料2 000元、行政中心耗料1 200元、销售中心耗料800元。

（34）1月31日，公司支付一车间固定资产的大修理费1 500元。

（35）1月31日，公司将上述业务记账后，发现第4笔业务的记账凭证和账簿记录中的应借应贷科目的正确的，但金额误记为9 458 000元，予以更正。

（36）1月31日，公司以银行存款上缴上月欠缴的产品销售税费410 000元。

（37）1月31日，应由本月负担的行政中心办公用房租赁费18 000元。

项目综合评价

项目评价记录表

姓　　名：_____　　　　班　　级：_____　　　　评价时间：_____

评价指标		评价标准	所占比例	分值
学习 过程 ∑70	学习任务 ∑50	知识掌握程度	20%	
		学习方法的运用	5%	
		学习的态度	5%	
		职业能力训练成绩	20%	
	综合实训 ∑20	经济业务辨认	5%	
		凭证填制正确	5%	
		单据处理正确	5%	
		知识迁移与转化	3%	
		自我学习与管理能力	2%	
小组 合作 ∑20	工作计划	计划设置及实施	5%	
	过程实施	配合及解决问题的方法	5%	
	合作交流	小组成员间的交流与合作	5%	
	资源利用	资源使用及组织	5%	
能力 素质 ∑10	职业能力	经济业务的辨认	5%	
		单据处理		
		凭证处理		
	职业素质	有敬业精神和团队合作能力	5%	
综合得分				
教师评语		签名： 年　月　日		
学生意见		签名： 年　月　日		

项目四
期末处理

知识目标

1. 掌握总账系统的期末处理；

2. 掌握固定资产模块、薪资管理模块、应收款管理模块、应付款管理模块的期末处理；

3. 理解各模块之间的期末数据的传递顺序。

能力目标

1. 会进行总账系统的期末处理，会进行固定资产模块、薪资管理模块、应收款管理模块、应付款管理模块的期末处理；

2. 能进行这些模块的期末处理操作。

任务一　各子系统对账、结账

任务引例

期末处理指会计人员进行的期末结账工作。如果当月业务已全部处理完毕，在与总账系统进行数据对账，两者数据一致的情况下，就需要执行月末结账功能，只有月末结账后，才可以开始下月工作。一般的期末处理的流程为首先各子系统进行对账和结账，然后是总账系统的对账和结账。

月末处理流程一般首先是对各子系统进行对账和结账，即对固定资产进行月末处理、薪资管理进行月末处理、对应收、应付款管理进行月末处理，最后才对总账系统进行月末处理。当然，对总账之前的其他系统进行对账和结账是可以同时进行处理的。

知识准备与业务操作

各子系统对账包括固定资产、薪资管理、应收款管理、应付款管理这 4 大子系统与总账进行对账，使得该子系统与总账之间的数据保持一致。各子系统的结账是指处理完当月的业务后，需要对该月进行月结，为下月业务准备。

固定资产系统期末处理分为月末对账和月末结账两个环节，月末对账是指固定资产系统和总账系统中固定资产科目的价值进行核对，系统对账后给出对象结果，如果对账不平衡，需要找到原因，才能进行后续结账；在固定资产系统业务终了后，应该进行月末结账，固定资产月末结账后，当期的数据不能修改，如需修改，则需进行恢复。

薪资管理系统期末处理包括月末结转和年末结转，月末结转只有在会计年度 1—11 月进行，一般需要进行授权，否则只能以帐套主管的身份进行月末处理。若本月工资数据未汇总，系统将不允许进行月末结转，进行月末处理后，当月数据将不允许进行变动。薪资管理的年末结转时将工资数据经过处理后结转到下年，新年度帐应在进行数据结转前建立。

应收款管理和应付款管理系统期末处理包括汇兑损益和月末结账两个环节。如果企业有外币往来，则在系统选项中选择汇兑损益的方式月末计算。如果已经确认本月的各项处理已经结束，则可以选择执行月末结账，当执行月末结账后，该月将不能进行任何处理。

任务实施——各子系统对账、结账

工作实例

1. 对固定资产系统进行对账和结账；
2. 对薪资管理系统进行结账；
3. 对应收款管理系统进行结账；
4. 对应付款管理系统进行结账。

操作步骤

1．对固定资产系统进行对账和结账

① 启动"企业应用平台"，输入出纳员 ID-002 或者姓名-王乐，选择帐套为 100，单击"确

定"按钮，进入操作平台。

② 单击"财务会计"→"固定资产"→"处理"→"对账"，弹出对账信息，如图 4-2 所示。

图 4-1　企业应用平台登录　　　　　　　　　　　　　　图 4-2　固定资产与总账系统期末对账

③ 单击"处理"→"月末结账"，弹出月末结账窗口，如图 4-3 所示。

④ 单击"开始结账"按钮，总账系统结账完毕。

2．对薪资管理系统进行结账

① 单击"薪资管理"→"业务处理"→"月末处理"，弹出月末处理窗口，如图 4-4 所示。

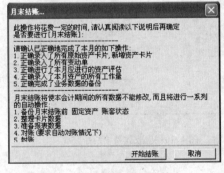

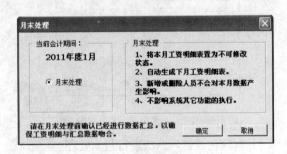

图 4-3　固定资产系统月末结账　　　　　　　　　　　图 4-4　薪资管理系统月末结账

② 单击"确定"按钮，弹出窗口，如图 4-5 所示。

③ 选择"是"，弹出窗口，如图 4-6 所示，把缺勤天数等下月要变动的数据项目移到右边，单击"确定"按钮。

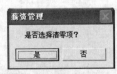

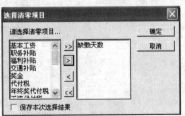

图 4-5　选择是否清零　　　　　　　　　　　图 4-6　清零设置

④ 系统弹出窗口如图 4-7 所示，单击"确定"按钮，薪资管理月末处理完毕。

3. 对应收款管理系统进行结账

① 单击"应收款管理"→"期末处理"→"月末结账",弹出信息如图 4-8 所示。

图 4-7　薪资管理系统月末处理完成　　　　　　图 4-8　开始进行应收款系统结账

② 在弹出的窗口里面,双击一月右边的空白处,出现"Y",单击"下一步"按钮,如图 4-9 所示。

③ 在弹出窗口中,单击"完成"按钮,出现红色的"已结账"标志,如图 4-10 所示。

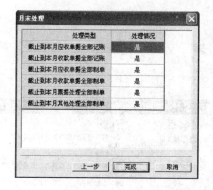

图 4-9　检查应收款系统记账制单情况　　　　　　图 4-10　应收款系统结账完成

4. 对应付款管理系统进行月末处理

① 单击"应付款管理"→"期末处理"→"月末结账",弹出信息,如图 4-11 所示。

② 在弹出的窗口里面,双击一月右边的空白处,出现"Y",单击"下一步"按钮,如图 4-12 所示。

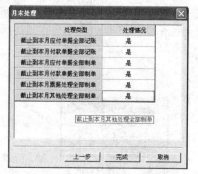

图 4-11　应付款系统月末结账　　　　　　图 4-12　检查应付款系统记账制单情况

③ 在弹出窗口中,单击"完成"按钮,出现红色的"已结账"标志,如图 4-13 所示。

图 4-13　应付款系统结账完成

 职业能力判断与选择

一、单项选择题

1. 期末结转业务是企业每个会计期间（　　　）之前都要进行的固定业务。

A. 凭证审核　　　　　B. 出纳签字　　　　　C. 结账　　　　　D. 记账

2. 下列关于记账操作，正确的是（　　　）。

A. 每月记账可以多次　　　　　　　　B. 每月记账只能一次

C. 记账只能在月末进行　　　　　　　D. 记账后的凭证可以直接修改

3. 下列（　　　）属于期末业务处理。

A. 记账　　　　　B. 凭证审核　　　　　C. 结账　　　　　D. 会计科目设置

4. 用友 ERP-U8 总账系统中，以下关于结账的意义，说法不正确的是（　　　）。

A. 结账就是计算和结转账簿的本期发生额和期末余额

B. 结账就是计算本月各科目的本期借贷方累计发生额和期末余额

C. 结账工作每月进行 1 次

D. 以上都不对

二、多项选择题

1. 期末自动结转汇兑损益可能涉及的会计科目有（　　　）。

A. 财务费用　　　　B. 银行存款　　　　C. 应收账款　　　　D. 本年利润

2. 结账必须满足（　　　）条件。

A. 本月凭证必须全部记账　　　　　　B. 上月必须结账

C. 科目余额和发生额必须试算平衡　　D. 账簿核对必须相符

3. 期末对账涉及的账簿有（　　　）。

A. 科目总账　　　B. 科目明细账　　　C. 辅助总账　　　D. 辅助明细账

4. 下列（　　　）功能要授权给专人操作。

A. 操作员管理　　　B. 删除账套　　　C. 记账　　　　D. 结账

三、判断题

1. 记账属于日常账务处理功能，结账属于期末账务处理功能。（　　　）

2. "期末使用"类自动分录的金额一般与本月发生的其他经济业务有关。（　　　）

3. 固定资产系统与总账系统进行对账，不平时是可以月末结账的。（　　　）

学习
任务

任务二　总账系统期末处理

任务引例

　　总账期末处理包括出纳员的银行对账以及会计的期末转账定义和期末转账生成；银行对账包括银行对账期初数据录入、银行对账包括银行对账单输入、银行对账、编制银行存款余额调节表等内容；期末转账包括自定义转账、对应结转、销售成本结转、汇兑损益结转、期间损益结转等内容。

知识准备与业务操作

一、银行对账

　　银行对账是指拥有出纳权限的出纳员进行包括银行对账单输入、银行对账、编制银行存款余额调节表等业务内容操作。

　　1. 银行对账期初数据

　　银行对账期初数据出纳员可以从上月的期末数据中查询获得，依据资料信息在总账系统中录入。

　　2. 银行对账单录入

　　银行对账单是指银行客观记录企业资金流转情况的记录单，是对企业资金流转的记录，是银行和企业之间对资金流转情况进行核对和确认的凭单，它具有客观性、真实性、全面性等基本特征。

　　出纳员依据从银行获取的银行对账单，把其中记载的相关信息在总账模块中进行录入操作。

　　3. 银行对账

　　4. 编制银行存款余额调节表

二、期末转账

　　1. 定义转账凭证

　　转账分为外部转账和内部转账。外部转账是指将其他系统生成的凭证转入总账系统中；内部转账是指在总账管理系统中把某几个会计科目中的余额或者本期发生额结转到一个或者多个会计科目中。自动转账主要包括自定义转账、对应结转、销售成本结转、售价销售成本结转、汇兑损益结转和期间损益结转。

　　① 自定义转账设置

　　在社会经济快速发展的时代，提高会计人员的工作效率显得尤为必要，而自定义转账设置可以把月末经常性的会计业务，进行相应设置，以方便以后能进行快速的凭证生成。自定义转账可以完成对各种费用的分配、分摊、计提、税费的计算以及辅助核算的结转等内容。

　　在自定义转账设置中，会计科目金额的公式设置成为其中的重点，在会计科目金额公式设置中，我们更多地采用用友软件提供的账务函数进行取数。下面是一些常用的账务函数。

函 数 名	金 额 式	数 量 式	外 币 式
期初函数	QC（　）	SQC（　）	WQC（　）
期末函数	QM（　）	SQM（　）	WQM（　）
发生额函数	F S（　）	SFS（　）	WFS（　）
累计发生额函数	LFS（　）	SLFS（　）	WLFS（　）
条件发生额函数	TFS（　）	STFS（　）	WTFS（　）
对方科目发生额函数	DFS（　）	SDFS（　）	WDFS（　）
净额函数	JE（　）	SJE（　）	WJE（　）

② 转账生成

在定义完成转账凭证后，每月月末至需要执行本功能即可快速生成转账凭证，并将此转账凭证自动追加到未记账凭证中去，然后，按账户处理程序要求，对该张凭证进行审核和记账。

三、期末结账

当本期所有的会计业务全部处理完毕之后，就要进行期末结账处理。结账工作职能由具有结账权限的操作员来进行，也只有将本期的账务全部进行结账处理后，企业才可以对下一会计期间进行数据处理。

 任务实施——总账系统期末处理

一、银行对账

1．银行对账期初数据

企业日记账余额为 222 000 元，银行对账单期初余额为 220 000 元，有企业已收而银行未收的未达账（2010 年 12 月 21 日）2 000 元。

2．2011 年 1 月银行对账单

日　期	结 算 方 式	票　号	借方金额	贷方金额	余额（贷方）
1 月 1 日					220 000
1 月 2 日	现金支票	XJ19600	5 000		215 000
1 月 4 日	转账支票	ZZ69101		100 000	315 000
1 月 6 日	现金支票	XJ19601	3 000		312 000
1 月 15 日	转账支票	ZZ69103	14 040		297 960
1 月 18 日	转账支票	ZZ69102	30 000		267 960
1 月 20 日	现金支票	XJ19603	3 000		264 960
1 月 23 日	转账支票	ZZ67104		207 000	471 960
	商业承兑汇票	56561	23 400		448 560
1 月 28 日	转账支票	ZZ67110		5 800	454 360

二、期末转账

1．本月制造费用按完工产品数量分配至生产成本，本月完工入库甲产品 30 台，乙产品

20 台。

2. 1 月 31 日，生产完工的产品验收入库。

3. 计算本月应交未交增值税。

4. 销售成本自动结转。

5. 将本月收益类账户结转至本年利润。

6. 将本月支出类账户结转至本年利润。

7. 按 25% 的比率计提所得税。

8. 结转所得税费用至本年利润。

9. 结转本年利润至未分配利润。

操作步骤

一、银行对账

1. 银行对账期初数据录入

① 启动"企业应用平台"，输入出纳员 ID-003 或者姓名-李红，选择账套为 100，单击"确定"按钮，进入操作平台，如图 4-14 所示。

② 单击"财务会计"→"总账"→"出纳"，单击"银行对账"→"银行对账期初录入"，选择科目为工行存款，单击"确定"按钮，如图 4-15 所示。

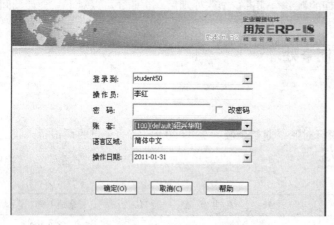

图 4-14　企业应用平台登录

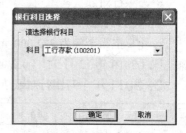

图 4-15　银行科目选择

③ 在弹出的银行对账期初窗口，分别输入单位日记账和银行对账单调整前的余额为 222 000 元和 220 000 元，单击"日记账期初未达项"按钮，在企业已收银行未收之处输入 2 000，如图 4-16 所示。

2. 银行对账单录入

① 单击银行对账单录入，在弹出的窗口中选择 100201，进入银行对账单录入窗口，如图 4-17 所示。

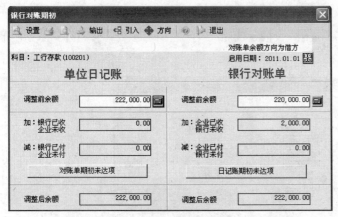

图 4-16　银行对账期初录入

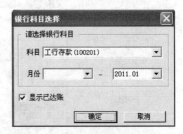

图 4-17　银行科目选择

② 在银行对账单录入窗口，输入信息，如图 4-18 所示。

科目：工行存款 (100201)

日期	结算方式	票号	借方金额	贷方金额	余额
2011.01.02	2	XJ19600		5,000.00	215,000.00
2011.01.04	3	ZZ69101	100,000.00		315,000.00
2011.01.06	2	XJ19601		3,000.00	312,000.00
2011.01.15	3	ZZ69103		14,040.00	297,960.00
2011.01.18	3	ZZ69102		30,000.00	267,960.00
2011.01.20	2	XJ19603		3,000.00	264,960.00
2011.01.23	3	ZZ67104	207,000.00		471,960.00
2011.01.23	7	56561		23,400.00	448,560.00
2011.01.28	3	ZZ67110	5,800.00		454,360.00

图 4-18　银行对账单录入

3．银行对账

单击"总账"→"出纳"→"银行对账"，单击"对账"按钮，结果如图 4-19 所示。

科目：100201 (工行存款)

单位日记账

凭证日期	票据日期	结算方式	票号	方向	金额	两清	凭证号数	摘要
2010.12.21				借	2,000.00		-0000	
2011.01.02		2	XJ19600	贷	5,000.00	○	付-0001	从工行提取现金
2011.01.04	2011.01.04	3	ZZ69101	借	100,000.00	○	收-0001	收到联营单位投资款
2011.01.06	2011.01.06	2	XJ19601	贷	3,000.00	○	付-0002	购买财务部办公用品
2011.01.15	2011.01.15	3	ZZ69103	贷	14,040.00	○	付-0003	直接购入资产
2011.01.18	2011.01.18	3	ZZ69102	贷	30,000.00	○	付-0004	购入专利技术
2011.01.20	2011.01.20	2	XJ19603	贷	3,000.00	○	付-0005	支付产品展销洽谈会会
2011.01.22	2011.01.22	4		借	11,700.00		收-0003	收款单
2011.01.22	2011.01.22	3	ZZ67105	贷	2,774.00		付-0006	付款单

银行对账单

日期	结算方式	票号	方向	金额	两清
2011.01.02	2	XJ19600	贷	5,000.00	○
2011.01.04	3	ZZ69101	借	100,000.00	○
2011.01.06	2	XJ19601	贷	3,000.00	○
2011.01.15	3	ZZ69103	贷	14,040.00	○
2011.01.18	3	ZZ69102	贷	30,000 3,000.00	○
2011.01.20	2	XJ19603	贷	3,000.00	○
2011.01.23	3	ZZ67104	借	207,000.00	○
2011.01.23	7	56561	贷	23,400.00	○
2011.01.28	3	ZZ67110	借	5,800.00	○

图 4-19　银行对账

4．输出银行存款余额调节表

单击"总账"→"出纳"→"余额调节表查询"，单击"查看"按钮，弹出银行存款余额调节表，如图4-20所示。

图4-20　银行存款余额调节表

二、期末转账

1．本月制造费用按完工产品数量分配至生产成本，本月完工入库甲产品30台，乙产品20台。

① 启动"企业应用平台"，输入会计ID-002或者姓名-王乐，选择账套为100，单击"确定"按钮，进入操作平台，如图4-21所示。

图4-21　企业应用平台登录

② 单击"财务会计"→"总账"→"期末"，单击"转账定义"→"自定义转账"。

③ 单击"增加"按钮，在弹出的转账目录窗口，输入转账序号"0001"，转账说明"分配制造费用"，凭证类别选择转账凭证，如图4-22所示。

④ 单击"确定"按钮，弹出自定义转账窗口，输入信息如图4-23所示，单击"退出"按钮。

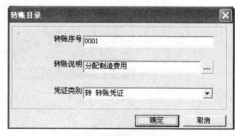

图4-22　转账目录设置1

图 4-23　转账定义 1

⑤ 双击"转账生成",弹出窗口如图 4-24 所示,双击分配制造费用横栏右边下的是否结转,出现"Y"标志,单击"确定"按钮。

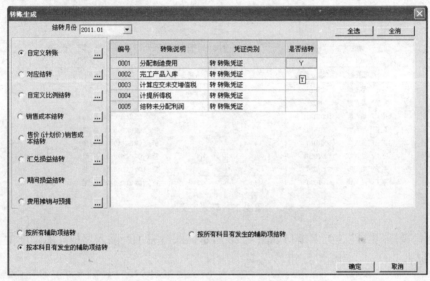

图 4-24　转账生成 1

⑥ 在转账生成的窗口中,单击"确定"按钮。

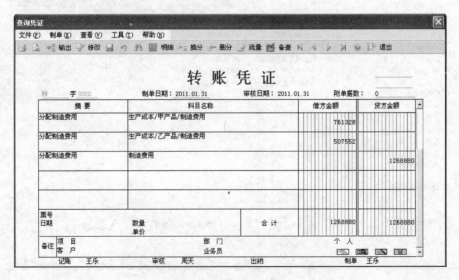

图 4-25　转账凭证生成 1

⑦ 在生成凭证窗口，单击"保存"按钮，如图 4-25 所示。

2. 1 月 31 日，生产完工的产品验收入库。

① 单击"总账"→"期末"，单击"转账定义"→"自定义转账"。

② 单击"增加"按钮，在弹出的转账目录窗口，输入转账序号"0002"，转账说明"完工产品入库"，凭证类别选择转账凭证，如图 4-26 所示。

③ 单击"确定"按钮，弹出自定义转账窗口，输入信息如图 4-27 所示，单击"退出"按钮。

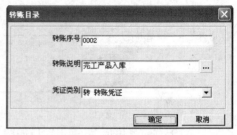

图 4-26　转账目录设置 2

摘要	科目编码	客户	供应商	项目	方向	金额公式
完工产品入库	140501				借	QM(500101,月,借)
完工产品入库	140502				借	QM(500102,月,借)
完工产品入库	50010101				贷	QM(50010101,月,借)
完工产品入库	50010102				贷	QM(50010102,月,借)
完工产品入库	50010103				贷	QM(50010103,月,借)
完工产品入库	50010201				贷	QM(50010201,月,借)
完工产品入库	50010202				贷	QM(50010202,月,借)
完工产品入库	50010203				贷	QM(50010203,月,借)

图 4-27　转账定义 2

④ 双击"转账生成"，弹出窗口如图 4-28 所示，双击完工产品入库横栏右边下的是否结转，出现"Y"标志，单击"确定"按钮。

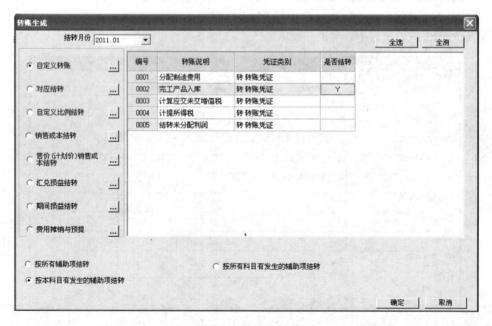

图 4-28　转账生成 2

⑤ 在转账生成的窗口中，单击"确定"按钮。

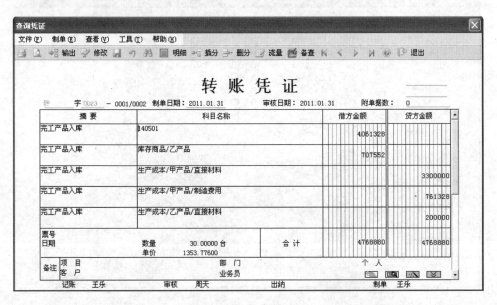

图 4-29　转账凭证生成 2

⑥ 在生成凭证窗口，如图 4-29 所示，单击"保存"按钮。

3. 计算本月应交未交增值税。

① 单击"总账"→"期末"，单击"转账定义"→"自定义转账"，如图 4-30 所示。

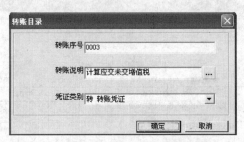

图 4-30　转账目录设置 3

② 单击"增加"按钮，在弹出的转账目录窗口，输入转账序号"0003"，转账说明"计算应交未交增值税，凭证类别选择转账凭证"，如图 4-31 所示。

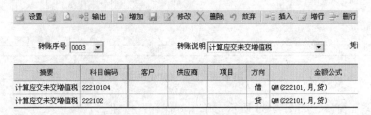

图 4-31　转账定义 3

③ 单击"确定"按钮，弹出自定义转账窗口，输入信息如图 4-32 所示，单击"退出"按钮。

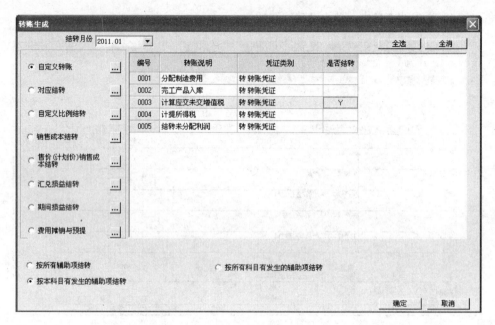

图 4-32　转账生成 3

④ 双击"转账生成"，弹出窗口如图 4-33 所示，双击完工产品入库横栏右边下的是否结转，出现"**Y**"标志，单击"确定"按钮。

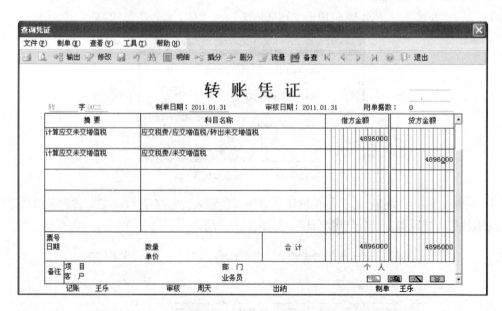

图 4-33　转账凭证生成 3

⑤ 在生成凭证窗口，如图 4-33 所示，单击"保存"按钮。

4. 销售成本自动结转。

① 单击"总账"→"期末"，单击"转账定义"→"销售成本结转"。

② 单击"设置"按钮，在弹出的会计目录设置窗口，输入库存商品、主营业务成本、主营业

务收入等会计科目信息，单击"确定"按钮。

③ 双击"转账生成"，选择"销售成本结转"，选择"全部"，选择"是"，单击"确定"按钮。

④ 在生成凭证窗口，单击"保存"按钮。

5. 将本月收益类账户结转至本年利润。

① 单击"总账"→"期末"，单击"转账定义"→"期间损益结转"。

② 单击"设置"按钮，在弹出的会计目录设置窗口，输入本年利润会计科目信息，单击"确定"按钮。

③ 双击"转账生成"，选择"期间损益结转"，选择"收入类"，选择"是"，单击"确定"按钮。

④ 在生成凭证窗口，单击"保存"按钮。

6. 将本月支出类账户结转至本年利润。

① 单击"总账"→"期末"，单击"转账生成"→"期间损益结转"。

② 选择"期间损益结转"，选择"支出类"，选择"是"，单击"确定"按钮。

③ 在生成凭证窗口，单击"保存"按钮。

7. 按 25%的比率计提所得税。

① 单击"总账"→"期末"，单击"转账定义"→"自定义转账"，如图 4-34 所示。

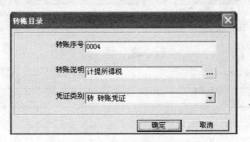

图 4-34 转账目录设置 4

② 单击"增加"按钮，在弹出的转账目录窗口，输入转账序号"0004"，转账说明"计提所得税"，凭证类别选择转账凭证，如图 4-35 所示。

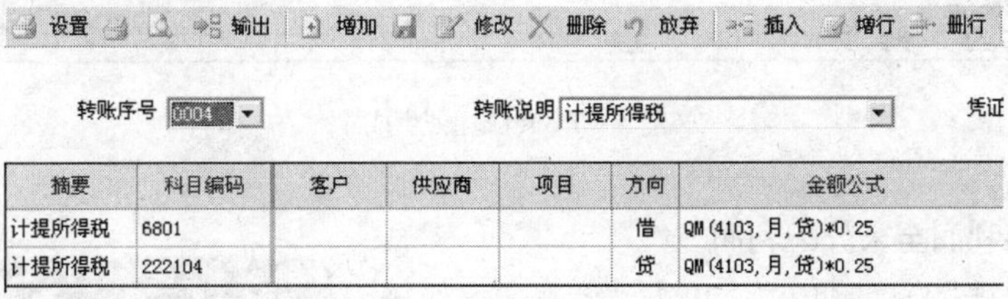

摘要	科目编码	客户	供应商	项目	方向	金额公式
计提所得税	6801				借	QM(4103,月,贷)*0.25
计提所得税	222104				贷	QM(4103,月,贷)*0.25

图 4-35 转账定义 4

③ 单击"确定"按钮，弹出自定义转账窗口，输入信息如图 4-36 所示，单击"退出"按钮。

④ 双击"转账生成"，弹出窗口如图 4-37 所示，双击计提所得税横栏右边下的是否结转，出现"Y"标志，单击"确定"按钮。

⑤ 在生成凭证窗口，单击"保存"按钮。

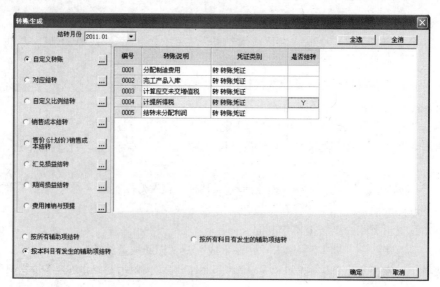

图 4-36 转账生成 4

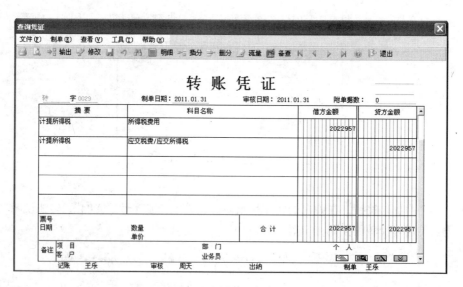

图 4-37 转账凭证生成 4

8. 结转本年利润至未分配利润。

① 单击"总账"→"期末",单击"转账定义"→"自定义转账"。

② 单击"增加"按钮,在弹出的转账目录窗口,输入转账序号"0005",转账说明"结转未分配利润",凭证类别选择转账凭证,如图 4-39 所示。

③ 单击"确定"按钮,弹出自定义转账窗口,输入信息如图 4-40 所示,单击"退出"按钮。

图 4-38 转账目录设置 5

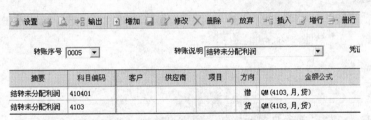

图 4-39　转账定义 5

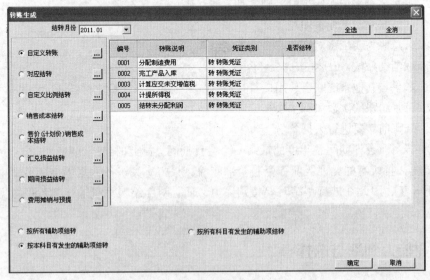

图 4-40　转账生成 5

④ 双击"转账生成"，弹出窗口如图 4-41 所示，双击结转未分配利润横栏右边下的是否结转，出现"Y"标志，单击"确定"按钮。

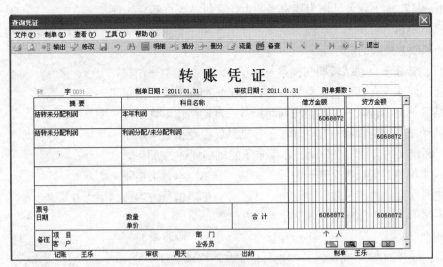

图 4-41　转账凭证生成 5

三、期末结账

在总账系统，单击"期末"→"结账"，打开"结账"对话框，选择结账月份，核对账簿，输出阅读工作报告，完成结账。

提示

① 上月未结账，则本月不能记账，但可以填制、复核凭证。

② 本月还有未记账凭证时，则本月不能结账。

③ 已结账月份不能再填制凭证。

④ 若总账与明细账对账不符，则不能结账。

⑤ 取消结账按 Ctrl+Shift+F6 组合键。

⑥ 如果与其他系统联合使用，若其他系统未全部结账，则本系统不能结账。

⑦ 每月结账的次数只有 1 次。

⑧ 结账前，要进行数据备份。

⑨ 若当前会计期间是年度的最后一个会计期间，则此时结账是执行年结。系统进行年结时，将所有的凭证级业务资料全部删除，只将有关账务数据的余额级发生额结转到下一年，因此在进行年结时要特别谨慎，而且对年结时系统输出的备份数据要悉心保管。

职业能力判断与选择

一、单项选择题

1. 期末自动结转期间损益不涉及下列（　　）科目。

A. 所得税　　　　　　B. 本年利润　　　　　　C. 利润分配　　　　　　D. 管理费用

2. 下列（　　）业务可作为期末账务由计算机系统自动来处理。

A. 采购材料　　　　　B. 支付货款　　　　　C. 提取现金　　　　　D. 结转销售成本

3. 期末账务处理的顺序是（　　）。

A. 自动转账→自动结转期间损益→自动结转汇兑损益→结账

B. 自动转账→自动结转汇兑损益→自动结转期间损益→结账

C. 结账→自动转账→自动结转期间损益→自动结转汇兑损益

D. 自动结转期间损益→自动转账→自动结转汇兑损益→结账

4. 正确定义的自动转账分录，在期末不能机制凭证的原因是（　　）。

A. 日常编制的凭证未全部记账　　　　　　B. 本月未结账

C. 本月账账核对不一致　　　　　　　　　D. 借贷方取数结果为 0

5. 下列（　　）会计科目可设置为"银行类"。

A. 现金　　　　　　B. 银行存款　　　　　C. 应收票据　　　　　D. 应付票据

6. "自动银行对账"功能能够勾销日记账与对账单文件中的（　　）银行业务。

A. 一对一　　　　　B. 一对多　　　　　C. 多对一　　　　　D. 多对多

7. 银行对账的实质是把系统内（　　）库文件中的银行业务逐笔进行核对。

A. 银行日记账与总账　　　　　　　　　B. 银行日记账与记账凭证

C. 银行日记账与报表　　　　　　　　　D. 银行日记账与银行对账单

二、多项选择题

1. 期末账务处理编制的记帐凭证可能是（　　　）类型。

A. 收款凭证　　　　B. 付款凭证　　　　C. 转账凭证　　　　D. 机制凭证

2. 往来业务的核算对象分为（　　　）。

A. 客户往来　　　　B. 个人往来　　　　C. 供应商往来　　　　D. 购销往来

3. 以下哪些凭证不可以在总账模块中修改的（　　　）。

A. 固定资产系统生成的凭证　　　　　　B. 薪资管理生成的凭证

C. 应收款管理系统生成的凭证　　　　　D. 应付款管理系统生成的凭证

三、判断题

1. 当其他系统与总账系统同时启用时，总账系统的期末处理必须放在其他系统之后进行。（　　　）

2. 日常账务只能人工处理，期末账务只能自动处理。（　　　）

3. 期末销售成本结转定义中涉及的科目只有库存商品和主营业务成本。（　　　）

项目小结

本项目以用友财务软件为平台，在以前操作的基础上，对总账模块、应收款管理、应付款管理、薪资管理、固定资产管理等模块的期末处理进行了全面系统的介绍。

项目综合实训

中国博阳股份有限公司期末业务如下所示。

（1）1月31日，公司计算并结转本月发生的制造费用（制造费用按生产工时比例分配，甲产品生产工时 5 600 小时，乙产品生产工时 3 500 小时）。

（2）1月31日，结转本月完工入库产成品的实际生产成本。（假设月末无在产品）。

（3）1月31日，公司计提短期借款利息（年利率 6%）。

（4）1月31日，计算本月应交未交税增值税。

（5）1月31日，公司计算税金及附加（城建税 7%，教育费附加 3%）。

（6）1月31日，结转本月销售成本。

（7）1月31日，结转本月汇兑损益（美元汇率 6.81）。

（8）1月31日，结转本月期间损益。

（9）1月31日，计提本月所得税费用。

（10）1月31日，结转本月所得税费用。

（11）1月31日，结转本年利润至未分配利润。

（12）1月31日，以本月净利润的 10% 计提法定盈余公积。

（13）1月31日，以本月净利润的 30% 分配现金红利。

要求如下所示。

（1）在各子系统进行上述业务处理。

（2）对各子系统进行月末结账【项目综合评价】。

223

项目综合评价

项目评价记录表

姓　名：＿＿＿＿＿＿　　　　班　级：＿＿＿＿＿＿　　　　评价时间：＿＿＿＿＿＿

评价指标		评价标准	所占比例	分　值
学习过程∑70	学习任务∑50	知识掌握程度	20%	
		学习方法的运用	5%	
		学习的态度	5%	
		职业能力训练成绩	20%	
	综合实训∑20	各子系统期末对账、结账	5%	
		银行对账	5%	
		总账系统期末自动转账	5%	
		知识迁移与转化	3%	
		自我学习与管理能力	2%	
小组合作∑20	工作计划	计划设置及实施	5%	
	过程实施	配合及解决问题的方法	5%	
	合作交流	小组成员间的交流与合作	5%	
	资源利用	资源使用及组织	5%	
能力素质∑10	职业能力	各子系统期末对账、结账	5%	
		银行对账		
		总账系统期末自动转账		
	职业素质	有敬业精神和团队合作能力	5%	
综合得分				
教师评语			签名： 　　　年　月　日	
学生意见			签名： 　　　年　月　日	

项目五
报表处理

知识目标

1. 掌握会计报表格式的设置方法；
2. 掌握会计报表数据生成、审核、舍位的方法；
3. 掌握报表模板的调用与生成方法；
4. 理解会计报表系统的基本功能、系统特点及操作流程；
5. 了解会计报表输出的方法，图表分析的方法。

能力目标

1. 能进行报表格式设置、报表数据处理、报表输出与统计分析、报表维护，会会计报表模板的调用与生成。

学习
任务 | **任务一** 自定义报表

任务引例

会计报表是企业财务报告的主要部分，是企业向外传递会计信息的主要手段。会计报表是根据日常会计核算资料定期编制的，综合反映企业某一特定日期财务状况和某一会计期间经营成果、现金流量的总结性书面文件。它是企业财务报告的主要部分，是企业向外传递会计信息的主要手段。

利用财务软件，对会计报表进行设计、制作和编制，极大地体现了电算化会计的快速、准确、方便的高效特点。

电子会计报表处理汇集了电算会计各个模块的应用与操作难点。完整的会计报表的编制过程是用户的会计知识、计算机知识和电算化操作技术的一次综合应用的过程。

知识准备与业务操作

自定义报表的内容主要包括报表设计和报表输出两个部分。其中报表设计包括报表表头设计、表体设计和报表表尾设计等内容。在进行表头设计的时候，要定义报表格式，不同的报表，其定义的内容不尽相同，但一般情况下，报表格式应该包括设置报表尺寸、组合单元、画表格线、调整行高列宽、设置字体和颜色、设置显示比例等内容。

在表体设计主要是对报表公式进行定义，由于各种报表之间存在着密切的数据间的逻辑关系，因此报表中各种数据的采集、运算的勾稽关系的检测会用到不同的公式，报表公式主要有计算公式、审核公式和舍位平衡公式。可以利用系统提供的【公式向导】功能定义报表的取数公式。

下面以利润表的编制为例，来进行自定义报表的编制。

一、利润表设计

利润表设计是在报表格式状态下进行的。在报表系统中，通常分为格式和数据两种状态，它可以通过报表工作区左下角的【格式/数据】按钮实现相互转换。在报表格式状态下，可以进行报表的格式设计，但不能进行数据的生成和修改。

利润表设计包括了表头设计、表体设计和表尾设计。

1. 利润表表头设置

利润表的表头设置内容包括报表名称、编制单位、编制时间、计量单位，项目名称等内容。其中，栏目名称是利润表表头中最重要的内容，它定义了利润表的列。另外，表头里面包含了利润表的关键字设计。

关键字是用于定位表页的一个关键标识，它是游离于单元以外的特殊数据单元。通过关键字，可以快速在大量表页中选择，用友软件提供了6种关键字的定义：单位名称、单位编号、年、季、月、日，当然也可以进行自定义关键字设置。

关键字的操作分为关键字设置、偏移、录入、取消4个部分，关键字设置和取消关键字的操作在报表格式状态下进行的，而关键字的录入则是在报表数据状态下进行的，关键字的偏移则是报表在任何状态都可以进行的，偏移的数字为负，表示关键字向左偏移，反之，则向右偏移。

2．利润表表体设置

利润表表体是其核心内容，它是报表数据的主要区域，是报表的主体。表体设计主要是对报表的单元进行设计。

单元是行和列交叉组成的最小区域。通常用列表+行号表示其地址，其中，行号用数字表示（1~99），列表用字母表示（A~IU），如 F1 表示第 6 列和第 1 行的相交单元。

单元类型有数据单元、字符单元和表样单元，下表可以看出这 3 种单元在内容、输入状态、输入方式方面的差异性。

单元类型	输入内容	输入状态	输入方式
数值单元	数字	数据状态	直接输入
字符单元	汉字、字母、数字及各种符号		有单元公式运算输入
表样单元	一个没有数据的空表所需的所有文字、符号和数字	格式状态	直接输入

单元公式设计是定义报表中数据生成来源的运算公式，定义单元公式的方法有直接输入和引导输入两种方式。

直接输入是在报表的格式状态下的数值单元中输入【＝】，然后在弹出的定义公式直接输入，引导输入是选中要设置的数值单元，然后单击"数据"→"编辑公式"→"单元公式"，打开定义公式对话框，单击"函数向导"按钮，打开"函数向导对话框"，按照对话框选择合适的参数，直到定义完毕，单击"确定"按钮。

单元公式主要是利用函数或者公式获取表内或者表外的数据。函数取数是指利用用友软件提供的函数进行取数，主要包括财务函数和统计函数，下面是一些经常用到的统计函数。

函数名	公式
求和函数	PTOTAL（起始单元：终止单元）
平均值函数	PAVFG（起始单元：终止单元）
计数函数	COUNT（起始单元：终止单元）
最大值函数	PMAX（起始单元：终止单元）
最小值函数	PMIN（起始单元：终止单元）

例如：

＝PTOTAL（A2：F11）表示计算 A2 到 F11 范围内所有单元的总和。

他表取数是对本表以外的报表进行数据的获取，如上月同期数，本年累计数。可以直接以页标号作为定位依据或者利用某个关键字作为表页定位的依据，制定获取某张表页的数据。

① 获取确定页号表页数据：基本格式为=<单元/区域>@<表页>，例如，"=D3@2"，表示获取来自第 2 张表页的 D3 单元数据。

② 用 SELECT 函数获取他表数据，基本格式为=SELECT（单元/区域，关联条件），其中关联条件的表达形式一般为：关键字@=关键字，若存在多个关联条件时，可通过"and"连接，例如=SELECT（b2，月@=月+1），表示从上月的表页中取得 f2 单元的数据。=SELECT（f2，年@=年+1，月@=月+1），表示从上年，上月的表页中取得 f2 单元的数据。

③ 报表之间的取数公式，基本格式为="报表名"单元 RELATION 关键字 WITH "报表名"，例如="资产负债表"F5 RELATION 月 WITH "资产负债表"月，表示从当月的资产负债表的文

件中取出 F5 的数值。

除了单元公式外还有两种，分别是审核公式和舍位平衡公式。

审核公式是指利用报表之间存在的勾稽关系来验证报表编制的正确性而定义的公式，审核公式的操作方法是：单击"数据"→"编辑公式"→"审核公式"，在弹出的"审核公式"对话框中，输入相关信息。审核公式的格式为<表达式 MESS "提示信息" >，其中，"提示信息"是当审核关系不满足，系统显示的内容，例如，c56=M56MESS "资产负债表不平衡"。

舍位平衡公式是为了方便报表的使用人，将报表的计量单位进行变动，而仍需保持表中数据的平衡。例如将利润表的元变成万元，舍位平衡公式的操作方法：单击"数据"→"编辑公式"→"舍位公式"，在弹出的"舍位公式"对话框中，输入舍位的表名、舍位范围、舍位位数以及平衡公式等信息。

3．利润表表尾设置

利润表表尾是指对利润表进行辅助说明的部分以及报表编制人、审核人等内容。

二、利润表输出

利润表的输出包括利润表的查询、利润表的屏幕输出和利润表的打印输出等内容。在报表模块，会计人员通过查询功能可以快速全面地查阅不同时期、不同类型的系统生成各种报表。系统将找到的报表显示到屏幕上，供使用者浏览，满足报表使用者的需求。为了满足实际工作中，把打印好的报表作为会计档案进行保管。在报表系统中提供了良好的打印功能，从而满足用户需求的各种报表。

任务实施——自定义报表

工作实例

依据以下内容格式编制利润表。

利　润　表

会企 02 表

编制单位：　　　　　　　　　　　　　　　　××××年

项　　目	本期金额	上期金额（略）
一、营业收入		
减：营业成本		
营业税金及附加		
销售费用		
管理费用		
财务费用		
资产减值损失		
加：公允价值变动收益（损失以"−"号填列）		
投资收益（损失以"−"号填列）		
其中：对联营企业和合营企业的投资收益		
二、营业利润（亏损以"−"号填列）		
加：营业外收入		
减：营业外支出		
其中：非流动资产处理损失		

续表

项　目	本期金额	上期金额（略）
三、利润总额（亏损总额以"–"号填列）		
减：所得税费用		
四、净利润（净亏损以"–"号填列）		
五、每股收益：		
（一）基本每股收益		
（二）稀释每股收益		

① 双击"财务会计"→"UFO 报表"，弹出窗口如图 5-1 所示。

② 单击"关闭"按钮，单击"新建"按钮。

③ 在 A1-A4 处输入表头：利润表，在 A5-A24，输入利润表的各种项目名称。

④ 在 D5-D24 的单元格中分别输入一下公式。

营业收入公式：FS(6001,月,"贷",年)+FS(6051,月,"贷",年)

营业成本公式：FS(6401,月,"借",年)+FS(6402,月,"借",年)

营业税金及附加公式：FS(6403,月,"借",年)

销售费用公式：FS(6601,月,"借",年)

管理费用公式：FS(6602,月,"借",年)

财务费用公式：FS(6603,月,"借",年)

资产减值损失公式：FS(6701,月,"借",年)

公允价值变动收益公式：FS(6101,月,"贷",年)

投资收益公式：FS(6111,月,"贷",年)

营业外收入公式：FS(6301,月,"贷",年)

营业外支出公式：FS(6711,月,"借",年)

利润总额公式：C15+C16-C17

所得税费用公式：FS(6801,月,"借",年)

净利润公式：C19-C20

单击左下角的"格式"按钮，切换到"数据"，单击"数据"→"关键字"→"录入"，如图
5-2 所示。

图 5-1　UFO 报表提示

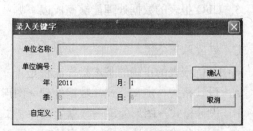

图 5-2　设置关键字

输入编制单位利润表的年：2011，月：01，单击"确认"按钮。

		行数	本月数	本年累计数
利润表				会企02表
编制单位:绍兴华翔股份有限公司		2011 年 1 月		单位:元
项　　　　目		行数	本月数	本年累计数
一、营业收入		1	288,000.00	288000.00
减：营业成本		2	138,700.76	138700.76
营业税金及附加		3		
销售费用		4	19,530.00	19530.00
管理费用		5	32,090.40	32090.40
财务费用（收益以"-"号填列）		6	3,600.00	3600.00
资产减值损失		7	396.55	396.55
加：公允价值变动净收益（净损失以"-"号填列		8		
投资收益（净损失以"-"号填列）		9		
其中对联营企业与合营企业的投资收益		10		
二、营业利润（亏损以"-"号填列）		11	93682.29	93682.29
营业外收入		12		
减：营业外支出		13	12,764.00	12764.00
其中：非流动资产处置净损失（净收益以"-"号填列）		14		
三、利润总额（亏损总额以"-"号填列）		15	80918.29	80918.29
减：所得税		16	20,229.57	20229.57
四、净利润（净亏损以"-"号填列）		17	60688.72	60688.72
五、每股收益:				

图 5-3　生成利润表

职业能力判断与选择

一、单项选择题

1. 以下哪项不是 UFO 报表的功能？（　　　）

A. 导入标准财务数据

B. 可管理多达 99 999 张相同格式的报表表页

C. 制作 10 种图式的分析图表

D. 联查有关凭证

2. UFO 报表不能导出以下哪种文件格式？（　　　）

A. EXCEL 文件（.XLS）　　　　　　　　B. LOTUS1-2-3

C. WORD 文件（.DOC）　　　　　　　　D. ACCESS 数据库文件（.MDB）

3. UFO 报表的数据处理能够完成以下哪些任务？（　　　）

A. 格式排版　　　　　　　　　　　　　B. 舍位平衡

C. 修改单元公式　　　　　　　　　　　D. 设置关键字

4. UFO 报表的正确的基本操作流程是（　　　）。

A. 设计格式→定义公式→数据处理→图形处理→打印

B. 设计格式→图形处理→数据处理→定义公式→打印

C. 定义公式→设计格式→数据处理→图形处理→打印

D. 设计格式→定义公式→图形处理→数据处理→打印

5. 下列哪项不是单元属性的内容（　　　）。

A. 行高
B. 字体颜色
C. 表线
D. 对齐方式

6. UFO 报表中同一报表文件的表页可以是（　　　）。

A. 不同格式不同数据
B. 不同格式同样数据
C. 相同格式不同数据
D. 相同格式相同数据

7. 欲将关键字位置向左调整时，需输入以下哪种形式的数据（　　　）。

A. 10
B. −10
C. 10
D. 0

8. 如果要取得总账系统的指定科目的本期数量发生额，需要选择哪个函数（　　　）。

A. FS()
B. SFS()
C. WFS()
D. SJE()

9. 函数 QM("5301",月,"借","778")中的"778"表示（　　　）。

A. 778 号总账账套
B. 778 号固定资产账套
C. 778 号工资账套
D. 778 号科目

10. 下列哪条叙述是对单元公式"?C10+select(?D10,年@=年 and 月@=月+1)"的正确描述？（　　　）

A. 本表本期表页 C10 单元数据+本表本年下一会计期表页 D10 单元数据

B. 本表本期表页 C10 单元数据+它表本年本期表页 D10 单元数据

C. 本表本期 C10 单元数据+它表本年上期表页 D10 单元数据

D. 本表本期表页 C10 单元数据+本年度本表上一会计期表页 D10 单元数据

二、多项选择题

1. 在 UFO 报表系统中，下列哪些是正确的操作？（　　　）

A. 在格式状态下向单元格输入的数据是表样类数据

B. 对于字符型单元只能在数据状态下输入数据

C. 需要设置组合的单元必须具有相同的单元类型

D. 各表页同样位置上的表样单元的内容和显示方式都相同

2. 下列哪些方法可以输入单元公式？（　　　）

A. 按"="键输入公式
B. 在编辑框中输入"="和公式
C. 单击"fx"按钮，输入公式
D. 双击单元格输入公式

3. UFO 报表可以按以下哪些条件作为表页汇总条件？（　　　）

A. 以单元的值为汇总条件
B. 以关键字的值为汇总条件
C. 以表页号为汇总条件
D. 以报表名为汇总条件

4. 下列哪些是正确的选择区域的方法？（　　　）

A. 选择区域左上角单元，按住 Ctrl 键，单击区域右下角单元

B. 在区域左上角单元按住鼠标左键，拖拽至区域右下角单元释放

C. 单击区域左上角单元，按住 Shift 键单击右下角单元

D. 选择区域左上角单元，按住 Alt 键，单击区域右下角单元

5. 下列哪些操作必须在数据状态下完成？（　　　）

A. 审核操作　　　　　　　　　　B. 设置列宽

C. 表页重算　　　　　　　　　　D. 单元组合

三、判断题

1. 报表的单元是指行和列确定的方格。（　　）

2. 单元风格是指单元内容的字体、字号、字型、对齐方式、颜色图案等设置。（　　）

3. 报表中进行公式设置时，单击"fx"按钮，或双击公式单元、或按"="键，都可以打开定义公式对话框。（　　）

4. 报表处理系统一般是一个三维立体报表处理系统，要确定一个数据的所有要素为表名、列、行和表页。（　　）

5. 报表中，关键字的位置可以用偏移量来表示，负数表示左偏移，正数表示右偏移。（　　）

学习
任务

任务二　利用报表模板生成报表

任务引例

利用报表模板生成报表是指利用用友财务软件的报表模板功能来生成所需要的报表包括资产负债表、利润表和现金流量表等内容。

知识准备与业务操作

用友 ERP-U8 财务软件提供了 20 多个行业的各种标准财务报表，用户可以根据所在行业挑选相应的报表，套用其格式及计算公式。当然用户也可以通过执行"格式"→"自定义模板"命令，将已有定义报表设置成模板，以方便以后的快速使用。

任务实施——利用报表模板生成报表

工作实例

一、调用利润表

二、调用资产负债表

操作步骤

① 双击"财务会计"→"UFO 报表"，弹出窗口，如图 5-4 所示。

② 单击"关闭"按钮，单击"新建"按钮，单击"格式"→"报表模板"，弹出窗口如图 5-5 所示。

③ 选择所在的行业为：2007 年新会计科目制度，财务报表为：利润表，单击"确认"按钮。

④ 单击左下角的"格式"按钮，切换到"数据"，单击"数据"→"关键字"→"录入"，如图 5-7 所示。

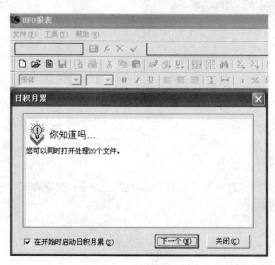

图 5-4　UFO 报表提示

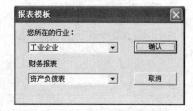

图 5-5　选择报表模板

A				B	C	D
1		利润表				
2						会企02表
3	编制单位:			xxxx 年	xx 月	单位:元
4	项　　目			行数	本月数	本年累计数
5	一、营业收入			1	公式单元	公式单元
6	减:营业成本			2	公式单元	公式单元
7	营业税金及附加			3	公式单元	公式单元
8	销售费用			4	公式单元	公式单元
9	管理费用			5	公式单元	公式单元
10	财务费用（收益以"-"号填列）			6	公式单元	公式单元
11	资产减值损失			7	公式单元	公式单元
12	加:公允价值变动净收益（净损失以"-"号填列）			8	公式单元	公式单元
13	投资收益（净损失以"-"号填列）			9	公式单元	公式单元
14	其中对联营企业与合营企业的投资收益			10		
15	二、营业利润（亏损以"-"号填列）			11	公式单元	公式单元
16	营业外收入			12	公式单元	公式单元
17	减:营业外支出			13	公式单元	公式单元
18	其中:非流动资产处置净损失（净收益以"-"号填列）			14		
19	三、利润总额（亏损总额以"-"号填列）			15	公式单元	公式单元
20	减:所得税			16	公式单元	公式单元
21	四、净利润（净亏损以"-"号填列）			17	公式单元	公式单元
22	五、每股收益:					
23	基本每股收益					
24	稀释每股收益					

图 5-6　调用利润表模板

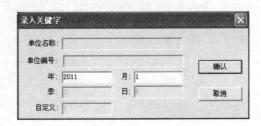

图 5-7　录入关键字

⑤ 输入编制单位利润表的年：2011，月：01，单击"确认"按钮。

利润表

会企02表
单位:元

编制单位:绍兴华翔股份有限公司　　　　　　　　　　　　　2011 年　　　1 月

项　　目	行数	本月数	本年累计数
一、营业收入	1	288,000.00	288000.00
减：营业成本	2	138,700.76	138700.76
营业税金及附加	3		
销售费用	4	19,530.00	19530.00
管理费用	5	32,090.40	32090.40
财务费用（收益以"－"号填列）	6	3,600.00	3600.00
资产减值损失	7	396.55	396.55
加：公允价值变动净收益（净损失以"－"号填列	8		
投资收益（净损失以"－"号填列）	9		
其中对联营企业与合营企业的投资收益	10		
二、营业利润（亏损以"－"号填列）	11	93682.29	93682.29
营业外收入	12		
减：营业外支出	13	12,764.00	12764.00
其中：非流动资产处置净损失（净收益以"－"号填列）	14		
三、利润总额（亏损总额以"－"号填列）	15	80918.29	80918.29
减：所得税	16	20,229.57	20229.57
四、净利润（净亏损以"－"号填列）	17	60688.72	60688.72
五、每股收益:			

图 5-8　生成利润表

职业能力判断与选择

一、单项选择题

1. 选出正确格式的审核公式。（　　　）

A. C43=G43 MESS '期初资产总计与负债及权益总计不等！'

B. C43=G43 MESS 期初资产总计与负债及权益总计不等！

C. C43=G43 MESS [期初资产总计与负债及权益总计不等！

D. C43=G43 MESS "期初资产总计与负债及权益总计不等！"

2. 舍位公式输入时，需要在"舍位位数"栏输入 3，其含义是什么？（　　　）

A. 舍位区域中的所有单元数据都除以 3

B. 舍位区域中的所有数据保留小数点后 3 位

C. 舍位区域所有数据小数点都向右移动 3 位

D. 舍位区域中的所有单元数据都除以 1000

3. 如果总核算账套的科目为新会计制度，且账套性质为工业企业，用 UFO 报表模板生成财务报表时，应选择以下哪种模板？（　　　）

A. 工业企业下的报表
B. 外商投资企业下的报表
C. 新会计制度科目行业下的报表
D. 对外合作行业的报表

4. 如果发现 UFO 生成的财务报表中有公式的单元数据错误，如何进行修改？（　　　）

A. 直接键入正确的数据
B. 返回格式状态修改数据
C. 返回格式状态修改公式
D. 直接修改公式

5. UFO 编制报表时，通过（　　　）让计算机自动完成取数计算。

A. 输入单位名称
B. 录入关键字
C. 输入单位编号
D. 输入日期

6. UFO 报表需要进行舍位计算时，应如何操作，才能获得舍位后的报表（　　　）。

A. 在数据状态下执行舍位操作

B. 在格式状态下编制舍位公式，在数据状态下执行舍位操作

C. 在报表计算时，同时进行舍位计算

D. 在表页重算时，同时执行舍位计算

7. 在 UFO 中欲查找某一时间的损益表数据，需要在（　　　）下进行查询。

A. 格式状态
B. 打印输出
C. 导出文件
D. 数据状态

8. UFO 报表通过（　　　）操作可生成可以在浏览器上浏览的网页报表文件。

A. 文件菜单下的"生成 HTML 文件"

B. 文件菜单下的"另存为"

C. 文件菜单下的"其它财务软件"中的"导出"

D. 文件菜单下的"其它格式"中的"导出成 XML"

9. 在 UFO 报表中，要想将 A1:C4 设置成组合单元，应选择以下哪种组合方式？（　　　）

A. 按行组合
B. 整体组合
C. 按列组合
D. 取消组合

10. 为保证舍位报表的准确性，在生成的舍位报表中，必须（　　　）。

A. 修改报表单元公式
B. 修改关键字
C. 不需修改表中的任何内容
D. 修改报告数据的金额单位

11. 关于 UFO 报表系统的操作规定，请选出正确的表述（　　　）。

A. 对于报表尺寸、颜色等的设定，将作用于指定表页。

B. 对于报表尺寸、颜色等的设定，将不影响表页。

C. 对于报表尺寸、颜色等的设定，将作用第一表页。

D. 对于报表尺寸、颜色等的设定，将作用于所有表页。

12. 在 UFO 报表的操作窗口内，单击行标和列标相交处的空白格的功能是（　　　）。

A. 选择全表单元
B. 按列划分显示窗口
C. 按行划分显示窗口
D. 没有任何功能

二、多项选择题

1. UFO 报表具有以下哪些功能?（　　　）

A. 设计报表格式　　　　　　　　　　B. 从总账中取数

C. 文档编辑　　　　　　　　　　　　D. 制作动画

2. 以下哪些类型是 UFO 报表的单元类型?（　　　）

A. 字符型　　　　　　　　　　　　　B. 表样型

C. 数值型　　　　　　　　　　　　　D. 逻辑型

3. 如果选择 A1:C1 区域定义组合单元,应采用以下哪种组合方式?（　　　）

A. 整体组合　　　　　　　　　　　　B. 按列组合

C. 按行组合　　　　　　　　　　　　D. 取消组合

4. 以下哪些方法是进入编辑单元公式的正确方法?（　　　）

A. 选择数据菜单下的编辑公式→单元公式　　B. 在选定的单元单击鼠标左键

C. 在编辑栏中按"fx"图标　　　　　　　　D. 在选定的单元双击鼠标左键

5. 舍位位数为 4 表示（　　　）。

A. 舍位区域中所有数据保留小数后 4 位

B. 舍位区域中所有数据的小数点向左移动 4 位

C. 舍位区域中所有数据舍位后保留小数点后 4 位

D. 舍位区域中所有数据除以 10000

6. 在 UFO 报表中,舍位平衡公式需要确定下列哪些条件?（　　　）

A. 舍位单元　　　　　　　　　　　　B. 舍位表名

C. 舍位位数　　　　　　　　　　　　D. 舍位区域

7. 用 UFO 报表系统生成报表数据时,下列哪些条件是必需的?（　　　）

A. 已经输入审核公式　　　　　　　　B. 手工输入关键字

C. 已经设置好报表格式　　　　　　　D. 已经输入舍位公式

8. 要想改变设置好的 UFO 报表尺寸,可以选择哪些方法?（　　　）

A. 在数字状态下执行插入表页操作　　B. 在格式状态下执行插入行或列操作

C. 在格式状态下执行追加行或列操作　D. 在数字状态下执行追加表页操作

9. 在编制 UFO 报表的时,可用（　　　）方式设置表格线。

A. 单元属性　　　　　　　　　　　　B. 区域画线

C. 区域填充　　　　　　　　　　　　D. 套用格式

三、判断题

1. 用友 UFO 报表系统是报表事务处理的工具。（　　　）

2. UFO 报表可直接在格式状态下获取总账数据。（　　　）

3. 在 UFO 报表的格式状态下可以进行删除表页的操作。（　　　）

4. 在 UFO 的数据状态,可以调整报表的行高和列宽。（　　　）

5. 在 UFO 中只能从总账中提取财务数据。（　　　）

6. 在 UFO 中单元中的数据类型只有表样型、数值型和字符型 3 种。（　　　）

7. UFO 中关键字偏移量为负数,则表示关键字的位置向左偏移的距离。（　　　）

8. 在数据状态下可以修改 UFO 报表的审核公式。（　　　）

9. 在 UFO 报表系统中，审核公式的正确性只能用实例验证。（　　）

10. UFO 数据状态下只需录入单位编码即可完成损益表的计算。（　　）

项目小结

报表是企业财务状况和经营成果的综合性报表，是根据日常的会计核算资料加工、分类、汇总而形成的综合性经济信息。在用友 ERP-U8 财务软件中，主要是自定义财务报表和利用模板生成财务报表主要的操作流程是新建报表、自定义报表、利用报表模板、报表编制、报表数据生成、报表审核、报表输出等功能。

项目综合实训

1. 自定义形式生成如下报表

货币资金表

编制单位：　　　　　　　　　　　　年　　月　　　　　　　　　单位：元

项　目	行　次	期 初 余 额	期 末 余 额
库存现金	1		
银行存款	2		
其他货币资金			
合计			

2. 利用报表模板生成资产负债表和利润表

项目综合评价

项目评价记录表

姓　名：　　　　　　　　　班　级：　　　　　　　　　评价时间：　　　　　　

评价指标		评价标准	所占比例	分　值
学习过程 ∑70	学习任务 ∑50	知识掌握程度	20%	
		学习方法的运用	5%	
		学习的态度	5%	
		职业能力训练成绩	20%	
	综合实训 ∑20	各子系统期末对账、结账	5%	
		银行对账	5%	
		总账系统期末自动转账	5%	
		知识迁移与转化	3%	
		自我学习与管理能力	2%	
小组合作 ∑20	工作计划	计划设置及实施	5%	
	过程实施	配合及解决问题的方法	5%	
	合作交流	小组成员间的交流与合作	5%	
	资源利用	资源使用及组织	5%	

续表

评 价 指 标		评 价 标 准	所 占 比 例	分 值
能力 素质 ∑10	职业能力	各子系统期末对账、结账	5%	
		银行对账		
		总账系统期末自动转账		
	职业素质	有敬业精神和团队合作能力	5%	
综合得分				
教师评语		签名： 　　年　月　日		
学生意见		签名： 　　年　月　日		

项目六

综合模拟实训

一、账套信息

1. 账套号：888；账套名称：友谊公司账套；启用日期：2011年1月；单位名称：浙江友谊有限责任公司。

2. 记账本位币："人民币"；企业类型："工业"；行业性质："2007新会计制度科目"并预置科目。

3. 供应商分类、客户不分类、有外币核算。

4. 编码方案：科目编码方案为4-2-2-2；部门编码方案为1-2-2；结算方式编码方案为1-1；供应商分类编码方案为1-2-3；其他编码项目保持不变。

5. 数据精度均默认2位。

6. "总账""固定资产""薪资管理""应收款管理""应付款管理"启用日期为2011年1月1日。

二、用户及权限

表6-1　　　　　　　　　　　　　　用户及权限

编 号	姓 名	权 限
801	王刚	账套主管
802	张明	总账（除"出纳""出纳签字"）、应收应付、薪资管理、固定资产、报表
803	陈红	出纳（以及"出纳签字"）

三、企业门户应用

1. 部门档案

表6-2　　　　　　　　　　　　　　部门档案

部 门 编 码	部 门 名 称
1	人事部
2	财务部
3	供应部
301	采购部
302	销售部
4	生产部

2. 人员类别

将在职人员分为企业管理人员、经营人员和生产人员。

表6-3　　　　　　　　　　　　　　人员类别

档 案 编 码	档 案 名 称
1001	企业管理人员
1002	经营人员
1003	生产人员

3．职员档案

表 6-4 职员档案

人员编码	姓 名	性 别	人员类别	部 门	是否业务员
001	陈强	男	企业管理人员	人事部	是
002	李亮	男	企业管理人员	人事部	
003	王刚	男	企业管理人员	财务部	
004	张明	男	企业管理人员	财务部	
005	陈红	女	企业管理人员	财务部	
006	李妙	女	经营人员	采购部	是
007	吴昊	男	经营人员	销售部	是
008	姜维	男	生产人员	生产部	
009	赵强	男	企业管理人员	生产部	
010	王楠	女	生产人员	生产部	
011	肖剑	男	退休人员	人事部	
012	赵伟	男	退休人员	人事部	

4．供应商分类

表 6-5 供应商分类

类 别 编 码	类 别 名 称
1	主原料供应商
2	辅助材料供应商

5．供应商档案

表 6-6 供应商档案

供应商编码	供应商名称	所属分类	税 号	分管部门	专管业务员
01	光明公司	1	32568001245474	采购部	李妙
02	华为公司	1	28641720019783	采购部	李妙
03	金马公司	2	34715102317845	采购部	李妙
04	普乐公司	2	67824023639191	采购部	李妙

6．客户档案

表 6-7 客户档案

客 户 编 码	客 户 名 称	税 号	分 管 部 门	专管业务员
01	启泰公司	413561230555781	销售部	吴昊
02	联谊公司	551494123611375	销售部	吴昊
03	新星公司	399675005246241	销售部	吴昊

7. 外币

表 6-8 外币设置

币 符	USD
币名	美元
汇率小数位	4
最大误差	0.000 1
折算方式	外币 × 汇率 = 本位币
固定汇率	1 月记账汇率为 6.75

8. 凭证类别

表 6-9 凭证类别设置

凭 证 类 别	限 制 条 件	限 制 科 目
收款凭证	借方科目必有	库存现金，银行存款
付款凭证	贷方科目必有	库存现金，银行存款
转账凭证	借贷必无科目	库存现金，银行存款

9. 结算方式

表 6-10 结算方式设置

结算方式编码	结算方式名称
1	现金结算
2	支票结算
21	现金支票
22	转账支票
3	信汇
4	电汇
5	委托收款
6	商业汇票
61	商业承兑汇票
62	银行承兑汇票

四、各系统初始化

（一）总账系统初始化

1. 会计科目及期初余额

表 6-11 会计科目及期初余额

科目编码	科目名称	外币币种	计量单位	辅助账类型	余额方向	期初余额
1001	库存现金			指定科目	借	57 300
1002	银行存款			指定科目	借	1 318 300
100201	工商银行				借	1 183 210

续表

科目编码	科目名称	外币币种	计量单位	辅助账类型	余额方向	期初余额
100202	中国银行				借	135 090
		美元			借	USD20 000
1121	应收票据			客户往来	借	
1122	应收账款			客户往来	借	228 150
1123	预付账款			供应商往来	借	
1221	其他应收款			个人往来	借	12 000
1231	坏账准备				贷	
1123	预付账款				借	
1403	原材料				借	100 000
140301	A材料					100 000
			千克			100
140302	B材料					
			箱			
1405	库存商品				借	594 400
140501	甲产品				借	31 400
			条			100
140502	乙产品				借	98 000
			个			200
140503	丙产品				借	265 000
			台			50
140504	丁产品				借	200 000
			台			20
1601	固定资产				借	2 203 760
1602	累计折旧				贷	80 000
1604	在建工程					
1901	待处理财产损益				借	
190101	待处理流动资产损益				借	
190202	待处理固定资产损益				借	
2001	短期借款				贷	28 160
2201	应付票据			供应商往来	贷	
2202	应付账款			供应商往来	贷	217 620
2203	预收账款			客户往来	贷	
2211	应付职工薪酬				贷	
221101	职工工资				贷	
221102	职工福利				贷	
221103	职工教育经费				贷	
221104	工会经费				贷	
2221	应交税费				贷	
222101	应交增值税				贷	
22210101	进项税额				贷	
22210102	销项税				贷	
22210103	转出未交增值税				贷	
222102	未交增值税				贷	
222103	应交营业税				贷	

续表

科目编码	科目名称	外币币种	计量单位	辅助账类型	余额方向	期初余额
222107	应交所得税				贷	
2241	其他应付款				贷	
4001	实收资本				贷	4 188 130
4103	本年利润				贷	
5001	生产成本				借	
500101	基本生产成本				借	
500102	辅助生产成本				借	
5101	制造费用				借	
510101	工资				借	
510102	福利费				借	
510103	加班费				借	
510104	折旧费				借	
510199	其他				借	
6001	主营业务收入				贷	
600101	甲产品		条		贷	
600102	乙产品		个		贷	
600103	丙产品		台		贷	
600104	丁产品		台		贷	
6051	其他业务收入				贷	
6401	主营业务成本				借	
640101	甲产品		条		借	
640102	乙产品		个		借	
640103	丙产品		台		借	
640104	丁产品		台			
6403	主营业务税金及附加				借	
6402	其他业务成本				借	
6601	销售费用				借	
6602	管理费用				借	
660201	办公费			部门核算	借	
660202	差旅费			部门核算	借	
660203	招待费			部门核算	借	
660204	邮电费			部门核算	借	
660205	折旧费			部门核算	借	
660206	工资			部门核算	借	
660207	其他				借	
6603	财务费用				借	
660301	利息收入				借	
660302	利息支出				借	
660303	手续费				借	
660304	汇兑损益				借	
6301	营业外收入				贷	
6711	营业外支出				借	
6901	所得税费用				借	
6911	以前年度损益调整				借	

2．辅助科目明细余额

（1）应收账款明细余额

表 6-12　　　　　　　　　　　　　　　应收账款

客　户	方　向	金　额	摘　要	日　期
启泰公司	借	58 500	销售甲产品 100 条，单价 500 元	2010-10-05
联谊公司	借	140 400	销售丙产品 20 台，单价 6000 元	2010-09-23
新星公司	借	29 250	销售甲产品 50 台，单价 500 元	2010-12-14
合计	借	228 150		

（2）应付账款明细余额

表 6-13　　　　　　　　　　　　　　　应付账款

供 应 商	方　向	金　额	摘　要	日　期
光明公司	贷	140 400	采购 A 材料 120 千克，单价 1 000 元	2010-10-10
华为公司	贷	77 220	采购 A 材料 60 千克，单价 1 100 元	2010-11-15
合计	贷	217 620		

（3）其他应收款明细余额

表 6-14　　　　　　　　　　　　　　　其他应收款

部　门	个　人	方　向	金　额	摘　要	日　期
采购部	李妙	借	8 000	借差旅费	2010-09-25
销售部	吴昊	借	4 000	借差旅费	2010-11-10

（二）固定资产系统初始化

1．固定资产系统参数

表 6-15　　　　　　　　　　　　　　　固定资产系统参数

控 制 参 数	参 数 设 置
约定与说明	我同意
启用月份	2011.1
折旧信息	本账套计提折旧 折旧方法：平均年限法（一） 折旧汇总分配周期：1 个月 当（月初已计提月份=可使用月份-1）时，将剩余折旧全部提足
编码方式	资产类别编码方式：2112 固定资产编码方式： 按"类别编码+部门编码+序号"自动编码 卡片序号长度为 3

续表

控 制 参 数	参 数 设 置
财务接口	与账务系统进行对账 对账科目： 固定资产对账科目：固定资产 累计折旧对账科目：累计折旧
补充参数	业务发生后立即制单 月末结账前一定要完成制单登账业务 固定资产默认入账科目：固定资产 累计折旧默认入账科目：累计折旧

2．部门及折旧对应科目

表 6-16　　　　　　　　　　　部门及折旧对应科目

部门	对应折旧科目
人事部	管理费用-折旧
财务部	管理费用-折旧
采购部	销售费用
销售部	销售费用
生产部	制造费用-折旧

3．固定资产类别

表 6-17　　　　　　　　　　　固定资产类别

类别编号	类别名称	使用年限	净残值率（%）	计提属性	折旧方法	卡片样式
01	房屋及建筑物	30	3	正常计提	平均年限法（一）	通用样式
011	办公楼	30	3	正常计提	平均年限法（一）	通用样式
012	厂房	30	3	正常计提	平均年限法（一）	通用样式
02	机器设备	5	4	正常计提	平均年限法（一）	通用样式
021	办公设备	5	4	正常计提	平均年限法（一）	通用样式
022	运输设备	5	5	正常计提	平均年限法（一）	通用样式

4．固定资产增减方式

表 6-18　　　　　　　　　　　固定资产增减方式

增减方式目录	对应入账科目
增加方式	
直接购入	银行存款
投资者投入	实收资本
盘盈	以前年度损益调整
在建工程转入	在建工程
捐赠	营业外收入

续表

增减方式目录	对应入账科目
减少方式	
出售	固定资产清理
盘亏	待处理财产损溢
投资转出	固定资产清理
报废	固定资产清理
捐赠转出	固定资产清理

5. 固定资产原始卡片

表 6-19 固定资产原始卡片

固定资产名称	类别编号	所在部门	增加方式	可使用年限	开始使用日期	原值	累计折旧	对应折旧科目名称
行政大楼	011	人事部、财务部	在建工程转入	在用	2008-01	600 000	24 500	管理费用-折旧费
车间大楼	012	生产部	在建工程转入	在用	2008-01	800 000	32 500	制造费用-折旧费
电脑	021	财务部	直接购入	在用	2008-02	300 000	10 000	管理费用-折旧费
汽车	022	采购部、销售部	直接购入	在用	2008-02	503 760	13 000	销售费用
合计						2 203 760	80 000	

（三）薪资管理系统初始化

1. 薪资管理系统参数

工资类别为"在岗人员"和"退休人员"，在岗人员分布各个部门，而退休人员只属于人事部门；工资核算本位币：人民币；不核算计件工资；自动代扣个人所得税；不进行扣零。

2. 人员附加信息

增加人员附加信息"性别"、"学历"和"职称"。

3. 扣税

按应发合计计算个人所得税，免征额为 3 500 元，附加费用 1 300 元，修改个人税率表如表 6-20 所示。

表 6-20 个人所得税税率表

级数	全月应纳税所得额	税率（%）	速算扣除数
1	不超过 1 500 元的	3	0
2	超过 1 500 元至 4 500 元的部分	10	105
3	超过 4 500 元至 9 000 元的部分	20	555
4	超过 9 000 元至 35 000 元的部分	25	1 005
5	超过 35 000 元至 55 000 元的部分	30	2 755
6	超过 55 000 元至 80 000 元的部分	35	5 505
7	超过 80 000 元的部分	45	13 505

4．工资项目

表 6-21　　　　　　　　　　　　工资项目

工资项目名称	类　型	长　度	小　数	增减项
基本工资	数字	8	2	增项
职务补贴	数字	8	2	增项
福利补贴	数字	8	2	增项
交通补贴	数字	8	2	增项
奖金	数字	8	2	增项
缺勤扣款	数字	8	2	减项
住房公积金	数字	8	2	减项
缺勤天数	数字	8	2	其他

5．银行名称

银行名称为"中国工商银行"，个人账号长度为 11 位，录入时自动带出的账号长度为 8 位。

6．工资类别及工资项目设置

在岗人员工资类别：所有工资项目。

退休人员工资类别：基本工资和住房公积金两个项目。

7．在岗人员档案

表 6-22　　　　　　　　　　　　在岗人员档案

人员编码	姓名	性别	学历	职　称	人员类别	部　门	银行代发账号
001	陈强	男	大学	人力资源师	企业管理人员	人事部	35214532001
002	李亮	男	大学	助理人力资源师	企业管理人员	人事部	35214532002
003	王刚	男	硕士	高级会计师	企业管理人员	财务部	35214532003
004	张明	男	大学	会计师	企业管理人员	财务部	35214532004
005	陈红	女	大学	助理会计师	企业管理人员	财务部	35214532005
006	李妙	女	大专	经济师	经营人员	采购部	35214532006
007	吴昊	男	大学	营销师	经营人员	销售部	35214532007
008	姜维	男	大学	助理工程师	生产人员	生产部	35214532008
009	赵强	男	大学	高级工程师	企业管理人员	生产部	35214532009
010	王楠	女	大学	技术员	生产人员	生产部	35214532010

8．计算公式

（1）缺勤扣款金额按照日平均工资与缺勤天数之积计算，其中日平均工资按每月 22 天计算。

公式：缺勤扣款=基本工资/22×缺勤天数

（2）采购人员和销售人员的交通补贴为 400 元，其他人员的交通补贴为 200 元。

公式：iff（人员类别="经营人员"，400，200）

（3）住房公积金按照基本工资、职务补贴、福利补贴、交通补贴、奖金之和的 8%计提。

公式：住房公积金=（基本工资+职务补贴+福利补贴+交通补贴+奖金）×0.08

（四）应收账款管理系统初始化

1．应收账款系统参数

表 6-23 应收账款系统参数

控 制 参 数	参 数 设 置
应收款核销方式	按单据
审核日期依据	单据日期
汇兑损益方式	月末处理
坏账处理方式	应收余额百分比
代垫费用类型	其他应收单
是否计算现金折扣	是
改变税额是否反算税率	是
应收账款核算模型	详细核算
是否登记支票	是
方向相反的分录是否合并	是
是否根据单据自动报警	是
提前天数	7
是否用部门权限	是
月结前是否全部生成凭证	是
方向相反的分录是否合并	是
核销是否生成凭证	是
预收冲应收是否生成凭证	是
红票对冲是否生成凭证	是

2．基本科目

表 6-24 基本科目

科 目	编 码	科 目	编 码
应收科目	应收账款	现金支票科目	银行存款-工行存款
预收科目	预收账款	转账支票科目	银行存款-工行存款
销售收入科目			
应交增值税科目	应交税费-应交增值税（销项税额）		

3．坏账准备

表 6-25 坏账准备

控 制 参 数	参 数 设 置
提取比例	0.5%
坏账准备期初余额	0
坏账准备科目	坏账准备
对方科目	资产减值损失

4．账龄区间

表 6-26　　　　　　　　　　　　　账龄区间

序　　号	起 止 天 数	总 天 数
01	1～30	30
02	31～60	60
03	61～90	90
04	91～120	120
05	121 以上	

5．本单位开户银行

本单位开户银行为中国工商银行绍兴分行，账号为"622201151888"。

6．期初余额

表 6-27　　　　　　　　　　　　　期初余额

单据名称	方向	开票日期	客户名称	销售部门	科目编码	价税合计
销售专用发票	正	2010-10-05	启泰公司	销售部	应收账款	58 500
销售专用发票	正	2010-09-23	联谊公司	销售部	应收账款	140 400
销售专用发票	正	2010-12-14	新星公司	销售部	应收账款	29 250

（五）应付账款管理系统初始化

1．应付账款系统参数

表 6-28　　　　　　　　　　　　应付账款系统参数

控 制 参 数	参 数 设 置
应付账款核销方式	按单据
审核日期依据	业务日期
是否计算现金折扣	是
制单方式	明细到供应商
是否按供应商控制科目	是
是否根据单据自动报警	是
提前天数	7
是否启用供应商权限	是
核销是否生成凭证	是

2．基本科目

表 6-29　　　　　　　　　　　　　基本科目

科　　目	编　　码	科　　目	编　　码
应付科目	应付账款	采购税金科目	应交税费-应交增值税（进项税额）
预付科目	预付账款	票据利息科目	财务费用-利息收入
采购科目	材料采购		

3．账龄区间

表6-30　　　　　　　　　　　　账龄区间

序　号	总　天　数	序　号	总　天　数
01	30	02	60
03	90	04	120

4．报警级别

表6-31　　　　　　　　　　　　报警级别

序　号	总比率/%	级别名称	序　号	总比率/%	级别名称
01	10	A	04	70	D
02	30	B	05	100	E
03	50	C			

5．期初余额

表6-32　　　　　　　　　　　　期初余额

单据名称	方　　向	开票日期	供应商	部　门	科目编码	价税合计
专用发票	正	2010-10-10	光明公司	采购部	应付账款	140 400
专用发票	正	2010-11-15	华为公司	采购部	应付账款	77 220

五、各系统日常业务处理

（一）总账系统业务处理

2011年1月份发生的经济业务如下：

1．1月5日，提现10 800元，开出现金支票（支票号：XJ0001）。

2．1月10日，销售丁产品收入10 000美元（不考虑增值税、进口关税等相关税费）。

3．1月13日，采购部李妙向财务处报销差旅费5 000元。

4．1月19日，接到银行通知，收到大和公司以转账支票（支票号：ZX66001）投入的资本300 000元。

5．1月22日，销售A材料5千克，单价2 000元，收到现金销售收入5 000元，增值税850元。并结转该批材料成本5 000元。

6．1月24日，接到银行通知，收到政府部门以转账支票（支票号：ZX66002）返还的教育费附加款15 000元。

7．1月25日，公司财务部报销办公费用2 234元，人事部报销办公费用1 139元，销售部报销办公费用2 897元，采购部报销办公费用2 783元，以现金支付。

8．1月26日，财务部报销邮电费785元，人事部报销邮电费800元，销售部报销招待费1 007元，报销差旅费2 224元。以现金支付。

9．1月28日，收到工商银行账单，银行存款利息收入8 835元入账。

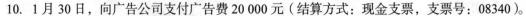

10. 1月30日，向广告公司支付广告费 20 000 元（结算方式：现金支票，支票号：08340）。

11. 1月30日，计提本月应交的营业税 30 000 元。

12. 1月31日，收到账政补贴款 100 万元。

（二）固定资产系统业务处理

1．修改固定资产卡片

2011 年 1 月 20 日，将卡片编号为 00003 的固定资产（电脑）的使用状况由"在用"修改成"大修理停用"。

2．新增固定资产

2011 年 1 月 16 日，购买小汽车（固定资产：总里程数：50 万公里，单位：公里，使用部门为销售部）一辆，价值 101 100 元（结算方式：现金支票，支票号 08339）

2011 年 1 月 25 日，公司以转账支票（支票号：ZX66003）直接购入并交付生产部 1 台设备，设备名称：生产线 D，预计使用年限为 5 年，原值为 800 000 元，净残值率为 4%，采用"平均年限法（一）"计提折旧。

3．计提固定资产折旧

（三）薪资管理系统业务处理

1．2011 年 1 月其他有关工资数据

表 6-33　　　　　　　　　　　　　　　其他相关工资数据

人员编码	姓名	人员类别	部门	基本工资	职务补贴	奖金	缺勤天数
001	陈强	企业管理人员	人事部	4 000	1 500	800	
002	李亮	企业管理人员	人事部	3 500	1 000	600	2
003	王刚	企业管理人员	财务部	3 500	1 500	800	
004	张明	企业管理人员	财务部	3 000	1 000	500	
005	陈红	企业管理人员	财务部	2 000	1 000	500	1
006	李妙	经营人员	采购部	2 400	1 200	600	
007	吴昊	经营人员	销售部	2 500	1 300	1 000	
008	姜维	生产人员	生产部	1 800	1 200	1 000	3
009	赵强	企业管理人员	生产部	2 600	1 800	1 100	
010	王楠	生产人员	生产部	2 000	1 000	900	

2．工资分摊的类型及计提标准设置

表 6-34　　　　　　　　　　　　　　工资分摊类型及计提标准

工资分摊类型	计提比例
应付工资	100%
应付福利费	14%
工会经费	2%

3．工资分摊设置

表 6-35　　　　　　　　　　　　　　工资分摊

计提类型	部门名称	人员类别	项目	借方科目	贷方科目
应付工资	人事部、财务部	企业管理人员	应发合计	管理费用-工资	应付职工薪酬-职工工资
	采购部、销售部	经营人员	应发合计	销售费用	应付职工薪酬-职工工资
	生产部	生产人员	应发合计	生产成本-基本生产成本	应付职工薪酬-职工工资
	生产部	企业管理人员	应发合计	制造费用	应付职工薪酬-职工工资
应付福利费	人事部、财务部	企业管理人员	应发合计	管理费用-工资	应付职工薪酬-职工福利
	采购部、销售部	经营人员	应发合计	销售费用	应付职工薪酬-职工福利
	生产部	生产人员	应发合计	生产成本-基本生产成本	应付职工薪酬-职工福利
	生产部	企业管理人员	应发合计	制造费用	应付职工薪酬-职工福利
工会经费	人事部、财务部	企业管理人员	应发合计	管理费用-工资	应付职工薪酬-工会经费
	采购部、销售部	经营人员	应发合计	销售费用	应付职工薪酬-工会经费
	生产部	生产人员	应发合计	生产成本-基本生产成本	应付职工薪酬-工会经费
	生产部	企业管理人员	应发合计	制造费用	应付职工薪酬-工会经费

4．根据工资分摊设置生成转账凭证。

（四）应收款管理系统业务处理

1．2011 年 1 月 6 日，销售部向启泰公司销售"甲产品"50 条，单价 600 元，价款 30 000 元，开出专用增值税发票，增值税税率为 17%（销售专用发票代码：634567），价税合计 35 100 元，并代垫运输费用 1 000 元，现金支付。

2．2011 年 1 月 12 日，收到启泰公司转账支票 1 张（支票号 ZX66501），共计 100 000 元。

3．2011 年 1 月 20 日，收到联谊公司签发并承兑的商业承兑汇票 1 张（票号：542316），到期日为 2011 年 5 月 20 日，面值 35 100 元。

4．2011 年 1 月 25 日，将启泰公司的应收账款余款转为坏账。

5．2011 年 1 月 30 日，收到银行通知（电汇），收回已作为坏账处理的启泰公司的应收账款。

6．2011 年 1 月 31 日，计提本月坏账准备。

（五）应付款管理系统业务处理

1．2011 年 1 月 2 日，采购部李妙向金马公司采购 B 材料 100 箱，不含税单价 300 元，增值税率为 17%，增值税专用发票号：637821。货物已发出，对方代垫运费 500 元，货款未付。

2．2011 年 1 月 5 日，开出转账支票（支票号 ZX66502）支付前欠光明公司货款 140 400 元。

3．2011 年 1 月 7 日，开出转账支票 1 张（支票号 ZX66503），面值 100 000 元，预付华为公司货款。

4．2011 年 1 月 7 日，向金马公司采购 B 材料 80 箱，不含税单价 250 元，增值税率为 17%，增值税专用发票号：637828，材料已验收入库；8 日向金马公司签发承兑的商业承兑汇票 1 张

（NO.55234），面值 23 400 元，到期日为 2011 年 1 月 28 日。

5. 2011 年 1 月 28 日，将 2011 年 1 月 8 日向金马公司签发并承兑的商业承兑汇票（No.55234）结算。

6. 2011 年 1 月 31 日，经三方同意，将 1 月 7 日预付给华为公司的货款冲减期初华为公司的货款。

六、期末处理

（一）各子系统对账与结账

1. 应付款系统对账、结账
2. 应收款系统对账、结账
3. 薪资管理系统对账、结账
4. 固定资产管理系统对账、结账

（二）期末转账

1. 结转制造费用；2. 结转辅助生产成本；3. 计算本月应交税增值税；4. 定义并结转汇兑损益（美元的月末调整汇率为 6.8000，汇兑损益的入账科目为"财务费用–汇兑损益"）；5. 结转销售成本；6. 定义并结转收入、费用类账户至本年利润；7. 按照 25% 比率计提所得税费用；8. 结转所得税费用账户至本年利润；9. 结转本年利润至未分配利润。

七、报表管理

（一）按照下列格式设计资产负债表与利润表的样式。

表 6-36　　　　　　　　　　　　资产负债表

编制单位：　　　　　　年　月　日　　　　　　　　　　　　单位：元

资　产	期末余额	年初余额	负债和所有者权益	期末余额	年初余额
流动资产：			流动负债：		
货币资金			短期借款		
交易性金融资产			交易性金融负债		
应收票据			应付票据		
应收账款			应付账款		
预付款项			预收款项		
应收利息			应付职工薪酬		
应收股利			应交税费		
其他应收款			应付利息		
存货			应付股利		
1 年内到期的非流动资产			其他应付款		

续表

资　产	期末余额	年初余额	负债和所有者权益	期末余额	年初余额
其他流动资产			1年内到期非流动负债		
流动资产合计			其他流动负债		
非流动资产：			流动负债合计		
可供出售金融资产			非流动负债：		
持有至到期投资			长期借款		
长期应收款			应付债券		
长期股权投资			长期应付款		
投资性房地产			专项应付款		
固定资产			预计负债		
在建工程			递延所得税负债		
工程物资			其他非流动负债		
固定资产清理			非流动负债合计		
生产性生物资产			负债合计		
油气资产			所有者权益：		
无形资产			实收资本		
开发支出			资本公积		
商誉			减：库存股		
长期待摊费用			盈余公积		
递延所得税资产			未分配利润		
其他非流动资产			所有者权益合计		
非流动资产合计					
资产总计			负债和所有者权益总计		

表6-37　　　　　　　　　　　　利润表

编制单位：　　　　　　　　　　年　　　月　　　　　　　单位：元

项　目	行　次	本年金额	上年金额
一、营业收入			
减：营业成本			
营业税金及附加			
销售费用			
管理费用			
财务费用			
资产减值损失			
加：公允价值变动收益（损失以"－"填列）			
投资收益（损失以"－"填列）			
其中：对联营企业和合营企业的投资收益			

续表

项　目	行　次	本年金额	上年金额
二、营业利润（亏损以"–"填列）			
加：营业外收入			
减：营业外支出			
其中：非流动资产处置损失			
三、利润总额（亏损以"–"填列）			
减：所得税费用			
四、净利润（亏损以"–"填列）			
五、每股收益：			
（一）基本每股收益			
（二）稀释每股收益			

（二）设置资产负债表与利润表的单元公式。

（三）生成 2011 年 1 月资产负债表与利润表数据。